鳥居民評論集

昭和史を読み解く

鳥居民

Tami Torii

草思社

鳥居民評論集　昭和史を読み解く／目次

1　太平洋戦争を考えるための読書案内

2 敗戦について

3 原爆はなぜ投下されたか

4　近衛文麿と木戸幸一

5　ゾルゲ事件、横浜事件など

1　太平洋戦争を考えるための読書案内

清沢洌『暗黒日記』

私の本棚のひとつに、政治家から小学生までの日記が並んでいる。もちろん、その大部分は活字となって刊行された日記であり、いずれも昭和二十年の毎日を綴った日記である。それというのも、私は昭和二十年の一年を追って、人びとがなにをしていたのか、なにを考えていたかを論述してきたことから、その年に書かれた軍人や女学生の日記を読むのは、欠かせない仕事なのである。

私がこれらの日記をひろげていつも感心するのは、これだけ多くの人があの年に日々の記録をつけていたという勤勉さである。

昭和十九年から昭和二十年にかけての冬は寒かった。暖房は火鉢か、こたつだけだが、炭の配給は僅かだった。寒い部屋のなかで、着ぶくれて、空腹を抱え、薄暗い灯の下で机に向かい、日記を記した。鉛筆を握る子供の指は霜焼けで膨れていた。

加えて空襲だった。前夜遅く空襲があれば、翌日は一日眠かった。夜半の空襲に備え、早く寝床に入らなければならなかった。そして胸につかえる心配事がいくつもあり、しなければならない雑事の山があった。じゃが芋を植えるための準備にとりかからねばならない。焼かれてしまった叔母の寄留先を訪ねなければならない。集団疎開の娘を慰問に行かねばならない。職場に来るヤミ屋からヤミ米を買わねばならない。海兵団に入団した弟がどこへ派遣されるのかが気になるし、つぎはこのあたりが狙われるのではないかと空襲のサイレンがいつ鳴るのかが気にかかる。そして日本はどうなってしまうのだろうという思いがつねにあった。

こんな状況にありながら、多くの人が日記をつけた。私の本棚だけでも百数十人の日記がある。

当然ながら、好きな日記、嫌いな日記がある。尊敬する執筆者もいれば、不快な執筆者もいる。尊敬する執筆者はメレヨン島守備の中隊長、桑江良逢だ。好きなのは宮城県立第一高女四年生の神奈川県逗子での勤労動員の日記だ。

今年（二〇〇六年）七月に徳富蘇峰の『終戦後日記』が刊行され、数多くの書評がでた。まことに残念に思ったのは、戦争中、昭和二十年三月十七日号の「東洋経済新報」に清沢洌《きよし》が書いた社説「徳富蘇峰に与う」に遠く及ばない、粗雑な批評だったということだ。反戦主義者として捕らえられることを覚悟していた清沢と、現在の書評者の心構えはまったく違うのだから、それは仕方がないと目をつぶっても、『終戦後日記』の徳富蘇峰が自分にはまったく責任がないといった態度で、自分以外のすべての人に八つ当たりをしている卑怯未練さに書評者たちがなにも気づいていない事実に私は驚愕した。それどころか、蘇峰の大胆な批判に感嘆するといったいい加減な文章まであるのに、私はあきれ果てた。

じつは昭和二十年二月二十一日の新聞に載せた蘇峰の主張はまさに同じ筆法、同じ筋立てのものであり、国民に八つ当たりをした身勝手な内容だった。清沢はこれを取り上げ、「近代日本における責任ある地位にあるものにして足下の如く徹底的強硬論を知らない」と蘇峰を批判し、「目前の国家至重の事態を見る時に」、これまで「国民を引きまわして来た」ことについて、「自から何等の責任を感じないのであるか」と詰問したのである。

もう一度言うが、私が残念に思うのは、蘇峰が自堕落な文章を綴る僅か半年前、戦争がまだつづいているさなか、清沢洌が堂々としかも痛烈に蘇峰を恥知らずと批判していたことを、六十年のちの知識人がなにも知らないという事実である。

そこで清沢洌の日記のことになる。『暗黒日記』と命名したのは、まことに丁寧な編集をした橋川文三であろう。読者をして忘れさせない題名である。

その日記には、清沢洌が徳富蘇峰を社説で批判したいと語り、「東洋経済新報」社主の石橋湛山《たんざん》が紙の配給を止められてもいい、書いてほしいと言ったくだりがある。また、戦争が終わるのは、それほど遠くないとかれが予測していたことも日記のなかで綴っているし、もちろんのこと、本土決戦なんかできるはずもないと見ていたこともはっきり書いている。

なによりもかれは戦後の準備にとりかかっていた。かれの日記を繰っていけば、それも明らかになる。かれは昭和十九年十一月に日本外交史研究所をつくった。日記のなかにはこれについての記述がいくつもでてくる。

私は『昭和二十年』の第八巻のなかで、清沢洌の夫人が喋ったという形にしてつぎのように記した。

「空襲のサイレンが毎日鳴るようになり、このような集まりはもちろんのこと、役所の研究会、お寺の報謝講、短歌の歌会、なにもかもが集まりを中止し、活動をやめてしまったときになって、夫はすすんで日本外交史研究所をつくりました。夫はさきのことが読めなかったわけではありません。夫はさきのさきを見通して、この研究所をつくりました」

その日記を読めば、かれ個人の努力でつくられた研究所の発会式に、いずれも戦後に首相になった幣原《しではら》喜重郎、石橋湛山、芦田均が出席し、各新聞社の最高幹部、国際法、外交専門の学者が集まったことがわかるし、研究所創設に多額の資金をだしたのが、野村証券社長の飯田清三だったことも推測できる。

この人たちは清沢洌が勇気としっかりした見通しを持っていることを高く買い、骨のある自由主義者であることに敬意を払っていたのだ。そうしたかれの性格、かれの思考も、その二年半の日記を読めばよくわかる。

無念なことにかれの日記は昭和二十年五月五日で終わる。五月二十一日にかれは築地の聖ルカ病院で急逝した。

私は同じ『昭和二十年』の第八巻のなかで、夫人につぎのように語らせた。

「戦後の日本がどういう境遇に落ちるか、そしてどういう国になるか、夫にはわかっていたのでございましょう。それだからこそ、夫は外交史研究所をつくったのだと思います。そんなさきのことを考えて行動する人が、自分自身を襲った不意打ちの死を察知できませんでした。

……

私が傍らにいたら、せめてこの軽井沢で発病してくれたならば、それとも発熱の様子を葉書で一言知らせてくれていたならと返らぬ愚痴をこぼしております」

戦後の日本を背負うひとりになるはずだった男が敗戦三カ月前に急死し、日記だけを残した。だが、その日記は決して「暗黒日記」ではない。敗戦末期、だれもが暗澹たる気持ちでいたとき、日本の未来をこの手でつくってみせると自負していた人が書き残した燃え尽きることない希望を秘めた日記なのである。


（WEB草思、二〇〇六・一二・二一）

●清沢洌著／橋川文三編集『暗黒日記』（評論社、昭和五十四年）

学徒勤労動員の記録『海鳴りの響きは遠く』

あるひとつの世代が向こう十年のあいだに消え去る。

お寺の本堂に端から端まで敷き詰めた布団に級友たちとずらりと枕を並べて眠った記憶を持つ人たち、休みの日の朝、火薬で黄色く染まってしまった自分の指を見つめた思い出を持つ人びと、勤労動員を経験した世代、集団疎開を経験した世代である。

私もその世代のひとりである。川崎市にあった日立の飛行機工場で練習機の発動機の部品のやすりがけをしていた。遠く過ぎさった日々の思い出は数多くある。ところが、私の脳裏に鮮やかに浮かぶ勤労動員の日々はまたべつにある。

前の号で、私は第二次大戦中の日記を収集していると綴り、好きな日記、嫌いな日記があると書き、好きな日記は宮城県立第一高女四年生の神奈川県逗子での勤労動員の日記だと記した。勤労動員を思いだして、私の記憶のなかのとりどりの場面は、彼女たちの勤労動員の日記と回想を収録した『海鳴りの響きは遠く』から浮かびあがる。

つぎのような理由からだ。私が書きつづけてきた『昭和二十年』のなかで、宮城県立一女の勤労動員の日記から何回か引用した。引用部分はそれほど多くはないが、彼女たちの日記を丁寧に読み、「入浴」「履物」「石鹼」「外出」までのカードを何枚もつくったことから、彼女たちの勤労動員の毎日は、私自身の勤労動員の霧のかかった思い出より、はるかに濃密に私の記憶に残っているのである。

仙台市にある宮城県立一女の四年生、九十一人が仙台を出発したのは昭和十九年十一月二日の夕刻だった。宮城県の六校の女学生が上野行きの団体列車に乗った。

彼女たちは逗子の沼間《ぬまま》の寮で寝起きし、一女の生徒たちは寮から歩いて十五分ほどのところにある火薬工場で働くことになった。横須賀海軍工廠の分工場である。

彼女たちは高角砲弾と馴染みになった。彼女たちが逗子に来たときには、まだ空襲はなかったから、会話のなかで高射砲といった名詞がでてくることはまったくなかった。砲弾のなかに火薬が入っていることは知っていても、炸薬と発射薬の区別があることも知らなかった。そして海軍では高射砲を高角砲と呼ぶことをはじめて知ることになって、大柄な生徒たちはその砲弾を運び、肩に担ぐことにもなった。そして彼女たちは発射薬を袋詰めにする、薬莢に入れる、炸薬をフェルトで包む、そして弾と薬莢を結合するといった作業をした。

火薬を扱うから火気は厳禁だった。指の感覚はとうになくなり、砲弾の氷のような金属面は手のひらに吸いついた。当番が食堂から空き缶にお湯を入れて運んできた。彼女たちは手をお湯に入れて、人心地がついたという思いにひたった。

なによりも辛いのは雨の日だった。寮の行き帰りの粘土質の泥土に泣かされた。泥はモンペから上着、髪の毛までにはねあがった。夕食のあと吹きさらしの洗い場で指を真っ赤にして洗濯をしても、はねはしみになって残った。革靴は大事にしまってあり、ふだんはだれもが下駄履きだった。

嬉しいのは小包が着いたという知らせと、休みの日に「面会よ」と廊下から級友の声が届いたときだった。だが、面会と小包は寮の全員を喜ばせることはできなかった。面会と小包とが長く無縁な生徒は夜には布団のなかで泣くことになった。

休みの日には、鎌倉の八幡宮に行ったし、海岸の砂浜で桜貝を拾った。級友の親類の紹介で大船の撮影所も見学した生徒たちがいた。最初に特攻を敢行した関行雄大尉の未亡人宅を鎌倉に訪ね、写真に手を合わせた生徒もいた。彼女たちがおネツの工場幹部の大和田大尉の家を見つけだして喜んだ者もいれば、鎌倉山の田中絹代の御殿を見に行こうとしたものの、警戒警報のサイレンが鳴って、思いとどまった生徒たちもいた。三笠の見学にも行った。裏山にものぼった。

上級学校受験のために仙台に帰ろうとした生徒たちは上野駅で空襲に遭い、恐ろしい思いをした。三月十日の払暁、東京の空が赤く染まるのを、彼女たちが掘るのを手伝った寮の裏の崖の防空壕の入り口からじっと見た。

彼女たちが懸命に働いたのは五カ月間だった。三月二十九日に寮の食堂で卒業式をおこない、翌日、仙台に帰った。卒業したあとも、同じ工場で働くのが決まりなのにもかかわらず、海軍工廠の幹部は見て見ぬふりをした。彼女たちを引き止める理由がなかった。原料も、材料も急速度に不足、欠乏しはじめていたからである。

逗子に残ったのは四十人ほどの上級学校進学予定者だった。上級学校の入学が七月となったから、彼女たちはずっと分工場で働いた。四月、さらに五月になって、まともに仕事はできなくなった。いよいよ空襲が烈しくなっているにもかかわらず、作業場には高角砲弾が届かなかった。工場の幹部は彼女たちを落胆、失望させまいとして、仕事らしきことをさせ、あるいはよそへ見学に連れていった。彼女たちの何人かが池子《いけご》へ行ったのも、そうした訳からだった。

十数年前のことになるが、逗子の池子の弾薬庫跡にアメリカ軍の家族住宅を建てるのに反対する市民運動が起きたことがある。そのときに私は知ったのだが、池子の弾薬庫、池子工場についての記述が、神奈川県史、逗子市史、郷土史、学校史にまったくなかった。

私は『昭和二十年』のなかでつぎのように記した。

「関係の書類は焼却、散逸し、思い出を持った人びとは世を去ってしまい、わずか数日、池子に行った宮城県立第一高女の潑剌とした知性を持った一生徒の日記の断片が同期生の回想録に収録されたことで、ただひとつ残っているのである。

歴史とはこういう具合にして伝えられ、つくられるのであろう」

浜田照子は五月十日の日記につぎのように記した。
「池子の隧道迄行く道は松島の観光道路の様で楽しく気持ちがいい。幅も高さも二倍にした様な大きさの池子隧道を抜けると、両側の切り立った岩肌も道も真黄色、トラックが黄色い砂塵をあげて来る。乗っている人の顔は異様に黒い。何度も火薬かぶれを繰り返し、こんな顔になってしまったという。手は黄色を通りこして赤く染まっている。頭からすっぽり白い布をかぶり、目鼻口だけ出して働いている人がいた。大きな前かけの様なもので体を覆い背に大きく数字がつけてあり囚人の群れの様で不気味である。火薬計量庫へ行った。壁も柱も貼ってある紙迄黄色の世界、そこで会った人が『入るとかぶれますよ』と注意してくれた。次は爆薬と蠟を蒸気で溶かし型に流し棒状や筍形の火薬を作っていた。次の作業場は親子飛行機の子につける噴進器の炸薬を鋳込む大がかりな作業場だった。食欲をそそる黄色いラクガンを思わせる爆薬だった。身の引き締まる思いで工場を出て、二十分程かかる事務所へ行く。三井部員は不在でお目にかかれず心残り。驚いた事にこの工場の中を湘南電車が通っている。かけ離れた世界の動物が何も知らず動いて行くようで奇妙である。……」

逗子に残った一女の生徒たちが仙台に引き揚げたのは六月二十日、仙台の学校で解散式をおこなったのは六月二十七日だった。

宮城一女の日記は、ひとつの世代、昭和十九年十一月から翌二十年六月までの勤労動員の女学生たちの日々がどういうものであったかをわれわれにはっきり教えてくれるだけではなく、それはもろもろの歴史書が決して教えてくれることのない、その半年の日本の姿を鮮やかに描きだしてくれてもいる。

だが、私がもうひとつ知り得たことがある。逗子に行った宮城一女の生徒たちは四十七回生だった。学校の創立は明治半ばなのである。女学校の設立は、明治はじめに町や村でつくられた小学校と同じだった。地域の人びとの熱意に依存した。女学校はかれらの協力と信頼を得て、やがては県立女学校となった。入学者を選び、訓練し、生徒数と卒業生を増やしながら、ひとつの強い伝統を築き、これを次代に伝え、地域社会に少なからぬ力を持つようになった。日本の中産階級の母体はこのようにして形成された。

仙台市にあった宮城県立第一高女はそのような母体のひとつだった。潔癖さ、負けじ魂、友情、自負、責任感は、逗子に行った彼女たちのひとりひとりが持っていた。私がその日記を好きなのはここにある。

●宮城県立第一高女47回生学徒勤労動員記録集編集委員会編集・発行『海鳴りの響きは遠く』（私家版、昭和五十六年　のち草思社より刊行　平成十九年）

（WEB草思、二〇〇七・一・二五）

海軍主計科短期現役士官の回想録『滄溟』

昭和五十八年の刊行の本だから、二十三年の昔の本になる。『滄溟《そうめい》』、そして「海軍経理学校補修学生第十期」という副題がついた本だ。「滄溟」とはどういう意味か。「紺碧にうねる大海原《おおうなばら》」だとその編纂に加わったひとり、氏家卓也は語った。「海軍経理学校補修学生第十期」とは主計科短期現役十期のことだ。

二百人に近いかつて海軍主計科士官だった人びとが執筆した『滄溟』は、年若かったかれらが大戦後半一年半のあいだに考えたこと、やったことを学ぼうとする人たちの必読の文献である。

海軍には「短期現役海軍士官教育制度」があって、大学、高等専門学校の卒業生を教育して、海軍士官として送りだす仕組みがあった。法務科、技術科、歯科まであった。ところが、主計科短期現役士官だった者が戦後、活躍したことから、短期現役、略して「短現《たんげん》」と言えば、主計科短現を思い浮かべるようになり、短現出身者といえば、築地、あるいは品川で数カ月の訓練を積み、あの大戦争に参加した主計科士官のことだと思うようになったのである。

とはいっても、現在、短現と耳にして、わからない人のほうが多いにちがいない。もう十年も前のことになるが、防衛大一期の前川清が「海軍の教育遺産」と題して、つぎのように記したことがある。

「昭和五十年代は、官民各界で多くの短現出身者が要職につき、もっとも活躍した時代であった。

短現出身の国会議員は延べ二十数名、うち五名が防衛庁長官になり、しかもその中には中曽根康弘首相を含んでいる。

昭和五十五年頃、日本の全大使約百名中、二十数名が、また、省庁事務次官の六、七名、つまり三人に一人が短現出身者であった。

大蔵官僚にも多い。大蔵本省の八人の局長中六人が短現出身の時期があった。……

短現出身者が一番多くいた業界は総合商社で、計約五十名、一企業としては新日鉄の約十名、そして大学教授になった者は約八十名にのぼる」

短現の卒業生総数は、昭和十三年卒業の一期から昭和二十年四月卒業の十二期まで三千五百六十人だ。戦死者は四百人である。

十期は昭和十八年九月末に七百人が海軍経理学校に入校した。五カ月間にわたって、挙措動作からはじまって、座学、そして海軍体操、武技、棒倒し、カッターまでの速成教育を受け、昭和十九年三月一日に卒業、海軍主計中尉に任官、任地に出発した。

砲術、航海、機関、航空といった純然たる軍務以外のすべては主計科士官の所管であり、そのほとんどが年若い短現に任せられていた。昭和十九年三月、戦況はすでに日本側に不利であったが、それでも戦域はまだまだ広大だった。外戦部隊に加えられた主計官は北太平洋から南太平洋にまで進出した。

ニューギニアやインド洋のアンダマン島に派遣された者がいた。フィリピンでは陸戦隊や航空隊が山地に後退したから、主計長は辛酸をなめた。十期の全戦没者数は八十五人だが、三十人がこの戦場で倒れた。サイパン島では十人が戦死した。船団護衛をする海防艦の主計長になって、敵の潜水艦と戦った者もいた。海軍省勤務の者もいた。私が『昭和二十年』第七巻で五月二十五日の海軍省炎上を記したのは、江波洋三郎の回想を利用できてのことだった。

主計中尉の土田国保は戦艦武蔵に乗り組んだ。戦後、警視総監となり、そのあと防衛大学校校長となった土田は、部下、そして学生を大切にしたことで語り伝えられている。かれが大艦の烹炊《ほうすい》員の仕事を回想している次の記述を読めば、だれもがなるほどとうなずくにちがいない。生粋の海軍軍人の視野に入ることのない大艦の艦底でつらい日々を送る水兵たちに土田は深い理解を持っていた。

「午前一時、朝直の烹炊員は、早くも米麦を容れた大ザルを担ぎはじめる。蒸気の濛々と立てこもる烹炊所の熱気は、既に摂氏五十度、三〜四馬力の冷房位では何の用もなさぬ。越中褌に前垂一つ、裸足で走り回る兵員の身体は、滝のような汗にベトベト光っている。眠い、重い、熱い、そして下らない、地味すぎると考え及ぶ時、およそ我こそは主計兵なり、烹炊員なりという誇が、若い兵隊たちに持てるかどうか。

高橋清掌衣糧長の口癖に曰く、

『主計兵ハアラユル兵科ノ中デ、最モ精神的ニ優レ、意思ノ強固ナ者デナケレバ勤マリマセン』。熱地の艦内勤務中、辛いのは先ず主計科、機関科である。涼しい艦橋、露天機銃、高角砲台、ハタ甲板、張りのある号令、華やかな戦闘場面は、烹炊員は拝みたくとも見られない。舷窓を閉めた熱気と臭気の迫る厨房。重い米袋を、野菜籠を背負い、総員起こしの頃には、下甲板の糧食小出庫から担ぎ上げてくる労苦。

糧食搭載。上ではノドカナ起重機の音。『ユルメー、引ケー、止メー』で、引いたりゆるめたりしている両舷直は生易しい。ガラガラと滑車が軋みながら袋が降ろされてくる最下甲板の米麦倉庫作業場は、濛々たる埃と息もつけない蒸し暑さ。身動き一つ自由にならない。区切られた倉庫内での積付作業」

もちろん、艦船勤務をした者は苛烈な戦闘にも直面した。沖縄水域に突入する戦艦大和の直衛駆逐艦冬月の主計長、武田威男は艦橋に立っていた。そこが戦闘時の配置位置だった。戦後、北海道で会計事務所を開いた武田がつねに心の支えとしたのは、その戦闘のさなかにだれもが自分の任務を遂行しようとしたその責任感の強さだった。その回想文の一説を写そう。

「冬月は対空高角砲、二十五ミリ機銃で武装しているが、主として戦闘機による機銃攻撃を受け、常時十数機が入れ替わりに突っ込んでくる。敵機よりの機銃は我方に恐怖感を与える配慮か、赤・黄・青の曳光弾が糸を引くように発射され、すべて当艦に吸い込まれるように見えるものです。敵飛行士の飛行服のドクロ模様や絵模様が鮮やかに飛び込んで参ります。私は艦橋右側の航海長の後方に位置していましたが、艦橋は艦長以下首脳部のいるところであり、敵の攻撃も一番先に行われるかなり危険な場所であります。私の目の前で配置についていた航海長中田隆保中尉（海兵七二期）は最初の敵戦闘機の突入の時、敵機の十三ミリ機銃弾を受け、両手首が瞬時に吹き飛び、一瞬、私の軍服に血しぶきがかかり、私はその時近寄ろうとしたが、ヒザがガクガクして力が抜け歩くことが出来ない。このことが、腰が抜けたという事かと、あとで恥ずかしい反省をしたものです。

航海長は負傷大出血にもめげず配置についておられたが、出血の為意識不明となったので、気を取り戻した私は航海長をかかえ、下部士官室の応急治療室に運び込みましたが、そこも足や手をもがれた兵で血の海であり、軍医長中島健大尉（現新潟県立吉田病院長）は真剣に治療に従事されていました。その士官室の天井に白い煙が立ち機銃弾が入ってくる有様で、私は気を落ち着けようと艦長室前の暗闇にたたずんでみたが、大型爆弾の爆風で艦側がメリメリと破れるような大音響がする。艦の床のリノリューム床も血で滑る。……

……再び艦橋へ戻ると、私より若い水雷長白石芳一郎中尉（対空戦闘時は艦内消火作業等の応急指揮官となる）が艦橋の後ろ側の一番目立つ危険な旗甲板に仁王立ちをして自若として全艦を見守っています。後方を見ると掌砲長山居善介少尉（三、四番機銃群指揮官）が敵銃弾を頭部に受け仁王立ちのまま壮烈なる戦死を遂げられた姿が目に入ります。艦橋では山名艦長は豪胆にもクワエ煙草で『空を見て大型爆弾を』『海を見て魚雷を』かわすべく操舵長と一体となって沈着に操艦されていました」

千六百三十三頁、そこらの辞書が顔負けの二十センチもの厚さの『滄溟』を閉じたとき、私はその布表紙の色がまさしくマリンブルーであることに気づいた。瞬時のうちに思い浮かんだのは、前回に書評した『海鳴りの響きは遠く』の表紙がこれまた青色だったことである。書棚から出してみた。もう少し明るい。セルリアンブルーである。

『滄溟』の十期は大正七年から十年の生まれ、昭和二十年に二十七歳から二十四歳だった。『海鳴り』の宮城県立一女の生徒はかれらより十歳若く、昭和四年、五年の生まれだった。若人と娘たちはこのマリンブルー、セルリアンブルーの海軍に青春を捧げたのである。

（WEB草思、二〇〇七・二・一五）

●海軍経理学校補修学生第十期　文集刊行委員会編集・発行『滄溟　海軍経理学校補修学生第十期』（私家版、昭和五十八年）

近衛文麿の評伝――『われ巣鴨に出頭せず』を中心に

私は近衛文麿の再評価を試みた本を最近（二〇〇七年）草思社からだした。『近衛文麿「黙」して死す――すりかえられた戦争責任』という題だ。

変わった題だが、題名どおり、近衛の死、かれの死の前の五年間、昭和十六年六月から昭和二十年十二月までの重要な数々の問題の再検討をおこなったものだ。

近衛文麿が亡くなってから、六十二年の歳月がたつ。「近衛さん」のラジオ演説の声が素敵だったと姉から聞いたと語る人、ニュース映画で見た「近衛さん」が颯爽としていたと母親から聞いた覚えがあると喋る人たちですら、現在、いずれも七十代である。そう、勤労動員、あるいは集団疎開の世代なのである。

書棚にある近衛の伝記を取りだしてみる。有馬頼寧《よりやす》の『友人近衛』、矢部貞治の『近衛文麿』、岡義武の『近衛文麿』、勝田龍夫の『重臣たちの昭和史』、杉森久英の『近衛文麿』、まだまだ何冊もあるが、いずれも古い。このうちいちばん新しい杉森が書いた伝記でも、一九八〇年代の出版なのだ。その伝記のあとがきを読めば、著者の杉森は後藤隆之助から是非書いてくれと頼まれたのだと記述している。後藤は近衛の友人、というよりは忠臣といってよい人物だった。杉森が残念に思ったのは、その伝記が出来上がるのを待たずに後藤が亡くなってしまったことだったと記し、考えてみれば、後藤は自分の死んだ父親と同じ年の生まれだったと書いているのである。

それからすでに二十年がたつ。近衛の友人、部下、知人はすべて死に絶えた。そのあとに近衛の伝記を書いたのは、昨年（二〇〇六年）に上梓された工藤美代子の『われ巣鴨に出頭せず――近衛文麿と天皇』である。

工藤の近衛伝はそれまでの近衛の伝記と大きく異なる箇所がある。ハーバート・ノーマンと都留重人をはじめて登場させていることだ。

近衛が戦後を生きたのは昭和二十年八月から十二月までである。工藤は近衛のその最後の四カ月を綴るにあたって、第十二章と最終章の第十三章に分け、第十二章に「ハーバート・ノーマンと都留重人」という題をつけ、二人が近衛を死に追いやった経過を明らかにしている。

近衛の伝記を書こうとする人はもちろん、近衛のことを調べようとする人に欠かすことのできない参考書は、矢部貞治の『近衛文麿』である。前記の後藤隆之助、さらに近衛の首相時代の秘書であり、そのあとも側近だった牛場友彦、細川護貞がその作成に協力した。近衛の伝記は数多いが、矢部の近衛伝のようにすべてを覆いつくしたものはほかにない。

ところが、その八百頁に近い大冊のなかに都留とノーマンの記述がない。かれらの名前すらでてこない。

当然といえば当然だ。昭和二十六年に矢部がその伝記を書き終えたとき、ノーマンが近衛を戦争犯罪人だと告発した意見書をマッカーサー総司令部に提出していたという事実は隠されていた。そのノーマンの意見書、おどろおどろしいとしか言いようのないその中身をだれも知らなかった。そこで矢部貞治は近衛の死とかかわるノーマンについて記すことはなかったのだし、かれの協力者、都留に目を向けることもなかったのである。

ノーマンがやったことが明らかになってからも、近衛の伝記を書くことになった人たちは、矢部の近衛伝を座右に置いたであろうから、ノーマンについて記述することをついつい忘れてしまった。

工藤美代子が近衛の伝記を書くことになってはじめて、かれの死はノーマンと都留が仕組んだという事実が明らかにされた。工藤は以前にノーマンの詳細な伝記を書いたことがあったから、ノーマンと都留、この二人が考えていたこと、そしてかれらのアメリカ留学時代の関係をだれよりもよく知り、昭和二十年の後半にこの二人がなにをしたのかも、多くのことを承知していたからである。

ノーマンと都留は他人には誤魔化しつづけたから、ソ連にたいする忠誠心をいつ捨てたのか、共産主義を信奉していたのはいつまでだったのかを、明らかにしていない。だが、間違いなく、昭和二十年十月四日に近衛がマッカーサーに会い、占領軍の左寄りの政策を批判し、そんなことをしていたら日本は共産化してしまうぞと警告し、総司令官の支持を得る気配となろうとしているのをノーマンが知ったときに、かれと都留はまだ転向からは遠かった。近衛を破滅に追い込もうと決意した二人は、大車輪の活動をはじめ、近衛を死に追い込んだのである。

矢部貞治と岡義武が理解できなかった近衛の死の真実、そして矢部のあとの研究者や伝記作家が薄々気づいてはいながら、考えようとしなかった謎を、工藤美代子はしっかり論述したのである。

そこで私の近衛論になる。

私はノーマンと都留だけでなく、もうひとり、木戸幸一を取り上げた。

近衛と木戸、この二人の政治家は長いつきあいがあった。もちろん、すべての近衛伝に木戸は登場する。近衛と木戸は学生時代から親しかった。二人はともに政界に進み、近衛は昭和八年に貴族院議長となり、木戸は同じ年に内大臣秘書官長となった。昭和十二年六月に近衛は首相となり、その年十月に近衛の要請によって、木戸は入閣した。昭和十五年六月に木戸は内大臣となった。その少しあとに近衛は再び首相となった。

矢部貞治も、岡義武も、近衛と木戸が政治面で協力し合ったことを記した。二人のあいだに小さな齟齬《そご》や衝突があったことを書くのも忘れていない。

私が書き上げた近衛論はまったく違う。近衛と木戸とのあいだには、小さな齟齬やいざこざがあっただけではなかった。近衛と木戸とのあいだには、どちらかが死ななければならない対立と暗闘があったのだと叙述した。

『近衛文麿「黙」して死す』と題したとおり、近衛はその対立、暗闘を死ぬまで口にせず、木戸がこれまた死ぬまで明らかにしなかったから、近衛の友人や部下たちは知ることなく、察してはいても沈黙を守り、そこで歴史研究者、伝記作家も気づかないできたのだと私は書いた。

これだけの説明では、読者のだれもがうなずくまい。

私が新著のあとがきで述べたことをつぎに記せば、読者はなるほどとうなずくことになるかもしれない。

アメリカとの戦争がはじまったつぎの年、昭和十七年八月のことだ。首相の東条英機は大東亜省をつくろうとした。「大東亜地区」のすべての政務を一元化しようという構想だった。当然ながら外務省は分割されてしまうことになる。外相の東郷茂徳は二元外交になると真っ向から反対し、閣議は決着つかなかった。

帝国憲法の規定によって、各大臣は個別に天皇を輔弼《ほひつ》することになっている。そこで首相は閣内の意見を一致せしむる職責を持つが、強制する力を持ってはいない。ある閣員が閣議で反対意見を説くのであれば、首相は翻させるように説得に努める。それに失敗すれば、その閣員に辞任を求めることになる。辞めないと頑張れば、首相は自己の職責を全うしえないということで、総辞職するしかない。

そこで東郷茂徳が外相を辞任しないなら、それとも東条英機が大東亜省設置案を撤回しないなら、内閣総辞職とならざるをえない。

ところで、東条は東郷が反対すると予想して、前もって内大臣、木戸幸一を味方につけていた。木戸は天皇に大東亜省の設置が望ましいと言上した。天皇は海軍大臣、嶋田繁太郎に向かって、総辞職には反対だと告げた。嶋田はそれを東郷に伝えた。東郷はお上の意思を知り、自分が辞任するしかないと知った。閣内不統一による総辞職とはならずに、東条が外務大臣を兼任することになって、大東亜省の設置は決まった。

そこでそれより一年足らず前のことを思いだしてみよう。

昭和十六年十月十四日の閣議で東条英機は「撤兵は退却である。それでは士気を失う。士気を失った軍隊は無きにひとしい」と説き、中国撤兵に反対した。中国撤兵を陸軍に迫る首相の近衛文麿と中国撤兵は絶対にしないと頑張る陸相の東条英機は対立をつづけていたのだが、東条は閣議にその問題を持ち込むことによって、閣内不統一をはっきりさせてしまったのである。

アメリカと戦うのか、戦いを回避するのかといった問題は、大東亜省を設置する、しないといった些細な問題と比べるべくもない。当然、近衛は内大臣の木戸に向かって、陸軍大臣にお上から中国撤兵への反対を止めよとのお言葉を頂きたいと申し入れたはずである。

木戸はそれをしなかった。そこで近衛内閣は総辞職して終わった。つづいて木戸はなにをしたか。中国撤兵に反対する東条英機を後継首相にするように天皇に奏請した。近衛と木戸とのあいだにあったのは、決して小さな齟齬やいざこざではなかったことは、読者も納得できよう。

木戸の決断ではじまったアメリカとの戦いが敗北に終わったとき、近衛と木戸とのあいだに、どちらかが死ななければならない暗闘がはじまる。どうしてなのか。その一部始終を私は『近衛文麿「黙」して死す』に書いた。

近衛の死から六十数年、かれの伝記に欠けていた重要な部分をやっと埋めはしたものの、私の近衛文麿にたいするいまの思いは、矢部貞治の近衛伝の結び、「『子は時に会わず』の感を禁じ能わぬ」と変わりなく、岡義武の近衛伝の副題、「『運命』の政治家」にもうなずくことになる。読者もまた同じ感慨に耽ることになると思う。

●工藤美代子『われ巣鴨に出頭せず——近衛文麿と天皇』(日本経済新聞社、平成十八年)
有馬頼寧『友人近衛』(弘文堂、昭和二十三年)
岡義武『近衛文麿——「運命」の政治家』(岩波書店、昭和四十七年)
勝田龍夫『重臣たちの昭和史上・下』(文藝春秋、昭和五十六年)
杉森久英『近衛文麿』(河出書房新社、昭和六十一年)
矢部貞治『近衛文麿』(読売新聞社、昭和五十一年)

（WEB草思、二〇〇七・三・二二）

木戸幸一『木戸幸一日記』

また一昔前の本の書評となる。木戸幸一の日記を取り上げたい。四十年前、昭和四十一年に東京大学出版会から刊行された上下二冊本である。上巻は昭和五年から昭和十二年まで、下巻は昭和十三年から昭和二十年までの日記を収録している。

その日記を記した木戸は昭和十五年七月から昭和二十年十一月まで内大臣だった。内大臣の職掌について、現在までしっかりした研究はない。それでも、昭和の戦争、とりわけアメリカとの戦争のあいだの出来事、そのはじまりから終結までを研究しようとする人には内大臣の日記は欠かすことのできない資料である。

しかし、いま述べたとおり、内大臣が持つ最高度の調整機能について、だれも考究したことがないから、多くの研究者は木戸日記をじっくり読むことをしてこなかった。

理由はもうひとつある。木戸はその日記のなかで、自分が関係した出来事、自分がイニシアティブをとった仕事について詳しく叙述することを避け、話し手が語った要点を記述することはこれまた稀であり、かれの考えを記すことも少なかった。こうして研究者にとって、木戸日記は役に立たないと思われている。
だが、その日、その日、会った人間を入念に記し、ときに僅かな説明を加えているから、丁寧に読めば、そのときに起きた秘密の計画、たくらまれた陰謀の全輪郭が浮かんでくることもある。

ところで、木戸は毎晩、机に向かって日記帳をひろげていたのではない。そのとき、そのときに、会った人、時間、その問答の要点を記した手帳がべつにあった。それを週に一回か、二回、日記帳に書き写していたのである。だが、肝心な部分を写すことはしなかった。

その例をひとつ挙げよう。木戸の日記には、たとえば松井成勲といった人物の名が昭和十年三月から昭和二十年十月まで定期的に登場する。

「松井成勲来訪」と書かれているだけだ。だが、かれの昭和十年の手帳の一冊には、部下に調べさせたつぎのような記述があったはずだ。松井成勲こと、松井亀太は恐喝、横領、詐欺といった前科を持っている。政友会の院外団の一員となり、長州出身の松井は同じ長州出身、大実業家出の政治家、久原房之助の走り使いをするようになった。大正十五年十月、政友会総裁になったばかりの田中義一の政治資金の出所を調べていた東京検事局次席検事が謎の死を遂げた。その謀殺の指揮者は久原の下働きの松井と疑われ、かれはしばらく満洲に逃れた。そのような噂はやがてかれの力の源泉となった。田中の急死、そのあと久原の使嗾《しそう》、そしてかれの資金を利用してのことであろうが、松井は陸軍内の過激派に食い込むことになる。

必ずや、木戸は手帳にはこのように記したはずだが、日記にそれを写すことはしなかった。松井が語った陸軍省軍務局長の動き、関東軍の何某がなんと言ったかといった叙述はまったくない。「松井成勲来訪」「松井成勲来邸」だけなのである。ところが、木戸はその松井の項に余計な僅かな文字を書いたことが一度ある。

木戸が松井にはじめて会ったのは、内大臣秘書官長時代の昭和十年三月だった。松井が定期的に訪ねてくるようになってから八回目、同じ年の十月、あとにもさきにもただ一回、「松井来訪」のあとに、うっかりか、それともどうしても一言、書きたかったのか、「時局の切迫」と記したのである。

はるかのち、それこそこの木戸日記が出版、公開されたあとのことになるが、木戸はある集まりで自分の半生を語って、昭和十一年二月二十六日に二個連隊、千四百人の叛乱が起きるより前、「二千名くらいの人間が動く一大異変が近く起きる」という情報を得ていたのだと自慢した。情報源を明かさなかったが、かれは松井からそれを聞いていたのである。

こうして木戸は松井を信用するようになった。木戸にとって、松井は陸軍内部の秘密を知るための重大な情報源となった。つづいて陸軍幹部は宮廷に強固なパイプを持った松井を利用し、公のルートで言えないことをかれに告げ、かれを利用して、宮廷の理解を求め、その反応を探る慣行ができた。

木戸日記から拾っていけば、昭和十四年、昭和十五年には年に三十回以上、木戸は松井に会っている。三国同盟締結を望む陸軍の動き、ノモンハンの戦いと関東軍、参謀本部の動向、陸軍の南方にたいする考えを知ろうとしたのであろう。だが、読者に見当がつくのはそこまでだ。木戸が陸軍大臣の東条英機と蜜月の仲であったときには、松井は用済みだった。松井に四季の手当て金を与えるために呼ぶくらいだった。ところが、木戸が東条と手を切れば、たちまち、松井とのパイプを復活させた。

木戸日記と無縁なことを記しておこう。松井の戦後は、木戸と親しかった岸信介を雇用主に代え、かれの引退のあとには弟の佐藤栄作をクライアントにし、百歳の長寿を全うした。木戸の死はその二年のちである。

べつの話になる。木戸はその日記帳に会った人間の名前だけは間違いなく記入しているのだと私は思ってきたのだが、じつはそうではないと気づいた。

昭和二十年八月に戦争が終わったあと、木戸が都留重人に会ったのは、日記を見るかぎり、僅か二回にしかすぎない。木戸が戦犯容疑者と指定されたあとの十二月十日、そして木戸が巣鴨に出頭する前日の十二月十五日である。

私はこれを見て、木戸が隠そうとしていたことのすべてがわかったように思った。

もっとも、木戸が都留の名前を日記に載せなかったもっともらしい理由はあった。

木戸の一家は昭和二十年四月十四日、五月二十五日と二度の罹災をして、かれの弟、和田小六の家に同居した。広い邸だから、都留夫婦も同居していた。都留は和田小六の長女と結婚していた。そこで木戸は都留と顔を合わせることもあったし、話し合ったことも当然ながらあった。だが、それをいちいち記す必要はないと木戸は考えたのだ。内大臣が廃官となったあと、木戸の一家はよそへ移った。そのあと都留と会った二回ははっきり日記に記すようにした。

都留のことはそれで弁解できよう。ところで、木戸はハーバート・ノーマンと会ったことを日記に記さなかった。そう言ったら、木戸は顔色を変え、会いもしない人のことをどうして記さねばならないのかと声を荒らげるかもしれない。

だが、昭和二十年九月から十月、木戸は都留が連れてきたハーバート・ノーマンと間違いなく会ったのだと私は確信している。そう考えるのは私だけではない。ノーマンの著作のすべてを翻訳し、ノーマンと親しくしていた大窪愿二が、ノーマンは木戸と会ったにちがいないと記している。

私は『近衛文麿「黙」して死す』のなかで書いたことだが、マッカーサー、そしてワシントン宛の報告書のなかで、ノーマンが近衛文麿の立ち居振る舞いをこれ以上は考えられないというほどに悪しざまに罵り、木戸を褒めたたえ、近衛が主宰した昭和十六年九月六日の御前会議を戦争決定の会議に仕立てたのは、ノーマンが木戸から直接に聞いてのことだと思っている。

木戸は日記に注意深くノーマンの来訪の記述をしなかったのか、書いてしまいはしたものの、あとで墨で塗り潰したのだと私は見ている。

さて、都留重人について、木戸日記を読んで、知ったべつのことがある。木戸の日記には記載はないが、だれもが知るとおり、都留は政治に強い関心を持った理想家肌の青年だった。旧制高校の時代には共産党系の団体に参加して、退学となった。アメリカに留学していたあいだも、「プロレタリア革命」「世界革命」のために「共産党員以上に共産党員らしく」活動した。

ところが、社会的不正を許さないという自覚と信念を持っていたはずのこの人物が、老幼男女の無意味な、情けないかぎりの死を一日でも早く終わらせるべく、戦争終結を考えようとしなかった。

木戸が外務大臣の重光葵《まもる》に頼み、都留は外務省に勤めていた。かれはまた海軍省軍務課に協力して、アメリカ研究会を主宰していた。かれは義理の伯父や伯父の友人、かれらの部下たちのだれよりも日本を取り巻く国際情勢がはっきりわかっていたはずだった。

そしてかれの伯父がいた。のちに都留は木戸とともにアメリカ占領軍の関係官に向かって、内大臣はなんの力もない、宮廷の侍従と変わりのない小官だと思わせようと努めた。しかし、都留自身はかれの伯父が総理大臣よりも、統帥部総長よりも、大きな力を持っていることを知らなかったはずはない。戦争をやめさせることができるのは、ほかのだれでもない、かれの伯父だった。

かれが伯父とノーマンに協力して、近衛文麿を自殺に追い込んだことを知って、私はさほど驚かなかった。私が本当に驚いたのは、伝書使として、対独勝利に沸くモスクワに行って戻ったかれが、昭和二十年六月、七月、戦争終結のために伯父に働きかける努力をなにひとつしなかったことを木戸日記で知ったときである。

どうして都留は伯父に戦争を一刻も早く終わりにしなければならない、陛下にこのように申し上げたらどうかと自分が考えたことを説かなかったのか。東大法学部の教授であり、木戸の幼なじみの高木八尺《やさか》は木戸にそうした考えを告げ、陛下に申し上げてくれと言った。

都留がそうしたことをしなかった理由はなんだったのか。あのコミュニストはソ連軍による日本「解放」を待ち望んでいたのだと勘ぐられてもしかたあるまい。

私が思い浮かべるのは、再び松井成勲のことになる。謎に満ちた人生だとだれもが言うであろう。だが、私から見れば、松井成勲の人生よりも、都留重人の人生のほうがずっと謎に包まれている。もう少しはっきり言うなら、松井よりも、都留のほうが良心を欠いていた。

都留に対してあまりにも厳しいと読者は言い、松井はたかだか情報屋であり、舞台裏のフィクサーだったのではないかと語るだろう。

ひとつ、付け加えたいことがある。松井は陸軍、宮廷の御用を務めていたが、昭和十六年はじめに憲兵隊に捕らえられ、一カ月ほど拘置されたことがある。アメリカとの和平の手がかりを探ろうと渡米し、国務省の高官と意見を交換した民間人を全面的に支援したのが松井だった。この交渉が失敗に終わったのは言うまでもないが、松井は自分の背後にだれがいたのかを明かさなかったし、戦後になってもなにも語っていない。

都留はどうか。かれは内外すべての状況がわかっていながら、そしてかれ自身、まことに稀有な立場にいながら、戦争終結のために指一本動かそうとしなかった。しかし、松井のように殺人はしていないと言う人がいるかもしれない。近衛文麿を死に追い込んだのは都留である。

ところで、もっとも肝心なことを言うのを忘れていた。アメリカとの戦争に突き進むことになったのは、木戸の私心にあったというのが私の『近衛文麿「黙」して死す』の主題である。木戸日記なしには、私はその結論を導きだせなかったことを付け加えたい。

●木戸幸一『木戸幸一日記　上・下』（東京大学出版会、昭和四十一年）

（WEB草思、二〇〇七・四・一九）

元宮内庁長官・富田朝彦「富田メモ抜粋」

宮内庁長官だった故富田朝彦が残した記録の抜粋がこの五月一日と二日付（二〇〇七年）の日本経済新聞に掲載された。昨年の七月下旬、その記録のごく一部が同じ日本経済新聞に載せられ、昭和天皇が靖国神社に参拝しない理由を語られていたことが明らかにされて、大きな論議を引き起こしたことはだれの記憶にも新しい。

私はここでそれを検討するつもりはない。

私が取り上げたいのは、この富田メモからもうかがうことのできる、昭和天皇が弟君の高松宮に持っていた強い嫌悪の感情、そして近衛文麿に長く抱きつづけた憎しみに近い感情についてである。

天皇が近衛を非難した言葉を富田朝彦が書き取ったのを見よう。一九八七年十二月二十八日付の備忘録の一節である。日本経済新聞の今年（二〇〇七年）五月一日の朝刊の紙面に載った。

「グルーの近エを見抜きえなかった　日独、三国同盟の経緯を見抜けなかったか　近エ聞き放

し　閣議決定した　9・6（土）延キにつき　逆（立場）武官府　後藤を除きスパイの如き行為　海は違った」

まことにぞんざいな走り書きである。なぜなのであろう。富田は近衛を批判した天皇の言葉をそれより前、何回か耳にしたことがあったが、備忘録にそれをいちいち記さなかった。かれは天皇のその近衛批判を記したとき、のちにそれがだれかの目に触れることがあっても、なんのことかわからないようにわざと乱暴に書き記したのだと私は理解している。

私は二度三度読み返し、だれもがわかるように書き直してみた。私の訳はつぎのとおりだ。読者の理解を助けるために、いささかの加筆をした。

「駐日大使のグルーは日米間の和平再建のために頑張ったが、かれは首相の近衛の気質のいい加減さを見抜くことができなかった。

見抜けないといえば、見抜くことができなかった最大の問題は、ドイツから来た特使のスターマーが日本の要所要所にカネをばらまき、日本側をしてドイツとの同盟締結に踏み切らせようとしていたにもかかわらず、近衛はそれを見抜けなかった。そして近衛は私の注意を聞き捨てにして、同盟締結を閣議で決めてしまった。あれは九月六日の土曜日、いや、九月六日は昭和十六年の御前会議があった日だから、一年前の昭和十五年の九月十六日だ。あの日に緊急閣議を開いてしまった。あの会議を開くことがなかったら、もちろん、九月十九日の御前会議があるはずもなく、あのような亡国同盟を結ばないで済むことになったのだ。無念なことだった。

あのとき陸軍もまことによくなかった。昭和十四年から十五年、宮廷に勤務していた陸軍の侍従武官たちは、ひとりを除いて、けしからんことばかりしていた。ドイツと同盟を結ぶのだと叫び立て、右翼団体を煽動し、かれらが日本各地で開く反英運動にカネを出していた陸軍省軍務局や調査部の連中に協力し、三国同盟締結に反対する親英米派に脅しをかけようとして、親英米勢力の中心人物と見られていた宮内大臣の松平恒雄とその周辺の人びとの言動を探っていたのだ。海軍の侍従武官はそんな不埒なことをしなかった」

私のこの訳を読んだ人のなかには、ひどい訳だ、曲解もはなはだしいと嘆じる人がいるかと思う。正しい訳を教えていただければ有り難い。

昭和天皇は五十年近い昔の決して忘れることのない記憶を富田朝彦に語った。

思いだしてみよう。アメリカとの戦争が終わったときに天皇は四十三歳だった。戦いに敗れた日本は大きな惨苦のなかにあった。戦争の犠牲者は若人を中心に三百万人にものぼった。だが、かれらの父母、兄弟、妻、子供たちは昭和天皇を怨むことは決してなかった。敗戦の国土のなかで国民は当然なこととして天皇を護った。だれもが懸命に働き、瓦礫と灰になった七十余の都市のすべてを復興させた。そして日本は世界第二位の経済大国となった。国民が天皇を護ったのは正しかった。天皇はそれに応え、国民とともに生きてきたのである。

だが、天皇は戦後四十四年を生きつづけて、胸のなかにはつねに痛みがあったのであろう。

天皇はそのトラウマを抑えつづけた。自分は間違ったことをしてはいなかったのだと思おうと努めたのだし、言い訳を繰り返した。

都合よく説明し、ごまかし、知らぬ顔で押し通すことはだれもがした。私は前に清沢洌の日記を取り上げたとき、徳富蘇峰を批判した。昭和十六年に、いや、その前からアメリカ、英国と戦うべしとだれよりも大きな声で叫び、新聞の定期コラム、祝日の朝のラジオ演説、そして数十万部と売れる「時局本」を通じて全国民に訴えたのが蘇峰だった。かれは戦争中も国民を叱咤激励した。ところが、敗戦のあと、かれは自分の過ちに無自覚なまま、自分以外の人びとを非難攻撃し、自分はかれらに騙されたのだと説いたのだった。

都留重人についても批判をした。前に木戸幸一の日記を取り上げたときだ。木戸の義理の甥になる都留は自分がしてきたことを何回も綴りながら、近衛文麿を自殺に追い込んだことには、なにも触れようとしなかった。それより前の昭和二十年六月、七月、全国中小都市の焼き打ちがつづくさなか、戦争をやめさせることができる日本でただひとりの人物、内大臣と同じ邸内に住みながら、そして外務省に勤務してアメリカを研究し、四月、五月には伝書使としてモスクワを往復し、世界の情勢がわかっていながら、しかもシベリア鉄道を東進するおびただしい数の軍用列車を車窓から直接に見ていながら、都留は戦いを終わらせるために、信頼されていた伯父になにひとつ言わなかった。かれの奸悪と呼んでさしつかえない怠慢について、のちにかれは疑問をさしはさまれないのを幸い、知らぬ顔で通した。

昭和天皇のことに戻る。天皇の胸中に自分の過ちが思い浮ぶことになれば、その思考回路は近衛文麿の過ちへと開くことになり、かれにたいする怒りとなるのだった。

天皇が生涯にわたって忌み嫌っていた政治家、役人、軍人は何人かいた。三つに分けることができるのだが、それぞれが近衛と繋がりがあった。

天皇はいわゆる皇道派と呼ばれた派閥に属した高級軍人を嫌った。昭和十一年二月の二個連隊の叛乱を引き起こした年若い尉官クラスの指導者を支持、支援した陸軍高級幹部である。真崎甚三郎、小畑敏四郎をはじめとするこれら将官の大部分は、その叛乱事件のあと現役を追われた。天皇はかれらのことを二度と口にしなくてもいいはずだった。

そうはいかなかった。アメリカとの戦いがはじまり、負け戦がつづき、敗北、降伏も遠いさきではないと懸念する人たちが皇道派の将軍の名前を取り沙汰するようになったからである。戦争終結のためには、まず第一に陸軍の指導部の一新が必要であると考えてのことだった。昭和十二年からの中国との戦い、昭和十六年からのアメリカとの戦いにも無縁である皇道派の将軍を復活させなければならないと主張したのである。

天皇は自分が信頼する将領たち、杉山元、梅津美治郎、東条英機といった陸軍首脳を更迭するという考えに容易にうなずくことができなかった。そしてかれらの後任に自分が忌み嫌う将軍たちをもってくることなど許せるはずもなかった。

天皇の皇道派の将軍たちにたいする憎しみを知っているのに、そのような計画を主張した近衛文麿、そして高松宮を許すことができなかったのである。

昭和天皇が嫌った二番目の人びとは、ドイツ、イタリアとの同盟を推進した軍人と外交官だった。天皇は米英両国と敵対する国々と軍事同盟を結ぶことは間違っていると思っていた。そんな条約を結んでしまえば、あげくの果ては、アメリカとの戦争になり、日本は戦いに負けることになるのではないかと口にしていた。

同盟を結んでしまって、天皇が恐れた予測どおりになってしまった。負け戦になって、そして敗戦のあと、天皇はずっと同盟を推進した松岡洋右、白鳥敏夫といった人びとに歯ぎしりする怒りを持ち、富田朝彦に語ったとおり、これまた同盟を望んだ、そのときに首相だった近衛を許すことができなかったのである。

天皇が嫌った三つ目の人たちは、直宮と呼ばれる天皇と血の繋がりを持つ皇弟たちだった。秩父宮、高松宮である。三笠宮も加えるべきであろう。

皇弟たちはアメリカとの戦争のあいだ、天皇がやっていることにたいしてのもっとも厳しい批判者だった。そして戦争末期から戦後にかけて、兄君には戦争責任があるのだから、当然、退位すべきだと考え、そのように説いた。いずれも陸軍、海軍の軍人だった皇弟たちは陸海軍を統率する大元帥である天皇が負うべき責任をはっきり知っていたからだし、兄君個人の進退よりも、皇室、皇統の永続を優先して考えたからである。

天皇にしてみれば、皇弟たちのこのような言動に心穏やかでいられるはずはなかった。しかも三人の皇弟の中心となっていた高松宮は近衛文麿と協力していたのだから、天皇がこの二人を警戒し、嫌ったのは当然だった。

それから四十数年のちの天皇の高松宮評は、富田メモに記述がある。

一九八八年五月九日、三十分ほどの雑談のなかで天皇は富田につぎのように語った。「いつか話したが、高松さんはね、弟だが私にはよくないと思う側面と又逆にいいと思う面もある。（前者は）何か人事など昔から好きで、取り巻く政治家めいた者達と軽く話したり、政治的発言をしたことを知っている。それが自分ではよい楽しいと思っていたらしい。

いい処は、自分にはない軽妙に外国人と付き合い戦後一時期はこの国にも役に立った面があり評価している。しかし振幅が大きく浜口内閣の振《ママ》には戦争をしかけてでもと主張し、戦争末期には平和だその為には邪マ者を排すべきだと工作し、地味確実にその方向に進んでくれたらと残念に思っている」

前に挙げた近衛についての評よりも、この高松宮評はわかりやすい。そこで「富田メモ委員会」のひとりは天皇のこの評を指して、「いいところ悪いところを言って、公平に見ようとしている」と述べている。富田朝彦はそう読まれることを願って、そのように綴ったのかもしれない。

私もできることなら天皇の批評は公平だと言いたい。だが、とてもそのようには言えない。私はこのくだりを読んだときに、ただ悲しかった。八十七歳になる高齢の天皇がすでに他界した弟君にたいして、四十数年昔と変わりのない観方をしているのを悲しく思ったのである。

高松宮が天皇のためになにを考え、なにをしたのかは、さきに僅かながら触れた。公刊されている高松宮の日記、第八巻を読めばそのすべてははっきりわかる。昭和天皇の発言が公平なものと言いえないこともわかる。次回に高松宮日記を取り上げたい。

●元宮内庁長官・富田朝彦「富田メモ抜粋」（日本経済新聞、平成十九年五月一日・同二日）

（WEB草思、二〇〇七・五・二四）

高松宮宣仁親王『高松宮日記』

『高松宮日記』について記したい。

高松宮が昭和六十二（一九八七）年二月三日に亡くなられてから六年あとの一九九三年のことだった。邸内の倉庫から宮の日記が発見され、宮と海軍大学校で同クラスだった二人の元海軍軍人、大井篤と豊田隅雄がそれを読んだ。江田島の海軍兵学校に在校していた大正十（一九二一）年一月一日にはじまって、日本敗戦二年目の昭和二十二（一九四七）年十一月までに及ぶ二十七年間の記録だった。「国宝的な歴史資料」だ、是非とも公刊したいと考え、作家の阿川弘之に協力を求めた。校訂整理の作業がおこなわれ、出版の準備がすすめられていたとき、宮内庁から横槍が入り、出版を控えてほしいと言ってきた。

結局、喜久子妃の決断で出版されることになった。全八巻にものぼるその日記は、一九九六年から九七年のあいだに中央公論社から刊行された。

ところで、阿川弘之はその日記を刊行したいきさつ、自分がその作業に加わった次第を一九九六年に刊行した『高松宮と海軍』（中央公論新社）のなかで説明しているが、宮内庁の出版妨害の出来事についても触れている。

阿川は宮内庁側の出版反対の理由は三つあったようだと述べ、皇室のプライバシー、天皇との「言い争い」、陸軍批判の問題であったのではないかと記した。

宮内庁が懸念したのはなによりも第二項であったことは間違いない。それを隠そうとして、ほかの二つを並べたのであり、もちろん、阿川も宮内庁側が問題にしているのは第二項だと承知していたのである。そして阿川は書き記してはいないが、かれと二人の元海軍軍人がただちに理解したのは、高松宮日記を公刊するのであれば、そういった箇所の取り扱いに細心の考慮をお願いしたい、要するに削ってほしいという婉曲な要請なのだということだった。

さて、だれもが不思議に思うことがあろう。

宮内庁長官と侍従長、そしてかれらの部下たちは、高松宮が書き残した日記のなかに、先帝とのあいだの「言い争い」が書かれているとどうして確信していたのかということだ。

昭和天皇が高松宮にたいして悪感情を持っていたこと、そして間違いなく「言い争い」があったであろうことは、月刊誌「文藝春秋」の平成二（一九九〇）年十二月号に発表された「昭和天皇独白録」を読んで、だれもが知った。（その後『昭和天皇独白録』は文藝春秋社より刊行）

そしてそれを読んだ人びとが思いだしたのは、細川護貞の日記である。昭和二十八（一九五三）年にその日記は公刊され、昭和五十三（一九七八）年に再び刊行されたその日記のなかに、昭和天皇が戦争末期に高松宮と「言い争い」をしたという記述が僅かながらある（『細川日記』中央公論新社）。

もちろん、宮内庁長官、侍従長、かれらの部下たちは、細川護貞の日記、昭和天皇の独白録の知識だけをもとに、高松宮の日記に天皇との「言い争い」の記述が必ずやあると信じたわけではなかった。

宮内庁に勤務する人びとは宮廷における勤務が長く、侍従長、侍従であれば全経歴を昭和天皇のもとで過ごし、天皇と直接接触する期間は半世紀にも及んだ。

たとえばいまから十一年前、平成八（一九九六）年二月に亡くなった徳川義寛を例にとろう。かれが侍従となったのは昭和十一年、三十歳のときだった。二・二六事件のあとだった。昭和二十年八月十五日未明に侍従のかれが「玉音放送録音盤を死守」した話は多くの人が承知していよう。昭和六十（一九八五）年九月に、これまた宮廷勤務の長かった侍従長の入江相政が急死し、侍従次長だった徳川が後を継いだ。徳川が侍従長の職を勇退したのは、昭和六十三（一九八八）年、八十一歳のときだった。

こうしたわけで、宮廷に仕えた人びとは戦前、戦中をつうじて昭和天皇と苦楽をともにし、敗戦のあとには天皇を守ることに一喜一憂をつづけ、そのあいだには、天皇が語ったこと、かれらの先任者から話を聞くこともあったから、天皇と高松宮とのあいだにあったいざこざを承知していたのである。

私は前に宮内庁長官だった富田朝彦の備忘録を検討したとき、昭和天皇が嫌った人たちのなかには、直宮《じきみや》と呼ばれる天皇と血の繋がりを持つ皇弟たちがいたと記した。秩父宮、高松宮である。三笠宮も加えるべきであろうとも述べた。天皇はこの三人の弟たちのなかで、だれよりも高松宮を嫌ったのである。

なぜ昭和天皇は高松宮を嫌ったのであろう。それを解明する前に、高松宮が昭和天皇にたいしてどのような態度をとっていたかを記したい。

高松宮が天皇のためにこそといつも考え、そのために努力し、それが逆に天皇とのあいだの確執になりはしたのだが、宮が天皇家の皇統の継承者である長兄のために最善をつくそうと努めたこと、母である皇太后、次兄である秩父宮にたいする変わらぬ心遣いは、この公刊された高松宮日記からはっきりうかがうことができる。

そこで、第八巻に載っている昭和二十年の日記の一節をつぎに引用しようと思うが、それを写す前に少々の説明をしよう。昭和二十年五月半ば、高松宮は陸軍の長野県松代における地下要塞建設の工事が大本営を移す準備であることを知り、天皇が松代に移り、皇太后もその近くに移る予定であることを知った。高松宮はとんでもないことだと思った。松代への動座《どうざ》は陛下が陸軍の虜となるのも同じこと、本土の戦いとなる前に、戦争を終わらせることができなくなってしまうと懸念した。

五月十七日の夕刻、高松宮は宮内大臣、宮内次官、宗秩寮総裁、皇太后大夫《だいぶ》を招いた。天皇、皇太后が疎開されるのであれば、これは陸軍が決めることではない、宮内省の主導によって決めることだと主張した。ところが、宮がどのように説こうとも、だれひとり賛成しなかった。じつは宮内大臣や宮内次官は松代動座のことを内々に承知していて、いまになって反対できないという事情があった。そして大本営の移転となれば、陸軍任せとなるのはいたしかたないとだれもが思っていた。

その翌日、五月十八日の日記に高松宮はつぎのように記した。

「昨夕の話で興奮したのか疲れたのか、今日は胸がはればばれせぬ。朝おきて御殿場に御無沙汰している申し訳を自問自答してみたら泣けてしまった。（お兄様が御病中にこんな事態になってしまって、御殿場へ出ようとその暇はつくれぬことはないけれど、何とお話をしてよいか、何にか少しでもよい種があったらと思ってとうとう来れなかった。私は政治にはもともとふれる趣味もなく、お上がそれをお喜びにならぬのをよいことにしていたら、お兄様の御病中に大戦争になり、さて政治にも口を出すべきなのに何んの準備もなくとうとう何にも出来なく、お上に申し上げることもまづいのか御聴きになる様な申し上げ方も出来ず、外国とのことも私には何も出来ず……）」

もちろん、昭和天皇は高松宮のこの日記を読む機会はなかった。もし天皇がこの五月十八日の記述を読むことがあったら、どのような感想を抱き、侍従長、あるいは長官になんと告げたことであろう。

ところで、なぜ昭和天皇は高松宮を嫌ったのであろうかという最初に掲げた問いに戻る。

昭和天皇はあらゆる意味で孤独だった。天皇は自分を励まし、導いてくれる父を持たなかった。天皇は陸軍士官学校で学んだこともなければ、海軍兵学校で学んだこともなく、兵営生活も、軍艦に乗り組んだこともなく、自分の周りに上司と部下を持つ体験がなかった。そして、まことにいびつな帝王教育を受けたがために、だれとも意見を交わした経験がなく、自分の考えを正確に力強く述べることを学ぶ機会がなかった。だれからも手ほどきされたことがなかったから、国事に立ち向かう方法を学ぶこともなかった。

天皇家にとって、日本の全国民にとって、天皇の態度決定がまことに重大であった昭和十五年から昭和二十年の末まで、この孤独な天皇が信頼し、頼りにしたただひとりの人物は内大臣の木戸幸一だった。木戸は天皇が心にとどめておかねばならないことを説明し、天皇がどのような決断をしたらよいかを助言し、政治家、官吏、高級軍人にたいする自分の評価を言上した。

こうして天皇は木戸と同じ全体的な展望を持つことになり、もっとも決定的な瞬間に木戸の助言に従うことになった。そして木戸の好憎を自分のものにした。

では、木戸はもっとも重大な態度決定を迫られたときにどのように行動したのか。そしてかれは激しい嫌悪と悪意をだれに向けたのか。

昭和十六年十月、アメリカとの戦争を回避しようと懸命に努力したのは首相の近衛文麿だった。その一カ月あと、それこそ対米開戦を定める御前会議を開く前日に、それにたいする異議を天皇に奏上したのは軍令部作戦課員の高松宮だった。だが、そのいずれをも潰すように仕向けたのは木戸だった。そこで木戸が目指したとおりに戦いとなった。そして戦いの展開がはっきり不吉なものとなったとき、木戸が近衛と高松宮にたいしてどのような感情を持つようになったのかは、だれにも容易に想像ができよう。

ところで、開戦を定める十二月一日の御前会議の前日に高松宮は戦争にたいする異議を天皇に奏上したのだと記したのだが、いったい、公刊された高松宮日記にはそれについてどのような記述があるのか。

それについては次回で述べたい。

（WEB草思、二〇〇七・六・一）

前の号で高松宮日記を取り上げ、その末尾につぎのようなことを記した。開戦を定めた昭和十六年十二月一日の御前会議の前日、十一月三十日に高松宮がアメリカとの戦争は回避すべきだと天皇に奏上した。ところで、高松宮日記にはそれについてどのような記述があるのか。

これについてはあとで述べるとして、昭和十六年十一月三十日に起きた出来事を明らかにしているのは、内大臣、木戸幸一の日記である。

つぎに掲げる。

「三時半、御召により拝謁す。

今日午前、高松宮殿下御上りになりたるが、其時の話に、どうも海軍は手一杯で、出来るなれば日米の戦争は避けたい様な気持だが、一体どうなのだろうね、との御尋ねあり」

高松宮がアメリカとの戦争を回避すべきだと主張したことは、まさに青天の霹靂だった。天皇の顔色を変えさせ、木戸を大きく揺さぶった。

海軍は十日足らずさきにはじめる戦いに自信がないのか。半年、一年は頑張ってみせても、やがては互角には戦えなくなる、こちらの損害が増えつづければ、最後には多勢に無勢、負けてしまう。そのような戦いになると承知していながら、それを口にだせず、強がりを言いつづけてきて、ついに土壇場まできてしまい、お上に本当のことを申し上げてくれと直宮の高松宮に頼んだのではないのか。そもそも十一月に入ってから、横須賀に勤務していた高松宮を軍令部の作戦課員としたのは、このための用意だったのではないか。

天皇、そして木戸の頭には、このような考えが明滅したはずである。

そして天皇は昨日のこと、明日のことを考えて、茫然としたのである。昨日の十一月二十九日には重臣会議を開き、政府はアメリカと戦うとの決意を表明し、懸念する重臣たちを事実上、抑えつけた。そして明日の十二月一日の午後二時に開く予定の御前会議で天皇は開戦を定めることになっており、統帥部、首相の説明の要旨はすでに印刷されていた。その直後に天皇は統帥部総長に向かって、進攻作戦開始の命令をくだすことになっていた。その命令がでたならば、すでに十一月二十六日の朝に択捉島の単冠湾《ヒトカップ》を出撃し、ハワイに向かっていた機動部隊に引き返せと命令をだすことはもはやありえなかった。

木戸はどうだったのか。すでにはっきり決まっている事実を覆し、回りつづけている歯車を止めるという決断はかれにはできなかった。そんな勇気はなかった。しかも、かれはとっくにアメリカと戦う決意でいた。その四十数日前、木戸は十月十四日から十五日、十六日に態度決定をするにあたって、中国撤兵を約束して、アメリカとの戦争を回避しようとした首相、近衛文麿の反対の側、陸軍大臣、東条英機を支持したのである。

木戸は迷わなかった。いまさら迷ってどうするかという気持ちだったのであろう。高松宮の訴えを葬り、天皇の不安を拭い去ることにした。わけもなかった。木戸は日記につぎのように綴った。

「依って、今度の御決意は一度聖断被遊《あそばさ》るれば後へは引けぬ重大なるものであります故、少しでも御不安あれば充分念には念を入れて御納得の行く様に被遊ねばいけないと存じます、就いては直に海軍大臣、軍令部総長を御召になり、海軍の直《(ママ)》の腹を御たしかめ相成度、此の事は首相にも隔意なく御話置き願い度いと存じますと奉答す」

木戸が承知していたのは、天皇の問いかけが頬を震わしての詰問になろうと、椅子に腰掛けるようにと勧め、穏やかな口調で尋ねようと、海軍大臣と軍令部総長が天皇に向かって、高松宮が説いたような戦争回避を口にすることはないということだった。

そのときの海軍大臣は嶋田繁太郎だった。敗戦のあとに、かれはつぎのように述べている。

昭和十六年十一月三十日午後六時十分、大臣と総長は同列で御学問所で拝謁した。天皇が「いよいよ時機は切迫して矢は弓を離れんとしておるが、一旦矢が離れると長期の戦争となるのだが、予定通りやるかね」と問うた。

軍令部総長の永野修身《おさみ》は「いずれ明日委細奏上すべきも、大命降下あらば予定通りに進撃いたします」と述べた。

「大臣としてもすべてよいかね」と天皇は嶋田に尋ねた。「物も人も共に十分の準備を整えて、大命降下を御待ちしております」と答えた。

天皇は海軍首脳の二人の決意と権威に安らぎを感じた。高松宮は神経質なのだ、悲観論者なのだと思ったのであろう。さて、木戸は日記にそのあとのことをつぎのように記した。

「六時三十五分、御召により拝謁、海軍大臣、軍令部総長に先程の件を尋ねたるに、何れも相当の確信を以て奉答せる故、予定の通り進むる様首相に伝えよとの御下命あり。

直に右の趣を首相に電話を以て伝達す」

アメリカとの戦いがはじまってすぐのことになる。天皇は十一月三十日のことを東久邇宮に明かした。

それを記したのは小林躋造《せいぞう》である。かれは海軍軍人であり、少壮時代からやがては海軍を背負う男と目されていた。昭和十一年にかれは思いがけなくも予備役となった。その年二月の叛乱事件のあと、陸軍将官たちが責任を負い、現役を退いた。海軍側はそれとバランスをとることにして、何人かの海軍大将が現役を去ることになった。巻き添えを食ったのが小林だった。こんな馬鹿な話があるかと非難の声が大きかった。海軍の強硬派が潰すことに懸命となっていたロンドン軍縮条約の締結を支援した海軍穏健派の代表が軍事参議官の小林だった。海軍の武断派はこのときとばかり、目障りな小林を葬ったのである。

そのあとかれは台湾総督となり、昭和十五年十一月に帰国した。昭和十八年三月にかれはメモ、草稿を整理して、アメリカとの開戦のときまでの一年間に、自分がアメリカとの戦争を阻止しようとしてやったことをまとめた。

そのなかに高松宮についての一節がある。つぎのような内容である。

開戦の直後に小林は原田熊男と会った。原田は元老、西園寺公望の私設秘書だったが、西園寺が没してすでに一年がたっていた。原田は近衛、木戸とは学習院、京大時代からの友人であった。

原田は小林に向かって、それより少し前に東久邇宮から聞いた話を語った。東久邇宮はその数日前に天皇に拝謁した。そのとき天皇が語られたという話だった。天皇が「艦隊発動の裁可をした直後、高松宮が蒼惶《そうこう》として参内され『今艦隊進発の御裁可ある事は非常に危険です。実は軍令部の計算に大きな錯誤のある事を発見しました』と言上した」というのだった。天皇は海相、軍令部総長を呼んで「何か誤算はないか」と問うたところ、両人共よく調べましてと言って下がって、暫くして「海軍としては何等の誤算もありませぬ」と答えたのでホッと安心したのだが、高松宮が誤算ありと言ったときには、「すでに艦隊は進発後でありこれは困ったと思った」と仰せられたというのだ。

天皇が東久邇宮に語り、東久邇宮が原田にそれを教え、原田が小林にそれを喋ったのだが、途中どこかで間違えたのであろう。天皇はつぎのように語ったのであろう。「十二月一日には統帥部総長に進攻作戦開始の命令をくだす予定となっていた。ところが、その前日の午前に、高松宮が憔悴した顔でやって来て、この戦争をしてはならないと突然言いだした。これにはひどく困った」

さて、東久邇宮は原田にこのように語ったあと、「高松宮の誤算云々のお話はどういうことであったか知らぬが、大事な問題でなければよいがと心配している」と補足した。

毎日毎日、勝利のニュースがつづき、だれもが浮かれていたときであったが、原田もそれを聞いたときには胸騒ぎがし、小林もまた原田の話を耳にして、不安が残ったのである。

そして小林が昭和十七年一月に原田から聞いた話を、昭和十八年三月にまとめようとしたときには、「高松宮の誤算云々」ということがなんであったのかは、わかりすぎるほどにわかっていた。そのとき戦いが不吉な局面となっていることを小林は承知していた。連合艦隊司令長官、山本五十六が戦死するのはその一カ月あとのことになるが、すでにガダルカナル、つづくソロモン群島の戦いで二千機に近い航空機、そんなことよりも、かけがえのない優秀、老練な搭乗員を失っていた。飛行機の生産を増やし、航空要員を養成して、つぎの決戦に間に合うことができるのか。圧倒的な敵が決戦のテンポを情け容赦なく速めることになったら、どうなるのか。これこそ高松宮が天皇に言上した海軍の「誤算」だった。

小林は高松宮について記述した文章の最後につぎのように記した。

「それにしても高松宮が開戦を阻止されようとしたお気持は殿下を以て中堅層強がりの一人のように聞いて居た予にとって一種の『救い』のような気がする」

小林は戦争の帰趨と国の運命、そして皇室の行く末を考えたからこそ、「一種の救い」と記したのであろう。アメリカとの戦いとなる直前にそれに反対した直宮の存在があった事実にかれは大きく息をついたのである。そしてその皇弟は領土拡張などといったことは明治天皇のお心ではないと考えていたのを小林は承知していたのかもしれない。

さて、高松宮日記の昭和十六年十一月三十日、そしてその前の日記にはどのような記述があるのか。『日記』第三巻の後記に阿川弘之はつぎのように綴っている。「叙上の如く、昭和十六年十一月十四日から三十日までの十七日間、御日記の記述が無い。開戦の最終決定が下される重大時期に該当しており、陛下が近衛、米内、岡田、若槻ら重臣八人の意見を聴取されるのは二十九日、高松宮が参内し、海軍は戦争遂行に不安あり出来れば日米戦争を避けたい意向と言上されるのが三十日である。編集会議の席上、何故この部分が欠落しているのか、誰かの手で機微にわたる記述が抹殺されたのではないかとの疑問が出た。よって、第十冊分第十一冊分の日記原本にあたり、再確認作業を行ったが、抹殺の跡も後年原本から切り取った痕跡も、全く見あたらなかった。要するに、事由は不明なるも、この年十一月の御日記は十三日で打ち切られ、以後二週間余、書かれていないのである。記述の無い日、記述の無い月は、各巻随所に見られるが、ここは微妙な時期なので、特にそのことを明記しておく」

高松宮日記についてはさらに次号で論述する。

（WEB草思、二〇〇七・七・一九）

昭和十六年十一月三十日の朝、高松宮は参内して、天皇に「直諫《ちょっかん》」した。だが、高松宮は日記にその朝のまことに重大な出来事についてなにも記していないことは前に述べた。

それから三十四年のちのことになる。「ある日の午後、御殿の一室で、高松宮から話をうかがっていた」と加瀬英明は書いた。加瀬は評論家である。父の俊一は外務官僚であり、アメリカとの戦いの前から戦いのあいだ、歴代の外務大臣に重用され、のちに初代国連大使となった。父子ともに高松宮夫妻に信頼されていた。

高松宮の談話は「高松宮かく語りき」という題で、『文藝春秋』の昭和五十年二月号に掲載された。そのなかで、昭和十六年十一月三十日に高松宮が天皇に向かって、海軍はアメリカとの戦争を避けたいと願っているのだと奏上したことをはじめて明かしている。

「それで、その時、陛下のご様子はいかがでしたか？」

「陛下は、とても筋を大切にされるからね。筋違いのことは嫌われる。所管の大臣や軍の責任者が申し上げることだからね。あの時は、陛下はただ、聞いていられたな。他の者が申し上げても、おききにはならない」

「それでも殿下がいわれることは、おききになるのでしょうか？」

「いや、その場では何もおっしゃらない。だけれども、ぼくのいうことは、お考えになったね」

加瀬はそのあと天皇は軍令部総長と海軍大臣を召したことを記述した。この一部始終は私が前の号で記したことと変わりない。

ところで、十一月三十日朝の高松宮と天皇の会話は実際には違った。

高松宮はその日の午前中の出来事を日誌に綴る意思がなかった。高松宮の日記は昭和十六年十一月十四日から三十日までの十七日間の記述がないことは前の号で記した。高松宮がその間の日記をつけなかったのはなぜだったのかはわからないが、十一月三十日の日記を記さなかった理由はだれにもはっきり想像できる。

翌十二月一日の日記はつぎの通りである。

「十一月三十日、お姉様と同車して御殿場へ、一八二〇着。車中より胸心地悪く、一寸ハイテ見たら久し振りで乱脈になり、ヂギタリス錠一ツもらってのむ。それで夕食もチョットで止めた。

夜中二度下痢して、朝ハ『トースト』で我慢す。

〇八三五発、皈京、皈邸してすぐ寝込む。ヘンテコにつかれて、午後ウツウツして休む。三十七度九分」

高松宮は十一月三十日の午後、御殿場で静養している兄君、秩父宮を見舞いにでかけた。東京に来ていた秩父宮妃とともに車で行ったのである。その日は日曜日だった。前々から予定に組まれていた訪問だったのであろうか。

それはありえなかった。午前中の高松宮の一擲、乾坤を賭す献言にたいして、もし天皇が耳を傾けていたら、どうなっていたか。高松宮は御殿場に行くどころではなかったはずである。御殿場に行くことになったのは、高松宮の天皇を説得しようとする試みが無残きわまりない結末となったからだった。高松宮は自分が、大事という言葉では済まない大事な任務を果たすことができなかったことを悔やみ、取り返しのつかない失敗をしてしまったと息苦しいような気持ちになったのである。お上を怒らせることなく、冷静な気持ちで聞いていただくための論理的な話もできなければ、機転もきかなかったのだ、踏みとどまって話をつづける勇気もなかったのだと振り返ることになれば、高松宮は烈しい憤りを自分に向けることになり、自己嫌悪に襲われ、どうしていいかわからず、御殿場の兄君にすべてを聞いていただこうという気持ちになったのであろう。そして高松宮の自責心と絶望感は心拍に乱れを起こし、御殿場に着いてから、強心剤のジギタリスをもらって、飲むことになり、神経性胃炎を起こしもしたのである。

その夜、高松宮は秩父宮にその日午前に起こったことのすべてを話したのではないか。海軍の本心は戦いの回避にありますと高松宮が説きだすところまでは、三十四年あとに加瀬英明へ語ったことと同じであったが、そのあとは違った。

天皇は高松宮の話に眩暈がするほどびっくりした。急遽、参内した軍令部総長から、わがハワイ攻撃部隊は北太平洋でアメリカの空母部隊と遭遇し、戦いをはじめてしまいましたと告げられても、これほどには驚かなかったにちがいない。

高松宮の説明を聞いているうちに、天皇は堪えることができなくなった。怒鳴り声になり、なにをいい加減なことをお前は言うのか、軍令部の新参の課員がそんなとんでもないことを言うとはなにごとだ、お前の上には第一課長がいる、お前は課長の許しを得て、こんなことを奏上しにきたのか、第一課長は承知しているのか、どういうことか。どこのだれに頼まれたのだ。天皇はこのように語ったとはだれも証言していない。だが、天皇の応答はこのような叱声になったのであり、高松宮もわれを忘れ、負けじと大声をだしたのではなかったか。お前の話なんか聞きたくない、出て行けと天皇が叫んだことは間違いない。高松宮は荒々しくドアを開け外へ出てしまい、天皇と高松宮の対話は五分足らずで終わってしまった。異様な大声に驚いて、なにごとが起きたのかと部屋からでてきた侍従を尻目に荒々しい足どりで高松宮は廊下を歩きながら、しまった、してはならない失敗をしてしまった、床に座ってでもお上に訴えなければいけなかったのだと臍《ほぞ》をかんだのである。

秩父宮は高松宮からこのような話を聞いて、大きく息をつき、お上がそのあとしたであろうことを高松宮と話し合ったのではないか。実際に起きた通りのことを二人は想像したにちがいない。お上は木戸幸一に相談されたにちがいない。急いで軍令部総長を呼ぶことになる。ご心配には及びませんと永野修身は奉答する。それでお終いだ。

どうにもならないと秩父宮が言ったにちがいない。そして話のはじめからずっと懸念していたことを高松宮に尋ねたはずである。戦争をしてはならないとだれが言ったのか。高松宮はこの問いになんと答えたのであろう。

それから三十四年あと、高松宮は加瀬英明の同じ問いに答えた。英明はつぎのように書いている。

「宮は海軍省兵備局長保科善四郎少将から、天皇にそう申し上げることを依頼されたのだった」

保科善四郎は昭和三十年から昭和四十二年まで衆議院議員を四期務めた。政界からは引退したが、昭和五十年はじめには健在だった。保科は『文藝春秋』の「高松宮かく語りき」を読んだ多くの友人、知人から、保科さんは終戦工作をしただけではなかったのですねと言われたはずである。保科はなんと答えたのであろう。

「高松宮かく語りき」が『文藝春秋』に掲載されてから半年あと、保科善四郎は『大東亜戦争秘史』という回想録を出版した。保科は対米戦争に反対だったことを述べてはいるものの、昭和十六年十一月末に私は高松宮に戦争回避を天皇に奏上して欲しいと言ったとは書いていないし、それを匂わせるような記述もない。

なぜだったのか。この謎はこのさきで明らかにしよう。

ところで、高松宮は秩父宮に向かっても、海軍省兵備局長保科善四郎少将に頼まれたのだと語ったのであろうか。秩父宮は疑ったにちがいない。三十四年あと、加瀬英明もそれは表向きの口上だと思ったのであろう。

なるほど保科は有能な海軍軍人であった。高松宮が昭和十二年に軍令部員となったときに、保科は軍務局の課長であり、大本営の会議に出席する大臣の常時随員だった。保科が優秀であり、義務の遂行が的確であることを高松宮はよく知っていた。そして昭和十六年十一月、保科に海軍の戦備についての知識、洞察力がだれよりもあったことは高松宮も認めていたにちがいない。だが、個人的にどのように優秀であっても、局長は局長にしかすぎなかった。

十一月十五日に御前兵棋は終わっていた。連合艦隊の全戦力はいまこそ最大の試練に挑もうとして、西太平洋の広大な水域に展開していた。ハワイ攻撃の機動部隊はすでにハワイ沖に向かっており、陸軍の比島攻略兵団の進攻準備は整い、マレー上陸作戦、シンガポール攻略の全準備は終わり、南方作戦の全計画は踏みだすだけとなっていた。重臣会議、御前会議、そしてその翌日には開戦の発令をするとすべての計画は分刻みで決まっていた。

高松宮は一局長から、この戦争はしてはなりませぬと二時間、三時間説得され、その説得が二日つづいたとしても、よし、明日一日の余裕しかない、明日の朝、お上に申し上げると保科に約束することになったであろうか。そんなことがありえたはずはない。

保科に頼まれて、お上に申し上げたのだと高松宮が説明して、秩父宮はそれを信じるはずはなかった。加瀬英明もそれを信じなかった。加瀬は高松宮に尋ね、保科少将だけですかと問うたはずだ。高松宮はなにも言わなかったのではなかったか。英明は自分が考えていることを口にしたのか、しなかったのか。

保科善四郎は海軍内のある人物の特使だった。そのある人物は保科を買っていたからこそ、その重大な秘密の任務をかれにやらせたのだし、当然ながら保科はその人物を尊敬していたはずである。その人物を見つけだすのはわけはない。保科のまことに無味乾燥な回想録、『大東亜戦争秘史』のなかにその人物は登場する。間違えようにも、間違えるはずはない、たったひとりしかいないのだ。保科はその人物の特使だったのである。

加瀬英明が「高松宮かく語りき」を発表してから十年ほどあとのことになる。高松宮は体の具合が悪く、入院していたときのことではなかったか。英明の父、俊一は高松宮を病院に見舞ったのであろう。昔話となったときに、加瀬は宮がそれまで明かすことのなかった最大の秘密を取り上げ、保科少将はだれの使者だったのですかと尋ねたにちがいない。

しばらく沈黙がつづいたあと、高松宮はつぎのように語ったのではないか。大使、あなたなら、私がこれから話すことをこのさき公にすることになっても、お上を謗《そし》ることなどするはずはなく、お上の名誉を傷つけることのないように十二分の配慮をすると思う。保科さんもそれを懸念したからこそ、沈黙を守りつづけたのだと思うが、あなたに話すのなら、保科さんも許してくれると思う。

高松宮はこのように言ったあと、保科少将の背後にいた人物の名前を明かしたのではないか。高松宮の痩せた頰に伝わる涙が枕に落ちれば、加瀬の目にも涙があふれたのであろう。

高松宮は昭和六十二年二月三日に亡くなった。そのあとまもなく、加瀬俊一は『文藝春秋』四月号に「高松宮の昭和史」という文章を載せた。亡き宮への敬愛の情のこもった追悼文である。その末尾はつぎのとおりである。

「二月十日の本葬に先立ち、八日から宮邸で通夜が始まった。私は英明と第一夜に参列し、白木の柩を礼拝した。柩には皇族がたが一行ずつ筆写した般若心経とともに、英明が『文藝春秋』に寄稿した『高松宮かく語りき』（一九七五年二月号）のコピィが収めてあった。珍しく、故殿下が戦争の回避と早期終結について、回想を語ったものである。この一文は特にお気に召していた。殿下としても、壮年時代の情熱を傾けた救国の行動だったのだ。とまれ、今日の日本の盛況は殿下の英知に負うところが少なくない」

ところで、五節までである「高松宮の昭和史」の第三節の見出しは「天皇に直諫」となっている。私が最初に「直諫」と記したのは、ここからの借用である。この第三節につぎのくだりがある。

「当時、高松宮は海軍中佐で軍令部に勤務しておられた。聡明な殿下は海軍の本心が戦争を欲しないことを察知し、また、戦争になれば勝算はないと判断していた。事実、連合艦隊司令長官・山本五十六大将は戦争に反対であり、同期の嶋田繁太郎海相に送った書翰（十一月二十四日）には、『残されたるは尊き聖断の一途あるのみ』と記してある。私も同感であって、十二月一日の御前会議が開戦を決定する前に形勢を逆転させたいと焦慮していた。

かくて、十二月四日、海相官邸で山本長官の壮行会が内密におこなわれた時には、開戦の廟議は既に決定していたのであって、壮行会に列席した高松宮の無念の心境が推察される」

二十年前、昭和六十二年の早春にこれを読んだ人びとは、加瀬俊一が書かなかったことを思い描くことはできなかったのではないか。だが、いまこれを読んだ人びとは、加瀬が承知しながら、記さなかった事実が眼前に浮かぶにちがいない。高松宮が保科から連合艦隊司令長官、山本五十六大将の極秘の書簡を受け取ったシーンであり、それを読み、保科の説明を聞き、高松宮はその書簡を火中に投じたあと、お上にただちに申し上げると長官にお伝え願いたいと約束をした光景である。

つづいて読者の頭に浮かぶのは、山本五十六についての数多くある伝記は、いずれも加筆が必要だということであろう。それだけでは済むまい。アメリカとの戦争を是が非でも回避しようとして天皇の最終決断を期待したのが海軍の事実上の最高責任者であったのなら、かれのそのあと一年半の戦いの指揮はどのようなものであったか、もう一度、子細に検討しなければならないだろう。

最後に内大臣、木戸幸一について触れておきたい。かれは天皇から高松宮の「直諫」の説明を聞いたとき、これは山本五十六だ、連合艦隊司令長官からのお上へのお願いだと脳裏に閃かなかったのであろうか。近衛文麿から山本の考えを一度ならず木戸は聞いていたはずだから、即座にそう気づいたにちがいなかった。どのようにして木戸は見過ごすことができないはずのその啓示を頭脳から葬り去ることができたのであろう。

●高松宮宣仁親王『高松宮日記　全八巻』（中央公論新社、平成七年〜十年）／「文藝春秋」昭和五十年二月号「高松宮かく語りき」（加瀬英明）／同誌昭和六十二年四月号「高松宮の昭和史」（加瀬俊一）

（WEB草思、二〇〇七・八・二三）

吉村正『離島百話』

買い求めながら、なかをひろげたことのない本が机の脇に積み重なっていくことから、書棚のあの本をもう一度読みたいと思っても、まず手をだす勇気がない。そうか、書評をすればいいのだと気づき、いつからかもう一度読みたいと思っていた本を書棚から引き抜いた。『離島百話』である。書評と言ったばかりだが、私がしたいのはこの本の紹介である。

『離島百話』は対馬のかつての充実した春夏秋冬の生活を記した本ではないし、宮古島の南にある多良間島に住む人びとの現在の元気な生き方を語ったものでもない。

アンダマン、ニコバル、レンバンといった島で過ごした日々の話だ。年配者なら即座におわかりだろう。六十数年前の戦争のあいだに陸海軍の部隊が駐留していたインド洋にあるアンダマン、ニコバルであり、レンバンはシンガポールの南、百キロのところにある無人島、終戦後にかれらが抑留された島だ。

私は『昭和二十年』を書き続けているから、太平洋のウェーキやウオッゼ、メレヨンの「離島」の記録、回想録を本棚に並べている。必要があって、ときに取りだすことはあるが、読みつづけるのは辛い。

ところが、この『離島百話』は読者に辛い思いをさせない。いつかまた読みたいと私が思った理由はここにある。著者は読者が不快と思うことには触れまいと機敏な注意を払っている。だが、一下級士官としてのあの戦争にたいする考えは当然ながらある。注意深く読むなら、われわれが想像できるいくつかの暗示を著者はその洒脱な文章のなかに隠している。そしてこのさきで紹介するが、戦争が終わったあとのいくつかの出来事に健全な判定もくだしている。

著者を紹介しよう。吉村正。生まれは日本橋の箱崎町、小学校時代は新宿だった。慶応大学を出て、戦争中のことだから、前橋陸軍予備士官学校に学んだ。第七期生、昭和十七年十月の卒業だ。戦後は、著者略歴に千代田生命勤務三十三年とあり、この『離島百話』を出版した昭和五十二年には千代田ビルディング株式会社役員となっている。それから三十年がたつ。亡くなられたと思う。

二人の娘がいると本文で記している。お嬢さんは健在であろう。

吉村は近衛歩兵第三連隊に配属された。兵舎は赤坂一ッ木町、現在の赤坂五丁目にあったが、第三連隊は北部スマトラに駐屯していたから、かれもスマトラ勤務となった。このうちの一大隊が昭和十八年八月にアンダマン諸島の南アンダマン島に移駐した。吉村はその大隊の一員であり、第二小隊長、少尉だった。吉村はこの思い出を綴った文章のなかで、なにも語っていないが、大隊長がかれに与えたいくつかの任務からうかがえるのは、大隊長、そして中隊長が吉村の部下を掌握する力を高く買っていたことである。

南アンダマンに一年駐留のあと、昭和十九年十一月下旬にかれの大隊はニコバル諸島のカーニコバル島に移動となる。アンダマン島の南にあり、スマトラ本島の北の端に近い。

この『離島百話』は読者に辛い思いをさせないと前に記したが、負け戦の思い出を書いていて、その辛さが滲みでないはずがない。

アンダマン諸島、ニコバル諸島の守備隊は、あらゆる「離島」の守備隊と同じ運命をたどった。

「離島」の守備隊の基本任務は「友軍」の飛行場を守ることだった。ところが、飛行場の「友軍機」はいつか姿を消す。輸送船はおろか、軍艦の姿を見ることもなくなる。吉村少尉の大隊がアンダマンからニコバルに移るときには、時速六ノットの鰹漁船の七隻の船隊に頼ったのである。

制空権と制海権を敵の手に握られた「離島」はどこも同じであり、自給自足を迫られた。近衛第三連隊の兵士たちは全国から徴集された優秀な青年たちであり、農村の出身者が多かった。東京生まれ、東京育ちの吉村小隊長は「ナスの三本立て」といった言葉を覚えることになった。枝を三本立てにして育てていく技術のことだ。

ナスを植えるなど、ほかの「離島」では想像できない贅沢の極みだったが、ニコバルに移ってからはもっぱら芋に頼るしかなかった。昭南、シンガポールから届いた芋の苗を植え、大きくなった芋を掘り出したときの嬉しさは、ほかの「離島」の守備隊員と変わりなかった。吉村は「第五十四話　いも泣き」のなかで書いている。「大のおとながオイオイ泣きながら、お互い泥だらけの手で抱きあって躍りあがったのです」

多くの「離島」で守備隊員を苦しめ、命を奪ったマラリヤは、アンダマンではとりわけひどかった。吉村小隊長もマラリヤに罹り、ときどき四十度近い発熱に苦しめられた。

その話はやめにして、目頭が熱くなる話を紹介しよう。著者はひとつひとつの話のうしろに箴言を入れている。「第四十五話」の箴言はつぎの通りだ。「音楽がなくても生きられるが、あった方がより人間に近い」

そして第四十五話はこんな話だ。アンダマンで吉村の中隊の第二小隊長になったのは中山良通、音楽学校出という毛色の変わった将校だった。声楽が専攻だったが、ピアノを弾くことも当然できた。口にだすことはなかったが、厳しい肉体労働がつづいて、指先が動かなくなることを気にしているようだった。

ある日、中山は原住民の家で手風琴オルガンを見つけた。インドから持ち込まれたものだったのであろう。かれは「全財産をなげうって」この手風琴オルガンを手に入れた。そして吉村はつぎのように書いている。

「暗闇のなかで、一人で音もたてずに彼は指を動かす練習をしていたに違いありません。それからの彼の顔は次第に明るくなって来ました。彼はそれを離さずにニコバルまで持ってゆきました。終戦後、彼の指揮で軽音楽班がつくられました。この手風琴のオルガンが主役です。マラカスはもちろん、ヤシの実のカラで作りました。ラ・クンパルシィーターが流れたとき、われわれは涙が流れるのをどうすることもできませんでした」

吉村が所属する大隊がニコバルに移ってからは陣地構築に忙しく、飢えは背中合わせとなった。たった一回、斬り死にの覚悟をしたことは、「第六十三話　斬込隊長」に書いている。

昭和二十年七月五日午前八時半、敵の空母機が侵入し、銃爆撃を開始した。つづいて敵の観測機が上空を旋回し、沖の敵艦船からの艦砲射撃がはじまり、四日間つづいた。七月九日の夕刻に東海岸に敵飛行機が煙幕をはり、敵艦数隻が沿岸に近づいた。吉村少尉に大隊命令がでた。明朝敵が上陸すれば部下一個小隊を率いてこれに斬り込みを命ずというものだった。

空からは遮蔽されている小道を抜け、東海岸にでて、ひとりひとりが蛸壺壕を掘った。午後八時ごろに作業が終わったあと、吉村は大隊でねだって貰ってきた煙草を皆に吸わせようとした。火の洩れるのを防ぐため、ひとりひとりをかれの壕に呼んだ。

かれの小隊はかれと初年兵を除けば、中国戦線で戦ってきたベテランだった。そのうちのひとり、鈴木邦太郎上等兵は中隊一の暴れん坊だった。かれは煙草を吸いながら、吉村に言った。

「小隊長殿、敵は上陸しませんよ」

びっくりして問い返す吉村に向かって、おれの戦場のカンは外れたことはないと自信ありげだった。

翌朝、敵の英機動部隊は東海岸沖を掃海し、浮標を設置し、視界から消えた。

八月十五日のことは第八十三話にでてくる。吉村は「八月十五日」という題をつけていない。つけたくなかったのであろう。「そして無人島へ」という題にしている。

「終戦の知らせを受けたときのほんとうの気持ちは〝ああ、これで日本民族は滅びずにすんだ〟ということだけでした。〝これで命を捨てずにすんだ〟というような実感は全然ありませんでした」

さて、終わりに近く、第九十七話になって「いやな話」となる。第九十八話は「さらにいやな話」、第九十九話は「そして一番いやな話」となる。

「いやな話」はレンバンに抑留されていたときのことだ。大隊の糧秣倉庫を襲ったやつがいた。泥棒に備え、こちらも見張りがいる。棍棒で渡り合い、逃がしてしまったと報告があった。ところが、翌朝、窪地に死体があった。その男が所属する大隊に告げても、「当部隊」にはそんな名前の兵隊はいないの一点張りだった。兵士、下士官たちが士官の命令に従わず、下克上のでたらめな状態になった部隊がいくつもあったのである。

「さらにいやな話」は、レンバン島にビルマ戦線で捕虜になり、インドに抑留されていた一団が上陸してきたことだ。「この人達は、実は戦闘中に捕虜になった人達で、むしろほんとうはわれわれより勇敢に戦って負傷をし、動けなくなり、その結果戦場で連合軍に収容された人達だったのです。(……)

しかし当時のわれわれの感情は、やはりかれらとあい入れないものがありました」

第九十九話、「そして一番いやな話」はこういうことだ。「レンバン島に来てから、シンガポールで軍事裁判がはじまりました」

「われわれ離島の関係では次の人たちが戦犯として処刑されました」と記し、アンダマン、ニコバルの陸海軍の軍人四十四人が死刑になったと述べている。吉村は記した。「『勝てば官軍という日本の格言は、世界の格言である』これもレンバンの格言に入れました」

『離島百話』の最後、「第百話　一番最後に女の話」である。

「実はニコバル島にも十三名の慰安婦がいましたが、腹のすいたわれわれには用がなかったと断言できます」

吉村小隊長は休日には将校巡察用の赤いタスキをかけて自転車で巡察にでかけた。「慰安婦のところへ行っても、兵隊の姿なんかありません。女に聞いても〝兵隊さん来ない〟という答えしかかえって来ません。

女のところへいくよりヤシリンゴでもさがした方がよっぽどよいのです」

終戦のあとのこと、「英国軍は、海軍さんを含めて約二万人に近い人数に対して十三名の慰安婦ということで驚いていましたが、休みでも食べ物さがしに多忙で女のところへ行く兵士はいませんでした。これが実状です」

「ヤシリンゴでもさがした方がよっぽどよい」と書いたヤシリンゴは第六十二話にでてくる。「休みの日は、われわれも食べものさがしです。ヤシの実が地上に落ちて、新芽が十センチか二十センチぐらい伸びているやつを探して廻ります。見つかると、早速ダオで外側の殻を取り、丸い固いなかの殻を割ります。普通なら水が出てくるわけですが、こいつにはもう水はありません。殻を割ると、うす黄色のマリのようなものがいっぱいにつまっています。サクサクとしたものです。われわれはこれをヤシリンゴと呼んでいました。口あたりがよくて腹にたまります。まず日本では食べられないものの一つです。もっとも原住民も食べていませんでしたが」

「ダオ」は山刀だ。第十二話が「ダオ」の話だ。兵士たちは古レールから原住民のだれもが持つ山刀をつくりあげた。吉村はつづける。

「レンバンでも、話はすべて食べ物のことで、それ以外の話は進みません。もちろん夢に見るのも食べ物ばかりです。そして女の話は、レンバン島でわれわれの乗るリバテイ船が入港して、まちがいなく部隊があの船に乗れることが確実になったとき、はじめて出たのです」

吉村は帰国のときにマラリヤが再発して、名古屋港に上陸したときには、担架で病院に直行という羽目になった。吉村たちを引き取りに担架を持った何人もの看護婦が岸壁に集まっていた。若い日本人女性を見ようとする船中すべての帰還兵が上甲板と第二甲板の舷側に鈴なりになった。二十五年のち、三十年のちに吉村の大隊、中隊の戦友たちが集まったときに、決まってつぎのような話になったはずである。あのとき七千トンのリバティー船は岸壁側に大きく傾き、だれもが声を上げて、手すりにつかまり、前の人の肩に手をかけたのだ。

皆の笑いが収まったあと、吉村がつぎの話をしたにちがいない。あのとき一緒に入院した私と同じ第一小隊の鈴木君は体の具合が少し良くなって病棟の外を歩いて回った。かれが戻ってきて、横になっている私に真剣な表情でこう語った。「小隊長殿、内地はまだ大丈夫です。裏の庭に食える草がいっぱい生えているから」

鈴木が見つけたのはニコバルでずっと食べていたアカザだった。

『離島百話』を紹介した。

（WEB草思、二〇〇七・九・二〇）

●吉村正『離島百話』（新思潮社、昭和五十二年）

長谷川毅『暗闘』を読んで

日記や回想録を解説、あるいは紹介するのが毎回の仕事になり、ときにそれらのなかからの発見を伝えたこともあったが、書評をすることを忘れていた。

今回は書評となる。いつもながら六十数年前の大戦についての著作を評することになる。だが、いささか長い前書きを付け、対象の本の全体を取り上げることをしないばかりか、残念ながらこの著作を褒めることもしないだろう。やっぱり、これもまっとうな書評とはならないのかもしれない。

最初に読者に問いたい。アメリカはどうして日本と戦ったのであろう。アメリカは日本の顔の前に赤い布を振ってみせた。それに向かって日本が猪突猛進したのはなぜだったのか。この論議はここではしない。

私が取り上げるのは、どうしてアメリカは日本との戦争を望み、日本を戦争に追い込んだのかということだ。そのときに大統領だったルーズベルトは中国のために日本と戦争を決意した。研究者ならずとも、だれもが承知していることだ。

ところが、一九四三年の末から、四四年、四五年にわたって、アメリカが日本にたいしてどのような軍事・外交戦略をたてていたかを研究する人たちは、一九四一年にルーズベルトは中国のために日本と戦争する決意をしたのだという事実をいつか忘れてしまっている。

そこでひとつの重大な出来事について記さなければならない。一九四三年十一月二十三日から十二月六日までの二週間ほどのあいだに、ルーズベルトは容易ならぬ経験をした。

そのときルーズベルトはカイロに滞在していた。十一月二十三日から四日間、かれは蔣介石夫妻と話し合った。そのあいだにルーズベルトが待ち望んでいたことが起きた。アメリカの新造、新編成の四組の高速空母戦闘群がはじめて出撃し、中部太平洋のギルバート諸島のマキン、タラワを奪回した。

三十年にわたってアメリカにとって面倒の種だった日本を明日には埋葬でき、蔣の中国を世界の四大国のひとつにするというかれの夢も明日にはかなうことは確実とかれは思った。かれはご機嫌だった。かれとチャーチル、そして蔣介石のあいだで合意した三国の日本にたいする戦争目的の宣言、いわゆるカイロ宣言が公表されたのが十二月一日だった。それより前に蔣は帰国し、ルーズベルトとチャーチルはテヘランに行き、スターリンと会談し、ヨーロッパの戦い終了のあと、対日参戦をするとスターリンからの約束を得た。

再びカイロに戻ったルーズベルトは十二月六日に中国に派遣されていたアメリカ陸軍の司令官スティルウェルと国務省派遣の外交官からバケツいっぱいの冷水を浴びせられた。中国に駐留する日本軍がつぎに攻勢にでれば、蔣介石の政権は倒壊し、延安の共産勢力が大きな力を持つようになるという予測を聞かされたのである。

　そのあとルーズベルトが考え、やったことについて、かれはなにも説明せず、一九四五年四月に急死し、かれがやろうとしていたことを理解していた人は沈黙を守ったことから、アメリカと日本の研究者は一九四三年末にルーズベルトがどのようなことを考え、そのあとなにをしたのかを考えようとしない。


　一九四三年の末、ルーズベルトはなにを考えたのか。蔣介石の国民政府の崩壊を阻止できても、日本降伏のあとの中国の内戦を阻止できなくなるのではないかとかれは思案した。日本との戦争が長引けば長引くほど、重慶の蔣介石の政府の力は弱まり、延安の共産党の勢力は力を強め、中国の内戦は避けられなくなる。そうなったらソ連は中国共産党を支援するようになるかもしれず、世界四大国の協調によって戦後の世界の平和を維持するといったかれの大きな構想はあとかたなく消えてしまう。

　ドイツを降伏させたあと、一日も早く日本を降伏させなければならない。そのためにはなにをしなければならないか。その年一月に公けにしたばかりの無条件降伏の宣言を日本側にはっきりわかるように撤回しなければならない。

　前に十年にわたって駐日大使だったジョゼフ・グルーが一九四三年の末にシカゴで日本の宮

廷・宮廷派と、過激勢力の陸軍とを分断する演説をしたのは、その皮切りだった。不思議なことに、のちの研究者はだれひとり想像力を働かせようとしていないが、グルーのその演説の背後には当然ながらルーズベルトがいたのである。

つづいてルーズベルトが十年にわたって日本に強硬な政策をとりつづけたホーンベックを追放し、つぎに日本に最後通牒を突きつけた男として日本人にもっとも嫌われていたハルを排除したのだが、それが決まってそのあとのポストに就けたのがグルーだった。

ところが、一九四五年四月にルーズベルトは急死し、そのあとを継いだトルーマンはまったく秘密にされていた原爆の開発、製造をはじめて知り、それを自分の手でいかに世界公開するかということだけにただただ夢中になり、その世界公開、即ち、日本の都市への投下を終えるまで、日本を絶対に降伏させまいということだけに懸命となった。

だが、原爆の世界公開が終われば、一日も早く日本を降伏させねばならず、加えて中国に残る日本軍隊による内戦の誘発を防止するためには、無条件降伏を押しつけてはならないことは、かれもまた承知していたのである。

前置きが長くなった。書評をするのは長谷川毅の著書『暗闘』（中央公論新社、二〇〇六年）である。ほとんどが一九四五年のはじめからその年八月に日本が降伏するまでの叙述であり、「スターリン、トルーマンと日本降伏」という副題を知れば、読んでいない人でもそのテーマは察しがつくにちがいない。

ところで、私がここで取り上げるのは、この『暗闘』の「結論　とられなかった道」である。この最終章のなかで、長谷川はつぎのように問うている。

「原爆が投下されず、またソ連が参戦しなかったならば、日本はオリンピック作戦が開始される予定になっていた十一月一日までに降伏したであろうか?」

長谷川はこの質問に自答する。

「日本の為政者は日本が戦争に負けていたことを認識していた。しかし、敗北と降伏とは同一ではない。降伏は政治的行為であった。原爆とソ連参戦の二重のショックなしに日本の指導者は簡単に降伏を受け入れなかったであろう」

まず、この問いについて言いたい。一九四四年、四五年前半のアメリカの東アジアにたいする大戦略を知るなら、もっとも、あらかたの研究者がそれに気づいていないのだから、この著者に詰問するのは公正さを欠くことになるかもしれない。それでも言うが、このような質問はなんの意味も持たない。

なんらかの理由でアメリカが日本に原爆の投下を断念するか、できなかったのであれば、沖縄戦が終了した段階で、アメリカは日本に降伏を呼びかけたはずである。前に述べたとおり、その条件は天皇が受け入れることのできるものとなるはずであり、大元帥である天皇は降伏を決断し、陸軍大臣、参謀総長はそれに従ったことは間違いない。

長谷川の二番目の問いを掲げよう。

「日本は原爆の投下がなく、ソ連の参戦のみで、十一月一日までに降伏したであろうか?」

長谷川はつぎのように答えている。

「日本の為政者は、原爆の投下がなくても、ソ連の影響力をなるべく少なくするために、十一月一日前に降伏した可能性は十分あったのである」

私の観方を繰り返すなら、東京の中心部を焼き払ったあと、あるいは沖縄の戦いを終了したときに、アメリカは日本に降伏を呼びかけ、日本は降伏したはずである。ソ連が慌てて言うより、委細構わずと言うべきであろうが、満洲に侵攻を開始するのはそのあとのことになる。

長谷川の第三問はつぎのとおりだ。

「原爆の投下のみで、ソ連の参戦がなくても、日本は十一月一日までに降伏したであろうか?」

長谷川は説いた。

「ソ連の参戦がなければ、多くの原爆が複数の都市に投下されるか、あるいは、海上封鎖と激しい空爆の継続などによって、完全に日本の戦争能力が失われるまで、日本は戦争を継続したかもしれない」

この質問に私の観方を重ねて語る必要はないが、もう一度、アメリカは中国のために日本との戦いに踏み切ったのだということを繰り返しておこう。そしてその勝利が確実となったときには、アメリカはいよいよ中国大国化政策を掲げ、蔣介石の中国を大国として扱おうとした。

ところが、アメリカに非友好的な中国が出現してしまうかもしれないという大きな懸念が生じた。ルーズベルトは日本を早く降伏させなければいけないと考え、日本に対する無条件降伏の宣言を捨てることにした。

原爆の世界公開を挟むことになりはしたものの、トルーマンの政策も変わりはなかった。中国に駐留する日本の百万人の陸軍部隊が中国内戦の引き金とならないようにすることが絶対の要件であり、そのためには、さらなる原爆の恫喝はなんの役にも立たず、無条件降伏の要求を捨てる道を選ぶしかなかったのである。

このように書いてきて私は哀しくなる。戦後六十数年もたちながら、この単純な事実を記すのは私ひとりであり、『草思』がまだ紙の上で読まれていた時代にも同じことを書いたのをいま改めて思いだすからだ。

（WEB草思、二〇〇七・一〇・一八）

●長谷川毅『暗闘――スターリン、トルーマンと日本降伏』（中央公論新社、平成十八年）

半藤一利編『日本のいちばん長い夏』

四十四年前の「文藝春秋」に載った座談会、『日本のいちばん長い夏』が文春新書の一冊となった。

前に読んだ記憶はあるが、改めて手にして驚いたのは、昭和二十年に首相官邸、陸軍省、外務省にいた実力者たち、内地から外地にいた青年士官から兵士たち、動員された女学生まで、三十人を一堂に集め、昭和二十年七月二十七日から八月十五日までの思い出を語ってもらって、その大きな輪郭の中身をしっかり満たす充実感があることなのである。

もうひとつの驚きは、この座談会に出席したときの三十人の年齢が私よりいずれも若いことだ。誌上参加した吉田茂の八十四歳、佐藤尚武の八十歳が私より年上なだけだ。今村均将軍にしても七十七歳だった。だれもが六十代、五十代、四十代だった。司会を担当した半藤一利氏にいたっては、そのとき三十三歳だった。改めてその座談会は戦後、「僅か」十八年のちに開かれたのだと思いにふけることになった。

三つ目の驚き、これがいちばんの驚きなのだが、その座談会の雰囲気がまことに穏和なことである。不信感や憎しみを投げかけることなく、穏やかにすべてを包みこもうとする寛容さが溢れている。司会者、半藤氏の才腕によるものだが、もちろん、それだけではない。

これを理解するには、この『日本のいちばん長い夏』のなかの富岡定俊についてのコラムを読むことだ。かれが昭和四十三年に海上自衛隊幹部学校学生におこなった講演のなかの一節が紹介されている。

「陛下は、日本の再建には三百年かかると仰言られたと洩れ承るが、私は少なくとも三十年とみた。米内大将はマッカーサーに百年と答えたということだ」（二七頁）

『いちばん長い夏』の座談会に参加しただれもが、昭和二十年に、日本が戦前並みに戻るまでに三百年、百年とは思わないまでも、三十年から五十年はかかると想像していた。ところが、この座談会が開かれた翌年の昭和三十九年、敗戦から十九年のちに東京でオリンピックが開かれることになっていたのである。だれの胸中にも自信の回復があってこそ、昭和二十年を振り返って、寛容があったのである。

『長い夏』を読んでいて、心がなごんだのは、出席者のひとり、荒尾興功《おきかつ》が昭和二十年に陸軍大臣だった阿南惟幾《あなみこれちか》を褒めたたえたことだ（六七頁）。そのとき荒尾は軍事課長だった。

だが、荒尾の述べたことが足りないという不満は残る。多くの人の主張と異なり、私は、原爆投下のあと、戦争終結はさほどの難事ではなかったと思っている。荒尾の下の軍事課員がただひとつの抵抗勢力だった。二・二六事件のときを見ればわかるように、日本が危機に直面したとき、軍事課員は自分たちが決めねばならないという気概を持っていた。軍事課長だった荒尾の説明をもう少し聞きたかったと思っている。

この『長い夏』のもうひとつの不満は、海軍大臣だった米内光政はすでに没していたが、米内の考えを承知し、かれを尊敬していたかれの部下が座談会に出席していなかったことだ。なるほど富岡定俊は優秀な海軍軍人だった。あの戦争さえなければ、かれは昭和三十四年に前軍令部総長の肩書を持っていたにちがいない。だが、かれは米内が考えていたこと、やったことを知らなかったし、理解もしていなかった。

穏やかにすべてを包みこもうとする寛容さが溢れていると記したばかりだが、十八年昔のことを語って、出席者、それぞれの事実の捉え方とその解釈が異なっている箇所はいくつかある。この『長い夏』を手にする人は、昭和前期の歴史に通暁していようから、歴史のいくつもある解釈には慣れていよう。座談会出席者のそれぞれの主張は読者の頭脳を刺激することになる。これこそがこの『長い夏』の魅力なのである。

ソ連に戦争の終結の仲介を求めたことについて、つぎの四人の説明と考えを読んで、読者もともに考えて欲しい。

「**佐藤尚武**（駐ソ大使）　それにしたって、こっちの腹はぜんぶ読まれて、向うの気持ちは何もわからないなんて外交がありますか。それが広田・マリク会談なんですよ。ソ連の腹はわかっていたのです、初めから。日本から貰うのではなくて、取るんだという考え方でした。

荒尾興功（陸軍省軍事課長）　いま、外務省は対ソ工作を信じていなかった、といいましたが、陸軍だって信じてませんでしたよ。私なんかいまの広田・マリク会談なんかうっすらと聞いてましたが、ちょうどそのころの六月中旬でしたか、阿南惟幾陸軍大臣と一緒に視察にでたとき話したものでした。飛行機の中で大臣と私の二人でしたが、ソ連との中立条約をどう思うか、といわれるのです。『それは信用おけませんよ。米国が日本に上陸する一歩手前ぐらいに進撃を開始するでしょう』といいましたら、大臣も、『そうだろう。わしもそう考えている』

……

富岡定俊（軍令部作戦部長）　それでは対ソ工作をどこのだれが信じていたのでしょうね。海軍の方の判断は、沖縄戦がはじまるあたりでソ連が参戦してくる、という結論がでました。沖縄作戦というのは、一面からいえばソ連をして参戦させないためのものでした。

松本俊一（外務次官）　アメリカもたしかにあそこで大変な錯誤をしていますね。もし、アメリカがあの時点でうまくやったら、ソ連は満洲へ入ってはこられなかったでしょうね」（三二～三三六頁）

最後に『長い夏』の座談会に出席していたひとりの人の話をしたい。

その三十人のなかにただひとり外国人がいた。ルイス・ブッシュという英国人である。六十歳以上の読者であれば、ＮＨＫの英会話の先生だったと懐かしく思いだすはずである。

ブッシュはその座談会のなかでつぎのように語っている。

「**ルイス・ブッシュ**　横浜やられました。（五月二十九日）。日本の下士官とワタシ捕虜、外人墓地ゆきました。なんにも見ることできない、煙で。兵隊さん一つホマレ煙草くれました。急にお婆さんきました、布団かぶって、七十くらいです。一服ください、二、三本あげましょう。そのあとに日本の奥さんきました。きっとフランスの人、子どもあいの子でした。煙草あります。火ありますか。おう、火どこでもあります（笑）。ガマンして下さい。もうじき終わります。もうじき日本駄目です、そういいました。

八月六日ごろ日本の海軍少将きました。『ハウ・アー・ユー、どうですか、食事、毎日ビールありますか』。びっくりしました（笑）下士官よんで、どうしてビール、ウィスキーもってこない。下士官気の毒でした。ハイ、ハイ。夜、おせんべい、ビールもってきました。ワタシ、戦争もうじき終わるな。原子爆弾のこと知りませんでした。

徳川夢声　ブッシュさんのお話をきいていて思うのですが、賢明なる外人は日本の敗北が近いことを予感していたのに、愚昧なる私などは最後まで戦う決心でいたのですから、情けない。敗戦の予感はずいぶん前からありましたよ。当時の日記にそう書いてある。が、どんな風にして終るのかわからない。そこで最後まで戦う……」（四〇～四二頁）

夢声をはじめ、座談会に出席していた人たち、そしてこの本の読者は横浜の山手に捕虜収容所があったのかと思うだろう。

その収容所は以前に外国人の邸だった。戦争末期、山手にある女学校、無人になった洋館の多くを海軍が接収していた。さて、山手の収容所にいた捕虜は二人だけだった。

そのうちのひとりがルイス・ブッシュだった。山形高等学校の講師であったが、昭和十五年に辞任、帰国して、海軍に志願した。愛国者だったのである。海軍水雷艇の副長となり、香港に派遣された。山形時代に結婚していた妻も香港に来た。日本軍の香港占領によって、ブッシュは捕虜となった。妻も日本へ帰った。

ブッシュは大森にあった陸軍の俘虜収容所にいた。捕虜の管理は陸軍の任務だった。海軍は捕虜から情報を得るために大船に仮収容所を設けていたが、空襲が烈しくなり、陸軍側が大船の捕虜を引き取らなくなり、昭和二十年には百人ほどの捕虜が大船にいた。

海軍がわざわざ、大森から英国の軍人二人を引き取り、大船に送り込むこともせず、横浜の山手に住まわせるようにしたのは、当然ながら理由があった。すでに戦いのさきは見えていた。戦争終結のために英国と交渉しなければならなくなるときに備え、伝書使としてブッシュを利用することもあるのではないかと考えての特別扱いだった。横須賀の海軍砲術学校の教頭だった高松宮がこの工作を承知していた。

そしてルイスひとりでは淋しかろうということで、もうひとりの捕虜を「同房」としたのだった。そのオーストラリア兵は気楽な毎日を過ごすことができるようになって、アラビア語の独習にいそしんでいた。海軍兵士のお伴を連れて、二人は日本橋の丸善まで洋書を探しに行ったこともあったのである。

付け加えておこう。高松宮の日記に大森から横浜に移されたブッシュのことはでてこない。戦後、昭和二十一年十月四日の項につぎのような一節がある。「晩餐、英国『ブッシュ夫妻』『ハーヴィ　サットン』、島津夫妻、義知夫妻」

サットンについては、英連邦東京地区占領軍衛生課員との注があり、ブッシュには「不詳」とある。恐らくこのブッシュ夫妻はルイス・ブッシュと夫人のかねであろう。日記には高松宮とブッシュ夫妻とのあいだの会話の要点は記されていない。

もうひとつ、最後の最後に。この『いちばん長い夏』にはコラムが入っていることは最初に記した。『いちばん長い夏』を再録するにあたって、出席者三十人のひとりひとりを紹介し、かれらの言葉を引用して、その像をはっきり浮かびあがらせるのに成功している。石田陽子氏の執筆だが、これより前、彼女がつくった『昭和十二年の「週刊文春」』のコラムもまた、舞台と客席とのあいだの距離を縮めるのに成功している。

●半藤一利編『日本のいちばん長い夏』（文藝春秋、平成十九年）

（WEB草思、二〇〇七・一二・二〇）

太平洋戦争を考える百冊

「太平洋戦争を考える百冊」というのが、私に与えられた題だ。

私は『昭和二十年』を書きつづけてきたから、太平洋戦争の日々を記録した人たちの日記をめくり、その時期を生きた人びとの回想録をひろげ、その時代についての記述がある市史、町史、社史から抜き書きをし、研究者の論文を読んできた。

だが、このわずかなスペースで百冊の本を批評することはとてもできない。これから語ることになるのは、ごく限られた数冊の本となる。それどころか、これから語ることは、こういった本がない、ああいった本がないといった愚痴になってしまうかもしれず、はじめにお許しを願っておく。

「太平洋戦争を考える百冊」を選ぶとなれば、何人かの日記が当然入るであろう。

だれもが筆頭に挙げるのは、清沢洌の日記ではないか。昭和十七年末から昭和二十年五月まで、かれの死の直前までの日記である。私も清沢の日記を第一に選びたい。

評論社が昭和五十四年に出版したこの日記は、しっかりした注を入れ、年譜と人名検索を載せている。戦争のあいだに記した日記を刊行したものは少なくないが、これだけのものはほかにない。

ところで、編纂者はこの日記に『暗黒日記』という題をつけている。住み慣れた町が焼かれ、老人と幼児が焼き殺され、青年兵士たちが飢えとマラリアで死んでいく。この暗黒時代の日記という意味なのであろうか。それとも、暗黒とは日記の書き手の心象を捉えての色なのであろうか。

後者であれば、「暗黒日記」は数限りなくある。内大臣だった木戸幸一の日記が「暗黒日記」であり、参謀本部の戦争指導班が記した「機密戦争日誌」が「暗黒日記」である。阿南惟幾、天羽《あもう》英二、渡辺一夫、だれの日記をあげてもよい。いずれも「暗黒日記」なのである。

だが、清沢洌の日記はちがう。

清沢洌はだれもが日記に書かないことを書いている。この戦いがどうして起きたのかを日記に記した。われわれの努力が足りないがために、こんな戦争をすることを許してしまったのだとかれは妻に語った。だれもそんなことを思いもせず、言いもしないときに、そんな具合に考えていたかれは、敗戦のあとはどうなるのか、どうしなければならないかを考え、そのための準備をしていた。

これはかれの日記からはっきりうかがうことができる。空襲がはじまり、強制疎開、疎開がつづき、句会から団体の評議会、念仏講から定例研究会、あらゆる会合が開かれないようになる昭和十九年十二月、かれは日本外交史研究所を創立した。敗戦のあとに備えてのことだった。かれは「暗黒日記」を書いていたのではない。見たいと望む未来を考え、希望を見いだし、毎日の日記をつけていたただひとりの人なのだ。このような人はほかにいなかった。昭和十九年、二十年に、清沢洌のような人がいたのを知ることは、私たちにある希望を与えてくれる。

つぎに社史を取り上げたい。

社史といっては正しくない。ある会社、工場で働いていた人たちの回想録である。良い「アニュアルリポート」を出す会社は優秀な会社だと言われるが、元社員による優れた回想録を出している会社は、間違いなく優秀な会社であろう。

もっとも優れているのは、三菱重工業の各部門、航空機、造船の各工場に勤めていた人びとが出したいくつかの回想録であろう。

だが、ここでは日本窒素の元社員たちの回想録を取り上げたい。

日本窒素は昭和の日本の悲劇を背負った会社であろう。昭和はじめに北朝鮮に進出した。水豊ダムの電力を使い、世界有数の化学工業会社になるかと思えた。だが、敗戦で総資産の九割近くを失った。北朝鮮に残した膨大な遺産も朝鮮戦争によって壊滅した。そして水俣である。

日本窒素の元社員たちの回想録は、『日本窒素史への証言』と題して、三十集まであり、さらに「続巻」が十五集まである。それぞれ百頁から二百頁だ。一九七七年から一九九二年にわたって刊行した。

元社員だった鎌田正二氏が編集、発行した。かれの執念ともいってよい熱情が元社員たちにも伝わってのことだ。こうして十五年の歳月をかけ、全四十五集に延べ二百人に近い人びとが思い出を書き、書き残したいことを記した。

このような回想録を、たとえば、横須賀の海軍工廠、満鉄で働いていた人びとが書き残してくれていたらと思う。『造船官の記録』『横須賀海軍工廠外史』『満鉄最後の総裁　山崎元幹』といったような本は、それぞれ優れてはいるが、もちろん、横須賀海軍工廠史への証言、満鉄史への証言ではない。

『日本窒素史への証言』は「太平洋戦争を考える百冊」ではなく、「二十冊」のなかに当然入る回想集である。

「太平洋戦争を考える百冊」を選ぶとなれば、どうして海軍と陸軍はあんなぶざまな戦いをしたのかを考究した本を選びださなければならないだろう。だが、これはべつの機会に書きたいと思っている。

ここでは、あの戦争はどうしてはじまったのだろう、どうして回避できなかったのかということを説明、解明した本を挙げることにする。

司馬遼太郎氏が説いた統帥権について取り上げた本が選ばれるのではないか。

参謀本部が統帥権という魔力を振るったのだという司馬遼太郎氏の主張は、多くの人がNHK教育テレビで聞いたことがあるだろうし、『文藝春秋』の「巻頭随筆」で読んだことがあるにちがいない。

司馬氏は『この国のかたち』（一九九〇―九六年、文藝春秋社）のなかでつぎのように語る。

「日本という国の森に、大正末年、昭和元年ぐらいから敗戦まで、魔法使いが杖をポンとたたいたのではないでしょうか。その森全体を魔法の森にしてしまった。発想された政策、戦略、あらゆる国内の締めつけ、これらは全部変な、いびつなものでした。

魔法の森からノモンハンが現れ、中国侵略も現れ、太平洋戦争も現れた。世界中の国々を相手に戦争をするということになりました。……

当時、参謀本部という異様なものがありました。

いつのまにか国家中枢の中の中枢になりました。……」

司馬遼太郎氏はまた、つぎのようにも語っている。

「以後、昭和史は滅亡にむかってころがってゆく。

このころから、統帥権は、無限、無謬、神聖という神韻を帯びはじめる。他の三権から独立するばかりか、超越すると考えられはじめる。さらには、三権からの容喙《ようかい》もゆるさなかった。もう一ついえば国際紛争や戦争をおこすことについても他の国政機関に対し、帷幄《いあく》上奏権があるために秘密にそれをおこなうことができた。となれば、日本国の胎内にべつの国家――統帥権日本――ができたともいえる。……

である以上、統帥機関は、なにをやろうと自由になった。満州事変、日中事変、ノモンハン事変など、すべて統帥権の発動であり、首相以下はあとで知っておどろくだけの滑稽な存在になった。それらの戦争状態を止めることすらできなくなった。……

以後、敗戦まで日本は統帥権国家になった。こんなばかな時代は、ながい日本史にはない」

司馬遼太郎氏一流のひらめきがあふれでた考察である。

だが、統帥部、統帥権を「魔法の森」「魔法の杖」にして、昭和の二十年間を語ろうとするのは、あまりに荒っぽすぎる。

中国との戦いを回避しようとしたのは陸軍統帥部、ほかならぬ参謀本部だった。参謀本部の和平の主張を葬ったのは、政府の側だった。首相と外務大臣と陸軍省の首脳である。もちろん、陸軍省は統帥部ではない。

政府と陸軍統帥部の対立はたった一度、起きたことではない。昭和十二年、十三年を通じて、和平を望むことなく、ずるずると戦いを拡大させてしまったのは、政府の側だった。

参謀本部の構内には、さいかちの林はありはしたものの、「魔法の森」はなかった。まったく関係のないことを付け加えれば、昭和のはじめまで、昼間、沖に出た品川や浦安の漁師はそのさいかちの木立を目標に自分の位置の見当をつけたものだった。

だが、つぎのことは言っておかねばならないだろう。

中国との戦いを止めるべきだと主張した陸軍統帥部の幹部たちは、そののちいずれも現役を追われた。海軍首脳のなかで、ロンドン軍縮条約の締結を支持した将官たちがのちに現役を追われたのと同じだった。

強硬論が罷り通るといった雰囲気は、陸軍、海軍だけでなく、外務省でも、国会議員のあいだでも、新聞の論説委員のあいだでも同じだった。それがなぜだったのかを考えることは大事だが、これを考える本は数限りなくあるように見えて、実際にはほとんどない。

「魔法の森」「魔法の杖」に絡んで述べておきたいことがある。

陸軍省の軍務課、参謀本部の作戦課には、つねに強硬論を説く、自信にあふれた秀才たちがいた。出世の梯子をのぼりつづけるかれらが転任すれば、海外駐留軍司令部の大きな力を持った参謀となるのが決まりだった。かれらは東京の内政、外交を動かそうとして、独断専行で、外交事件となるいざこざを引き起こし、軍務課、作戦課に残る同僚と連絡をとりながら、東京の政治を動かすことになった。

残念ながら、こういうことを考究した本もないようだ。

中国との戦いが拡大するのを傍観したひとりは、その時首相だった近衛文麿である。アメリカとの戦いをどうにかして避けようとしたのも、首相だった近衛である。

対米戦争に踏み出してしまったのはなぜか、首相だった近衛はなにをしたのか、どうしてかれは開戦を阻止できなかったのかといった疑問は、同時代を生きてきた人びとのだれもが知りたいことであった。

矢部貞治氏の『近衛文麿』があり、岡義武氏の同題の伝記があり、ほかにかれの伝記はいくつもある。太平洋戦争にかかわった政治家と軍人のなかで、かれについての伝記がいちばん多い。

そこで、かれの伝記を書いた人びとが必ず記したのは、昭和十六年十月、近衛がアメリカと戦わないと主張し、中国からの撤兵を説き、陸軍大臣だった東条英機と争い、東条が中国撤兵に反対し、近衛が閣内不統一を理由に、内閣総辞職したことを綴り、内大臣の木戸幸一が後任の首相に東条英機を選んだということだ。

だれもがこのように書きながら、ごく当たり前の疑問を記していないことが、私には気にかかる。

内大臣は閣内不統一の問題に介入し、首相の側に味方して、首相と争いつづける閣員に向かって、反対を取り下げよ、それとも辞任せよと迫ることができたのだ。中国撤兵の問題に絡み、陸相が近衛と争い、閣内不統一の事態となったとき、どうして木戸は天皇に助言して、天皇の口から、東条に考え直すようにと言わせなかったのだろうという疑問をだれも書いていない。

書かなくて当たり前だと反論がでるかもしれない。歴史家と伝記作家は書かれた資料を頼りにしなければならない。近衛文麿は部下のだれにもそうしたことを語っていないし、だれの回想録にもそんな叙述はない。そして、木戸幸一は中国撤兵についてなにひとつ語っていない。こんな具合に弁明するのではないか。

だが、アメリカと戦うのか、中国から撤兵するのかの二者択一に直面して、東条が心の底で、どのような解決を願っていたのか、近衛は口にはだささなかったが、なにを望んでいたのか、木戸と天皇はいったい、なにを考えていたためにできるはずの選択ができなかったのか、これらの事実を探ろうとしなかったのは、近衛文麿の伝記作家たちの怠慢だと私は思っている。

それはともかく、「百冊」の本のなかには、木戸幸一の伝記を入れなければならない。ところが、見つからないのが、木戸の伝記である。

ご承知のように、木戸幸一が書いた日記が出版されている。「百冊」のなかには、かれの日記を入れたいが、まず、多くの読者にとっては退屈なだけであろう。かれがその日記のなかで真情を吐露しているのは、昭和十一年二月の反乱事件の後始末を自分がやったという感慨と、昭和十六年十月に東条英機を首相に推した決断、ほかには数えるほどしかない。

日記のほかに、木戸宛ての友人、知人の手紙も刊行されている。東京裁判に先立っての、かれの尋問調書も出版されている。かれの出身校の後輩たちの研究会に出席して、自分の生涯を語った一問一答もある。珍しくかれの肉声が聞こえてくる。

それにしても、木戸についての資料が山とありながら、かれの伝記がないのは、かれが逸話に乏しい人物だったということが理由なのであろうか。それとも、かれのポストであった内大臣の職務が重要視されないからなのか。

木戸幸一に魅力があったか、なかったかはべつとして、昭和十年代、内大臣のインフォマルな権力が非常に大きかったことは、どれだけ強調しても、強調しすぎることはない。

「太平洋戦争を考える百冊」を選ぶとなれば、内大臣がなにをやったか、なにをしなかったかを論じる本をとりあげねばならない。

ところが、天皇の助言者であった内大臣の伝記がないばかりか、内大臣についての研究書もない。

ただひとつ、デイビッド・タイタス氏の『日本の天皇政治』（一九七九年、サイマル出版会）のなかに、内大臣の役割についての記述がある。

「草思」の創刊号で、猪瀬直樹氏がこの本を取り上げているし、少なからずの人がこの本を評価している。優れた研究書なのだが、二十五年前のこれしかないのは、残念で済むことではない。

ところで、タイタス氏のこの著書だが、内大臣、侍従長、侍従武官長、宮内大臣の四つの職務について、総括的な叙述があるにとどまり、踏み込んでの解析がない。

宮廷の四人の高官のひとりだった侍従武官長について、「天皇の首席軍事顧問」との説明がある。実際には、かれは天皇の首席軍事顧問とはとても言えなかったのだとの説明がない。

首席軍事顧問と言えるのは、たとえばルーズベルトの大統領付首席補佐官だったウイリアム・レーヒであろう。

ルーズベルトとレーヒは昔からの友人だった。ルーズベルトが海軍次官補であったとき、レーヒは海軍作戦部長だった。

レーヒは一九四二年七月に首席補佐官となり、同時に統合参謀本部の議長となった。すべての重大な戦争会議にレーヒは出席した。そして、レーヒは大統領と毎日のように話し合い、ホワイトハウスと統合参謀本部との連絡役を務めた。レーヒは間違いなく大統領の軍事顧問だった。

では、天皇の侍従武官長はどうであったか。

侍従武官長は陸軍の将官であり、陸軍の代理人だった。決して天皇の代理人ではなかった。天皇が作戦や戦いの状況に不満を持ち、侍従武官長にそれを言えば、かれはそれを参謀本部の首脳に報告し、つぎにかれは陸軍の側に立って、天皇をうまく説得するのが、かれの任務だった。

そして、天皇はもっとも重大な問題に直面したときに、侍従武官長を頼りにできなかった。なぜかと言えば、もっとも重大な問題は陸軍と海軍が必ず絡むことになるから、天皇が陸軍出身の侍従武官長に助言を求めても、正しい解決策は得られないと承知していたからである。

ところで、軍事問題は内大臣に諮問しないという不文律を天皇は守っていた。なぜそういうことにしたのかは、ここでは説明しないが、一言いうなら元老西園寺公望《きんもち》の怠慢があったと私は思っている。

それはともかく、もっとも重大な態度決定を天皇が迫られたとき、侍従武官長の助言を聞くことができないのであれば、天皇はだれに相談したらよかったのか。天皇は内大臣に助言を求めるしかなかった。

そこで、陸海軍のあいだのアルミニウムの配分を海軍に多くせよという主張、陸海軍の合同を陸軍が主張したとき、天皇は木戸幸一に相談するしかなかった。

内大臣は決まって天皇に責任逃れの助言をした。陸海軍がさらに協議を重ねるようにご下言ありたしと説いたのである。

正直な話、アメリカとの戦いをはじめてしまったあとになって、陸海軍の合同をしようとしまいと大勢に影響はなかったであろう。アルミニウムの配分を海軍に多くしてどうなるものでもなかった。

ところで、アメリカとの戦いを開始する八日前のことになる。軍令部の作戦課にいた高松宮が天皇に向かって、海軍の本心はアメリカとの戦いを避けたいようだと述べた。天皇はこの重大な問題を侍従武官長に相談できなかった。侍従武官長が陸軍出身だったからだが、海軍出身者であったとしても、相談できなかったはずだ。

天皇は内大臣の助言を求めた。天皇自身と日本の命運がかかっていたときだった。ところが、木戸幸一は海軍首脳に下問されたしと言ってしまった。

海軍大臣、軍令部総長、次官、次長たちは、自分たちがアメリカとの戦いはできないと自分の口から言えないからこそ、直宮の高松宮の口を借りたのである。

なぜ、海軍の首脳がアメリカと戦えないと公言できないのか、その理由は、天皇の視野のうちにはなかったかもしれないが、木戸に分からなかったはずがない。どうして、かれは天皇に説き、戦わない、戦いはしないと宣言させるための努力をしなかったのか。

近衛文麿の伝記でだれもこうしたことに触れることなく、木戸幸一の評伝がなく、内大臣、侍従武官長についての研究書がないために、われわれはいまだにこういったことを知らないか、気づかないままなのだ。

「太平洋戦争を考える百冊」を挙げたいが、こういう本がない、ああいう本がないという不満を並べることになるだろうと最初に述べたが、その通りになってしまった。

お許し願いたい。

（草思、一九九九・九月号）

「太平洋戦争を知るための二十五冊」執筆用のメモより

●太平洋戦争を知るための二十五冊。
過ぐる大戦を知るための二十四冊。
私の好きな××冊。

○『海鳴りの響きは遠く』（宮城県立第一高女第四七回生学徒勤労動員の記録、私家版、昭和五六年、のち草思社より平成十九年刊行）
●昭和初年生れの人たちもやがてこの世を去ろうとしている。あの大戦の末期に、発動機の部品にやすりがけをした中学生、小さな毛糸の袋に火薬を入れていた女学生、長野県の温泉宿や山形県の寺院に集団疎開をした国民学校の児童、かれらが昭和初年の生れである。
　昭和十九年から昭和二十年の夏にかれらがどのような日々を送ったのか、なにを考えていたのかを知ろうとすれば、かれらの日記、回想録だけが頼りとなる。
●あの大戦争の最後の一年を知るには、内大臣や参謀本部第一部長のその時期の日記を読むことも当然ながら必要であろう。だが、これら十六歳の娘たちの日記を読むことも不可欠だと私は思う。敗戦数カ月前の日本の真の姿はこの「海鳴りの底」から鮮やかに浮かびあがる。
●私は第二次大戦中のことを記した日記を繰り返し読んできたから、どうしても好きな日記、嫌いな日記がある。その好きな日記はまずこれである。
●私がこれらの日記をひろげていつも感心するのは、これだけ多くの人があの年に日々の記録をつけていたという日本人の勤勉さである。

○清沢洌『暗黒日記』。清沢洌の日記は好きだ。これはお勧めする。先を読む力があった。「暗黒日記」と命名したのは、まことに丁寧な編集をした橋川文三であろう。読者をして忘れさせない題名である。

その日記には、清沢洌が徳富蘇峰を社説で批判したいと語り、「東洋経済新報」社主の石橋湛山が紙の配給を止められてもいい、書いてほしいと言ったくだりがある。また、戦争が終わるのは、それほど遠くないとかれが予測していたことも日記のなかで綴っているし、もちろんのこと、本土決戦なんかできるはずもないと見ていたこともはっきり書いている。

なによりもかれは戦後の準備にとりかかっていた。かれの日記を繰っていけば、それも明らかになる。かれは昭和十九年十一月に日本外交史研究所をつくった。日記のなかにはこれについて記述がいくつもでてくる。

無念なことにかれの日記は昭和二十年五月五日で終わる。五月二十一日にかれは築地の聖ルカ病院で急逝した。

○ガー・アルペロビッツ『原爆投下決断の内幕――悲劇のヒロシマ・ナガサキ』上下巻（ほるぷ出版、平成七年）

中公文庫に『原爆文献を読む』という文庫がある。数多くある原爆関係の書籍から大田洋子の『屍の街』、永井隆の『長崎の鐘』をはじめとする百冊を選び、解題した労作である。水田九八二郎《くわじろう》という人が著者である。自身も広島の陸軍病院に入院中に被爆した。十五年にわたって、水田氏は原爆に関するあらゆる資料を収集した。巻末に被爆体験記から原爆医療、原爆文学、原子力の問題まで、百頁を割き、関係書が列記してある。地平線まで、どこまでもつづく墓標を見ているような心地がして、息が詰まる。

私がここで取り上げるのは、平成七年十二月までに刊行された本のリスト、その二千百七十六冊のうちの一冊だ。平成七年八月刊行のガー・アルペロビッツ『原爆投下決断の内幕』上下巻だ。ほるぷ出版の刊行だ。何年か前に私は『原爆を投下するまで日本を降伏させるな』（草思社）という本を書いたが、このアルペロビッツ氏の本のお世話になった。上下ともに千百頁の大冊をとても読む時間がないという人もいよう。さまざまな視角から追うこの著書のすべてを読む必要はない。第十五章「権謀術数を駆使するやり手」を読むことだ。（ジェームズ・）バーンズについて書いている。

「社史」は、

○『日本窒素史への証言』(鎌田正二編、私家版、全四十五集、一九七七年―一九九二年)。日本窒素の元社員たちの回想録。

●「興南は日本窒素がつくりあげた町だ。十数年前には、百数十戸の小漁村があるだけだった。日本窒素は朝鮮北端の高原地帯の赴戦江と長津江に大きなダムをつくり、豊富で安価な電力を生みだした。そして最初に建設したのが窒素肥料工場だった。年間六十万トンの肥料を生産し、これが日本窒素のドル箱となり、朝鮮の稲作を変える力ともなった。そして興南には有能な学卒者が集まり、技術開発のエネルギーを集積することになった。かれらは幾多の化学工場を建設した。一万トンの船が接岸できる専用の港をつくり、興南は人口二十万人の工業都市に発展した。さらに日本窒素は鴨緑江に七つの大きなダムを建設し、興南は世界有数の化学工業の中心地になるかと思えた」(『昭和二十年』第六巻二一六頁)

○『往事茫茫』(全三巻、菱光会、私家版)。三菱重工名古屋工場の社員たちの回想録。三菱関係の社史に丁寧なものが多い。

●読む必要のない日記。
　読まねばならない日記。

○高松宮宣仁親王『高松宮日記』(全八巻、中央公論社、平成七年〜十年)。

この日記集を多くの人が読めるようになったことがなによりも私は嬉しい。まことに几帳面だ。

○細川護貞『細川日記』(中央公論社、昭和五十三年)

○『木戸幸一日記』。これは薦めない。

○「高木惣吉日記」

『高木惣吉　日記と情報』(みすず書房、平成十四年)

○『村田省蔵遺稿　比島日記』(原書房、昭和四十四年)

○高見順『高見順日記』(勁草書房、昭和三十九年)

○中村光夫の回想録

『文学回想　憂しと見し世』(筑摩書房、昭和四十九年)

○「増刊　歴史と人物」のすべて。

「歴史と人物」の増刊。雑誌になるが、中央公論社から刊行されていた「歴史と人物」という月刊誌があった。昭和四十六年九月に第一号がでて、第一六九号となる昭和五十九年十二月号で休刊となった。この「歴史と人物」の増刊号は私の愛読書だ。私の書棚にある増刊号の題と目次をアトランダムにつぎに写す。

秘録・太平洋戦争／昭和五十七年九月刊／徐州大会戦証言と記録・近藤新治／解読成る重巡「最上」血染めの戦闘詳報・西川昭美／大本営参謀の極秘終戦指導方策(案)・朝枝繁春など／編集者横山恵一

太平洋戦争―開戦秘話／昭和五十八年一月刊／特集記録と証言で綴る真珠湾攻撃／第五師団シンガポールへの進撃・越智春海／特別記事ソ連資料から見たノモンハン事件・平井友義など／編集者横山恵一

秘史・太平洋戦争／昭和五十九年十二月刊／特集証言で綴るレイテ海戦／特集ノモンハン事件の再検討／未発表資料南京攻略戦中島第十六師団長日記など／編集者平林敏男／編集企画・秦郁彦

●回想記。将軍や参謀の回想記も読む必要があるが、現場の若い将官の回想記や日記が重要だ。特に私が敬意をもって読むのは次の三人。連隊旗手の経験がある三人だ。高原友生、桑江良逢、そして村上兵衛である。

○『悲しき帝国陸軍』　高原友生（中央公論新社、平成十二年）

「私はこの部隊の連隊旗手であった。陸軍士官学校の五十七期生で、このときに連隊で同期生は誰も生き残ってはいなかった。陛下の『御身代り』として絶対的な尊崇の的になっているこの神聖な『象徴』を私は只管《ひたすら》持ち歩いて来たのである。

昭和十九年九月。幽鬼のような敗兵のむれをかき分けるようにして北進したわれわれ新品の少尉はビンガエンと云う所で退って来る連隊本部と逢着した。そこで五十六期の山上中尉から異例の引き継ぎをうけてから一年、私は『陛下』を奉持する光栄に胸打ち震わせつつ、幾多の戦闘に

従事したのである」（一八四頁）

「『大本営陸軍機密戦争日誌』の最終日の記述には、阿南惟幾陸軍大臣割腹の模様と遺言が記されており、その中程に、謎の言葉『米内を斬れ』がある。

私にはこの意味を解釈する力はもちろんない。ただ、陸海の対立が単なる予算の分捕りや、作戦上の意見の違いにとどまらず、遂に終局の国の領導についての方策に到ったとき、武士として『大罪ヲ謝シ奉ル』同輩を得る、言い換えれば、最後に『対立』を昇華することを思われたのではないかと推測するのである」（一五三頁）

「確かにこの三名（田中新一、服部卓四郎、辻政信）の地位は統帥権——天皇から真っ直ぐに降りてくる文字どおりの中枢で、参謀次長、総長が愚鈍である場合は、極言すれば天皇（大元帥）そのものとも言える存在であった。その責任は真に重大であったと考える。

しかし、『大東亜戦争をやったのは彼ら三人である』という言い方は、いかがであろうか」（一四一頁）

○桑江良逢『メレヨン島　生と死の記録』（朝日新聞社、昭和四十一年、同書第四部「桑江中隊長の記録」）

桑江の経歴は大正十一年の生まれ。沖縄首里の出身だ。沖縄一中から広島の陸軍幼年学校をへて士官学校に進んだ。第五十五期生である。彼が配属されたのは山形の三十二連隊だ。三十二連隊は昭和十二年の末に東満洲に派遣され、東安省の揚崗に駐屯した。桑江は連隊旗手となり、そのあと中隊長になって、満ソ国境の防衛にあたった。東部満洲から桑江良逢の所属する第三十二連隊第三大隊は南太平洋に送られ、メレヨン島に上陸したのは昭和十九年四月十二日だった。メレヨン島は大海のなかの孤島だ。トラック島とパラオ島との中間にある。トラックから西方八百五十キロ、パラオから東に八百キロのところにある。メレヨン島は二十個ほどの小さな島が大きな楕円形の輪をつくっている。メレヨン環島なのである。そのなかのひとつにマレヨン島がある。東西一キロ足らず、南北は真ん中のいちばんふくらみのあるところで五百メートルしかない。桑江が指揮する一個中隊が守備することになった。

桑江は昭和二十年五月八日の日記の末尾に「無事内地の港に帰港せられん事を祈る」と記した。翌五月九日のかれの日記の全文を写そう。

「五月九日　晴天。潜水艦にて輸送し来れる書簡受領。昨年八月及び十二月差出した興子よりの手紙二通、十一月差出した良憲よりの葉書一枚、同じく十一月差出し神村朝堅（友人）よりの葉書一枚受領。良憲（弟）は学童疎開にて熊本県日奈久町に在り、家族は依然沖縄に居る事判明せり。先便の昨年十月差出し興子よりの手紙が鹿児島市谷山町とありしため、全員九州に疎開せしかと思いしに然らざりき。興子、父とともに昨年十二月二十四日、三好、大山大尉を部隊に訪い、進級祝いにとて手製のキンツバ、正宗一本、煙草、バナナをあげしとのこと、真にうらやましきかぎりなり。正宗、煙草は過望なる故要らず、せめてキンツバなりとも本島まで届かざるものか。キンツバの文字を見て生唾を呑む。大山は相当痩せたりとのこと、定めし築城訓練に多忙なりしためならん。

亡くなりし部下宛の書簡多数あり『御元気にて御奉公の御事と拝察云々』の文章を読むにつけ、針にて心臓を刺さるる思いす。嶺の戦死に関し、内報は在りたるも公報未だ無きゆえ、戦死状況を照会せる役場よりの手紙在。昨年六月戦死せる嶺にして猶お斯くの如し。他の大部分の者は未だ内報も至らざるべし。御遺族の方が、未だ元気にて御奉公をしつつありと信じ、且つ朝夕無事を祈りあるかと思えば、万感無量なるものあり。手紙、墓前に御具えす。

亡き部下に　読みて聞かする　手紙かな

一七〇〇高津実戦病死。十日程前よりアミーバ赤痢に罹りて臥床せしがエメチン、スチブノール等の特効薬は勿論全然無く、薬とては僅かに健胃錠のみにて如何ともすること能わず。現在の体力、給養、薬物の状況にてはアミーバ赤痢は生命取りなり。防疫に最大の注意を払い、絶対にアミーバ赤痢に罹らざる様注意すべし。

高津宛の葉書三枚あり。朝受領を喜びて読みたること、せめてもの慰めなり。夕刻埋葬式を行う」(二八七～二八八頁)

○村上兵衛『桜と剣——わが三代のグルメット』(光人社、昭和六十二年)

『近衛連隊旗』(秋田書店、昭和四十二年)

○「短現」出身者の回想録

○『滄溟　海軍経理学校補修学生第十期』(私家版、同書刊行委員会編、昭和五十八年)

「滄溟」とはどういう意味か。「紺碧にうねる大海原」だとその編纂に加わったひとり、氏家卓也は語った。「海軍経理学校補修学生第十期」とは主計科短期現役十期のことだ。二百人に近いかつて海軍主計科士官だった人びとが執筆した「滄溟」は、年若かったかれらが大戦後半一年半のあいだに考えたこと、やったことを学ぼうとする人たちの必読の文献である。

○半藤一利編『日本のいちばん長い夏』（文春新書、平成十九年）

三十人の大座談会。四十四年前の「文藝春秋」に載った座談会、「日本のいちばん長い夏」が文春新書の一冊となった。

前に読んだ記憶はあるが、改めて手にして驚いたのは、昭和二十年に首相官邸、陸軍省、外務省にいた実力者たち、内地から外地にいた青年士官から兵士たち、動員された女学生まで、三十人を一堂に集め、昭和二十年七月二十七日から八月十五日までの思い出を語ってもらって、その大きな輪郭の中身をしっかり満たす充実感があることなのである。

もうひとつの驚きは、この座談会に出席したときの三十人の年齢が私よりいずれも若いことだ。誌上参加した吉田茂の八十四歳、佐藤尚武の八十歳が私より年上なだけだ。今村均将軍にしても七十七歳だった。だれもが六十代、五十代、四十代だった。司会を担当した半藤一利氏にいたっては、そのとき三十三歳だった。改めてその座談会は戦後、「僅か」十八年のちに開かれたのだと思いにふけることになった。三つめの驚き、これがいちばんの驚きなのだが、その座談会の雰囲気がまことに穏和なことである。不信感や憎しみを投げかけることなく、穏やかにすべてを包みこもうとする寛容さが溢れている。司会者、半藤氏の才腕によるものだろう。

○『戦史叢書』（防衛研修所戦史室編、全一〇二巻、朝雲新聞社、一九六六〜一九八〇年）

○あ号作戦（マリアナ沖海戦）

○沖縄の戦い

○硫黄島の戦い

○ミッドウエイの戦い

○真珠湾の戦い

○満洲の悲劇

などの巻。

○重光葵と東郷茂徳の回想録

重光葵『重光葵　外交回想録』（毎日新聞社、昭和二十八年）

重光葵『重光葵手記』（伊藤隆、渡辺行男編、中央公論社、昭和六十一年）

東郷茂徳『時代の一面——大戦外交の手記』（改造社、一九五二年、原書房、一九六七年）

○『大本営陸軍部戦争指導班　機密戦争日誌』（軍事史学会編、防衛研究所図書館蔵、錦正社平成十年）

○『横浜の空襲と戦災』（横浜の空襲を記録する会編、全六巻、昭和五十一年）

○吉村正『離島百話』（新思潮社、昭和五十二年）

○富田朝彦メモ

●全体史／伝記／社史／県史、市史／空襲／終戦／自伝／戦史

○『太平洋戦争への道』（朝日新聞社、全八巻、昭和三十七年）をどう批判的に読むか。

○木戸幸一『木戸幸一日記』（東京大学出版会、昭和四十一年）

●昭和の大戦の研究者であれば、木戸幸一「木戸幸一日記」は座右の書であろう。だが、だれにも薦めたいという日記ではない。正直、無味乾燥である。といっても、木戸が正直に胸中を洩らすことがある。

●木戸幸一の日記をちゃんと読んだ人はいないだろう。木戸幸一についてのしっかりした評伝はない。上巻はともかく、下巻を私ほど丁寧に読んだ者は恐らくいないと思う。昭和十三年一月一日から昭和二十年十二月十五日までだ。

●一般の読者に木戸日記を読むようにと私は薦めない。もちろん、昭和の大戦の時代を研究する

人にとっては必読書である。ところが、私が知るかぎり、木戸日記から新しい発見をしたという研究を読んだことがない。

●木戸日記を「五十冊」のなかに入れるのは、木戸という政治家が存在してこそ、その人物が内大臣であったからこそ、あの大戦は起きたと私は観ているからであり、その人が残した日々の記録だからである。だが、「五十冊」のなかに入れはしたものの、私はこれを読めとだれにも薦めない。

●木戸幸一の「日記」はまず一般の読者には決して薦めない。昭和十六年から二十年までのかれの日記を読んでも、なにもわからない。だが、昭和十六年八月末に、日米不戦の海軍案があったこと、そして八月二十八日に間違いなく内大臣の木戸がその案に反対したことを陸軍中央の残したメモから読み解くことができる。

○近衛文麿の評伝各種

●近衛の伝記を書こうとする人、近衛の時代を調べようとする人が欠かすことのできない参考書は、矢部貞治『近衛文麿』である。後藤隆之助、さらに近衛の秘書だった牛場友彦、細川護貞がその作成に協力した。正直、近衛の伝記はこれに尽きる。ところが、その八百頁にのぼる大冊の伝記に都留、ノーマンの記述は一行もない。かれらの名前もでてこないが、いたしかたない。昭和二十六年に矢部貞治のその伝記が世にでたとき、ノーマンが近衛を戦争犯罪人だと告発した意見書をマッカーサー総司令部に提出していたという事実は明らかにされていなかったからである。

そこでノーマンの協力者が都留であったという事実にも目は向けられることがなかったからである。

●書棚にある近衛の伝記を取りだしてみる。有馬頼寧『友人近衛』、矢部貞治『近衛文麿』、岡義武『近衛文麿』、勝田龍夫『重臣たちの昭和史』、杉森久英『近衛文麿』、まだまだ何冊もあるが、いずれも古い。最近出た工藤美代子氏『われ巣鴨に出頭せず』、二〇〇九年刊行の筒井清忠氏の『近衛文麿』など、新しい近衛伝が出てきているのは好ましい。とくに工藤氏の本はノーマンと都留重人の役割を指摘していて画期的である。

●大戦にいたる昭和十六年の歴史の本を読んだことのある人なら、その年十月の半ば、第三次近衛内閣が総辞職したのは、なぜなのか。東条英機と対立して近衛文麿は退陣したのだとだれもが説いてきた。いったい、近衛文麿は閣内不統一で総辞職したというのは、あまりに単純すぎる観方ではないか。

●私の『近衛文麿「黙」して死す』は近衛文麿と木戸幸一との対立、暗闘を論述した。私が書いたのは、近衛と木戸とのあいだに対立、暗闘があり、近衛の死は都留重人とノーマンを利用して、木戸が仕掛けたものだと論じた。

●近衛の伝記の青年時代の叙述には、昭和二十年代、三十年代に、階級史観のイデオロギーの影響に染まった研究者が書いた近衛論は、執筆した戦後の一時代の雰囲気を鮮やかに浮かびあがらせることはできても、かれらと近衛がともに生きた時代を描いたものとはなっていない。

●近衛文麿の評価を低めているのは、まず、吉田茂である。吉田は昭和十六年の第三次近衛内閣時代の近衛が対米外交交渉をまとめようと努力していたことを、かれは協力していたのだから、よく知っていた。昭和十八年、十九年、二十年に近衛が戦争終結のために努力したことを、再びかれは協力者だったのだから、よく承知していた。だが、吉田はこのことを戦後、語らなかった。

その理由ははっきりしている。天皇が近衛を嫌ったからだ。吉田が近衛を褒めたりして、それが新聞、雑誌に載って、天皇の目にとまったら、天皇は激しく感情を害すと知っていたからだ。なぜ、天皇は近衛を嫌ったのか。内大臣の木戸が近衛を悪く言ったからだ。

●近衛は戦争犯罪人容疑者として逮捕され、戦勝国による裁きの庭に立つことを死をもって拒んだが、それによって彼は貴族としての彼の高い誇りを最後まで守ろうとしたのであろう。近衛の自決をえらんだ動機が上述のようなものであったとすれば、国家の危急に際し身命を抛つ問題は全く別の次元の問題であったといえよう。

＊この文章は「太平洋戦争を考えるための二十五冊」執筆準備のために書き留めていたメモを編集部が整理したものである。

2　敗戦について

いままでだれも書かなかったこと

現在まで、だれも書かなかったことを書くことにしよう。

アメリカの対日戦争の中心目標はなんであったか。これはだれもが知っていよう。

日本を徳川時代の領土に戻してしまい、日本をフィリピン以下の小国にしてしまうことだった。

これはコインの裏だった。コインの表は中国を大国にすることだった。

そして、アメリカは中国とのあいだに「建設的で戦略的なパートナーシップ関係を構築しよう」と望んだのである。

もちろん、この装飾過多なアプローチは、だれの記憶にもある通り、一九九七年から九八年にかけて、アメリカ政府と中国政府の双方が使った公式用語を借用したものである。

日本を明治以前の領土に戻す、中国を大国にする、これが五十数年前にルーズベルトの考えていた遠大な構想だった。

日本との戦いがはじまってから、かれのこの中国大国化のグランド・デザインは大きくふくらむようになったのだが、かれが子供のときから中国に親しみを感じていたことは記しておいたほうがいいのかもしれない。

かれの母方の一族はデラノ家といい、ラッセル商会の共同経営者であり、大資産家だった。ラッセル商会はジャーディン・マセソンやデントといった英国系の商会とともに、一八三〇年代には広州で、一八四一年からは英国が占領した香港で、中国を相手に貿易をおこなった。ジャーディンやデントと同様、最初は阿片を売って大儲けをしたのである。

輸入したのは茶だった。ラッセル商会の阿片につづく輸出品は、アラスカの土民から物々交換で安く仕入れた、清朝官吏のステイタス・シンボルとなるラッコの毛皮だった。クリッパー船隊を持つようになったラッセル商会は、同じ四〇年代には新しく開港した上海に進出し、中国最初の電信業務を手がけ、揚子江の水運を独占するようにもなった。

こうして、デラノ家の二代目、三代目とかれらの親戚たちが香港、上海、その他の条約港で暮らすようになった。かれらのひとりひとりはそれほど長く中国沿岸の港町に留まることはなかったが、ルーズベルトの姉のひとりのように、香港の高級住宅地に三十五年を暮らした者もいたのである。

こうしたわけで、ルーズベルトは中国の絵画や工芸品に子供のときから馴染み、中国の龍のデザインの切手を集め、中国の出来事に関心を持つようになった。付け加えておけば、日本が開国して、ジャーディン・マセソン商会とデント商会は直ちに横浜に進出したのだが、ラッセル商会はなにが理由か、横浜に店を開かなかったのである。

こうして大統領となったルーズベルトは友人や部下に向かって、自分の家の歴史を語り、中国の国民に親近感と同情を抱いてきたのだと言い、日本に対抗して、中国に味方をする自分の強い感情を語ることになった。

これをべつの言い方に換えれば、「日米関係とは中国問題である」という言葉になった。あるアメリカ人が語ったこの言葉を忘れることができなかったのは、同盟通信の外交記者、松本重治なのだが、デラノ家の子ではなくても、多くのアメリカ人が抱いた考えであったことは付け加えておこう。

ルーズベルトが中国大国化の構想を描くようになり、さらに、その執行者となって、中国を大国として国際的に認知させようとお披露目の場をつくったのは、一九四三年十一月のことだった。その檜舞台となったのがカイロである。

カイロの宿舎で、ルーズベルトが部下たちに語りだせば、いつもながらの広州のデラノ家にはじまり、感傷にひたりながら、中国への愛情を語り、最後に中国大国化の話となったのである。

そのとき、日本との戦いはどうなっていたのか。

それより少し前、日本の暦年でいえば、昭和十八年の八月、九月のことだ。内大臣の木戸幸一は連夜の不眠に苦しめられ、企画院総裁だった鈴木貞一は鬱状態にあった。

陸海軍統帥部の首脳たち、永野修身《おさみ》と杉山元《はじめ》の反対を抑え、アメリカとの戦いを回避することができたにもかかわらず、それをしなかったのが、木戸幸一と鈴木貞一、この二人だった。二人が体調を崩して当然だった。戦いをはじめて一年半がたつだけであるにもかかわらず、ソロモン群島と東部ニューギニアの二つの戦場で、わが方の野戦部隊はただの一度も勝つことができないようになっていた。

戦いをはじめる前、市ヶ谷台、霞が関の幹部のだれひとり、南太平洋で敵のこのような攻勢に直面するとは想像できなかった。敵はこの二つの戦場に二十個師団を配置し、これを支援する三千機の航空機を展開していた。わが方は千機をかき集めるのが精一杯だった。航空消耗戦をすることを迫られれば、こちらの一方的な敗北となる。敵が制空権を握ってしまえば、個々の兵士の勇敢さや指揮官の戦術の巧みさなど、ささやかな挿話となるだけだ。

木戸や鈴木は繰り返される負け戦に慣れてしまい、不眠はいつか収まり、鬱状態もやがて消えたのだが、本当なら、再び不眠症になり、鬱病になってもおかしくない重大な戦いが起きた。ギルバート諸島のマキンとタラワに敵軍が上陸し、守備隊六千人近くが戦死した。

アメリカ側とすれば、中国を大国として国際的に認知させようというお披露目にあわせての大作戦だった。

ルーズベルトはチャーチルとスターリンが加わる首脳会議に、中国政府主席の蔣介石をも参加させようとしていた。ルーズベルトがかれらを招いての晩餐会で、披露する予定でいたのが、ギルバート諸島の勝利の話だった。

かれが自慢したいと思って、当たり前だった。二十個師団と三千機とはまったくべつの大艦隊を中部太平洋に投じての最初の戦いとなるからだった。

まさしく大艦隊だった。大型重武装のエセックス級空母六隻、巡洋艦を改装したインディペンデンス級軽空母五隻、空母搭載機八百五十機、戦艦十二隻、さらに多数の中小艦艇と基地航空部隊の三百五十機、それに加えて二個師団である。日本海軍を粉砕できる巨大な機動部隊だった。

ところが、ルーズベルトがお膳立てしたお披露目の次第は思い通りにいかなかった。スターリンは蔣介石を交えての会談に出席しようとせず、蔣もスターリンと会うのを嫌がった。カイロの会談は、四首脳とはならず、三首脳の顔合わせとなった。

ルーズベルトはマキンとタラワを攻略したという話を意気揚々と語ったのだが、冷めた対応を受けただけだった。蔣は中国からはるかに遠い中部太平洋の小さな島を占領したことなどに聞く耳を持たなかった。

それはともかく、ルーズベルトは中国大国化の計画はしっかりと推し進めた。日本に奪われた全領土の回復を蔣に約束したばかりか、琉球を自国領土として取り戻さないかと問いかけた。英国領の香港、フランス領のインドシナの宗主権も中国に与えようとルーズベルトは考えていた。インドシナを欲しいかと蔣に尋ねた。

蔣との会談を終えて、ルーズベルトとチャーチルはテヘランに飛び、スターリンと会談した。ルーズベルトはスターリンに向かって、すでに何回も口にしてきた自分の目論見を語った。戦後の国際組織の構想を説き、アメリカとソ連と英国、さらに中国を加え、この「四人の警察官」が世界の平和を維持するのだといった計画を語った。

スターリンは中国を大国として認めることに乗り気ではなかったが、はっきりと反対はしなかった。付け加えれば、英国の指導者も中国を大国とする計画になんの関心も示さなかったが、これまた、反対はしなかった。こうしてルーズベルトが思い描く戦後世界の枠組みはソ連と英国の認知を得た。

テヘランで、スターリンがルーズベルトに向かって、対日参戦を約束したことは付け加えておこう。

さて、ルーズベルトは徳川時代の領土に戻してしまう日本をどうしてしまうつもりだったのか。

中国を大国としてお披露目する一カ月前のことだった。アメリカ国務省極東部を牛耳っていたホーンベックがワシントン駐在の中国大使、顧維鈞に向かって、天皇を除去した場合に日本がどうなるか、それにどう対応するかについて、英国の見方なるものを語った。

「将来、四つの島の日本は孤立のなかに生きていくことになる。安定しようと無政府状態になろうと世界とはなんの関係もない(1)」

これはホーンベックの考えだったのであろう。かれは顧維鈞や宋子文と親しく、中国贔屓だった。ホーンベックのこの考えは、ルーズベルトの思うところでもあったはずだ。天皇を排除した日本が応仁の大乱の抗争と混乱をつづけることになるのなら、それはそれでかまわない、中国が明帝国の大国の安定と繁栄を維持していれば、太平洋の西岸は安泰だということだった。

敗戦後の日本のことなどどうでもよいとして、ほんとうに中国は明帝国になることができるのか。

カイロ会談の四カ月前のことだった。ルーズベルトは宋子文につぎのように語った。中国外交部長の宋はワシントンでずっとロビー工作をつづけていた。

「日本は大国になるのに、開国してから日露戦争で勝利を収めるまで、二十五年かかった。中国人は日本人よりはるかに賢い。日本人は物真似ができるだけだ。だが、中国が大国となるためには、その発展を加速するためになにかをしなければならない。なにかをしなければならないとは、日本から賠償をとることだった。カイロで、ルーズベルトと蔣は賠償問題についても語り合い、ルーズベルトは日本から賠償をとることの支持と全面的な支援を約束したのである。

ルーズベルトは口には出さなかったが、日本の鉄鋼工場、造船工場、発電設備、自動車工場、アルミナとマグネシウム工場、石油精製工場のすべてを賠償として、中国に与えようと考えていた。

大多数の日本人は、中部太平洋と南太平洋の戦いの恐ろしい実態と、ルーズベルトの、これまた恐ろしい大計画をなにひとつ知らないまま、南海の珊瑚礁を守る将兵が玉砕したことに不安を抱き、ルーズベルトとチャーチルのカイロでの協議に、蔣介石が加わったということに、なぜか裏切られたという苦い失望感を味わったのである。

翌昭和十九年に入り、その年の後半になれば、だれもが日本は負けてしまうのではないかとぼんやりと思うようになった。

だが、負けた日本がどのようになってしまうのかは、だれも考えようとしなかった。ソ連の友誼を買うことができるのではないか、そしてアメリカを牽制できるのではないか、蔣介石と交渉して、アメリカから譲歩をかちとることができるのではないか、こうした論議がつづいた。

かれらはルーズベルトの日本と中国にたいする大構想がどういうものかを知っていたはずであった。蔣介石はルーズベルトが定めようとする地政学的な環境に大きな期待を懸けている、スターリンも仇敵日本を去勢してしまうことを熱心に望んでいる、こういうことが分からないはずはなかった。だが、だれもルーズベルトのグランド・デザインに気づかないふりをするか、それとも、ルーズベルトの手から蔣を誘いだすことができるのではないかと虫のいい夢を描き、あるいは、アメリカに対して日本の存在という対抗力が必要だとスターリンに認めさせることができるのではないかと考えていたのである。

昭和二十年に入ってからも、政治家のあいだで、陸軍、海軍内で、外務省内で、人びとが、同じような、はかない望みを語り合っているうちに、原爆の投下とソ連の対日参戦となった。ところで、ルーズベルトの大構想は、日本が降伏する以前に、日本人のだれもが知らないでいるうちに、ルーズベルトと蔣がはっきりと気づかないでいるあいだに、その土台が掘り崩されていた。なぜだったのか。

そこで日本軍が敢行した一号作戦の話をしなければならない。

だれも語ったことがない、記したことがないと最初に述べたのは、この話なのである。

一号作戦は大陸打通作戦とも言われた。五十一万の大兵力を使っての大攻勢だった。北京から南寧までの南北に走る二千五百キロの鉄道とその沿線を制圧し、鉄道を開通させることができれば、インドシナ、タイと結ぶことができ、海上輸送路が使えなくなったときに備えることができる。そして、この鉄道沿線にあるアメリカ軍のB29の航空基地を占領、破壊し、対日空襲を阻止する。

だが、この野心的な二つの目的がかなえられるとは、はじめから陸軍幹部は思っていなかった。勝ち戦を新聞の見出しにしたい、国民の士気をどうにかして維持したいというのが、かれらの本心だった。

そこで一号作戦について語る人びとは、現在まで、だれもが非難をつづけてきた。無謀で、愚劣な作戦だ、やみくもに断行された戦いだったと批判してきた。

ここで、だれもが言わないことを述べなければならない。

そして、もうひとつ、これまでは中国、中国と言ってきたが、ここからは、国民政府、延安政府、あるいは国民党、中共党といった用語を使わねばならなくなる。

一号作戦は、あらゆる点で、そして、すべての要因が重なり合って、蔣介石と国民政府の威信を突き崩し、その力を大きく削いでしまった。

同じこの作戦は、すべての面で、あらゆる意味で、延安政府の力を強大なものにすることになった。そして、この作戦は、日本の敗戦のあとにはじまった国民政府軍と中共党軍の内戦にまで大きな影響力を広げ、国民政府に不利に、共産党に有利に働くことになり、共産党の勝利を導き、ルーズベルトの大構想を叩き潰してしまったのである。

一号作戦が延安政府の力をどのように強めたのかを見よう。

延安政府が支配地域と支配人口を増やすようになったのは、昭和十八年からだった。日本側が華北に駐留する軍隊を南方地域に送り、戦力が手薄となったことから、延安の政治組織と軍隊は活力を増した。その年の末には、身動きできない日本の鉄道警護隊が増え、山西や河北の広大な地域に点在する中隊や小隊の守備陣地が包囲され、大隊本部が夜襲されるという事態も起きるようになった。

そして昭和十九年四月からの一号作戦の発動である。日本側はこの作戦のために山西、蒙疆、山東、河北の兵力をさらに引き抜いた。華北全域の治安部隊は、歩兵大隊数で二分の一に減った。

延安政府の軍隊と工作隊は大手を振って活躍するようになった。村々の住民を宣伝教化し、それまでは「団結」のスローガンを掲げ、手をつけないでいた国民政府の組織を片端から潰してしまい、部落内から選びだした「悪党首を打倒する」といった大衆運動を展開し、支配地域をしっかりと固め、拡大していった。

日本軍の攻撃の矢面に立ったのは国民政府の軍隊である。五十万以上を失った。戦いは河南省ではじまった。一九四四年五月、そこを守っていた五万人の国民政府軍が日本軍に攻撃される直前に、農民に武装解除されて、四散してしまうという異常な出来事は、重慶にいるアメリカの軍人と新聞記者を唖然とさせた。

国民政府の軍隊が勇敢に戦ったところもあった。だが、まずは将軍が家財を貨車に積み込み、まっさきに逃げ出し、つづいて軍隊が崩壊してしまうという戦いを繰り返すことになったから、アメリカの外交官、軍人、新聞記者は口を揃えて、国民政府と国民党を非難するようになった。腐敗と無能は国民政府と国民党の代名詞になってしまった。

蔣介石の反対なんか、構うことはない、アメリカは共産党軍に武器を与えるべきだとかれらは主張するようになり、蔣はちょっぴり妥協を迫られ、一九四四年七月、アメリカ軍人の視察団と新聞記者の一隊が延安に行くのを許すことにした。ところが、延安地域を訪問したアメリカの記者たちが共産党の指導者と兵士たちを褒めたたえたことから、国民政府と国民党の権威はさらに下落することになった。

そして、一九四四年十月、桂林と柳州を攻略した日本軍はつぎに重慶へ進撃してくるにちがいないとだれもが思い、アメリカ大使館員の家族はインドへの疎開を勧告される騒ぎとなった。将来に備えて温存する蔣の虎の子の部隊を、アメリカ陸軍代表のスティルウェルが使うようにと主張したことから、かれと蔣のあいだの長い不和は最後の衝突を迎えることになった。蔣の要求で、ルーズベルトはかれを罷免することになり、陸軍参謀総長のマーシャルはフランスに出張していたがために、スティルウェルを救う機会を逸してしまった。

対日戦が終わったあと、そのマーシャルが駐華大使となり、そのあと国務長官となり、蔣介石の中国を見捨てることになる。

もしも、日本側が一号作戦をやらなかったら、どうであったろう。蔣介石とアメリカ陸軍とのあいだには、絶え間のないいざこざと反目がつづいていたのだが、それも終わったはずだった。

一九四四年の後半から、ヒマラヤ越えの軍需品の輸送量は、輸送機がより低い山の上を飛ぶことができるようになって、大きく増えるようになった。ビルマからの陸路による輸送も、一九四五年二月からはじまった。

蔣介石は戦後の共産党軍との戦いに備えて、貯蔵していた自動小銃から迫撃砲、弾薬、軍用トラックを、目前の敵に使うことができるようになった。機動力を持った、この米式装備の軍隊はもはや日本軍に負けはしなかった。

蔣介石が満足なら、アメリカ陸軍の幹部たちも不満はなく、蔣介石とアメリカ陸軍首脳とのあいだの長いごたごたも綺麗に消えてしまい、戦後のアメリカ陸軍の蔣への協力はもう少し違った形をとったかもしれなかった。

中共党の方はどうであったか。内戦の勝利はいうまでもなく、共産党の農村工作の成功だった。だが、なんにもまして重要だったのは、中共党が満洲のすべての農村を支配したことである。

思いだしてもらいたいのは、満洲は毎年、十万から二十万人の華北からの労働者を吸収できる穀倉地だったということである。中共党は満洲で機関銃と弾薬を手に入れただけでなく、多数の大隊を育成することができたのである。

それができたのも、一九四四年、四五年のあいだに、満洲への入口である河北と山東に共産党が支配地を広げることができたからだった。

一号作戦はこのように国民政府と延安政府にまったく正反対に作用して、ルーズベルトの大構想を叩き潰したのである。

ところが、だれもが一号作戦を間違った戦いだと語ってきたことはすでに述べた。

有力な将軍から作戦課の部下たちまでの反対意見を斥《しりぞ》け、この作戦を強硬に提唱した服部卓

四郎までが、のちになれば、この戦いはやるべきではなかったと述べることになる。なぜなのであろう。(3)

服部は一号作戦にとりわけ深い思いがあったはずだ。作戦課長だったかれはその大作戦の確固たる推進者だっただけではない。その戦いに直接参加もした。昭和二十年三月には、かれは第十一軍麾下の歩兵第六十五連隊の連隊長となって、第十一軍の主力が桂林、柳州から後退するのを援護する後衛の戦いをなし遂げたのである。

対米戦をはじめる前、アメリカが南太平洋に二十個師団と三千機の航空機を展開すると予見できなかった市ヶ谷台幹部のひとりが、そのときにもまた作戦課長だった服部である。だが、一号作戦がルーズベルトの大計画を壊してしまうのにどれだけの力を発揮したかを、戦後の十五年を生きた服部卓四郎が本当に気づかなかったとは、私にはとても信じることができない。

われわれはルーズベルトの大計画がどのようにして消滅してしまったのかを知らぬ素振りをし、一号作戦を無益な戦いだったと語ることによって、われわれが見ないようにしてきたものは、なんなのであろう。

やがて五十年になる日米同盟の発端が、あるいは、日本がいまなおアメリカの従属国と変わりのない状況であることのはじまりが、どのようにしてつくられたのかを知りたくないからなのであろうか。

（1）XIAOYUAN LIU, *A PARTNERSHIP FOR DISORDER*（CAMBRIDGE UNIVERSITY PRESS, 1966）,132.
（2）*Ibid.*, 134.
（3）高山信武『服部卓四郎と辻政信』芙蓉書房　昭和六十年　一九七頁

（草思、一九九九・九月号）

生誕百年を迎えた服部卓四郎と尾崎秀実

敗戦の間際に、そして敗戦のあとになって、荒廃した日本の行く先を考えた人たちは、日本が昭和初年並みに復興するまでには、このさき五十年、六十年、二十世紀いっぱいはかかるだろうと言ったものだった。だれもがそう思った。ところが、かれらの予測や想像は大きくはずれて、そのあとまもなく日本のダイナミックな経済発展がつづくことになった。

このような暗い予測や不吉な想像が当たらなかったという記憶は、多くの人びとに大きな影響を与えた。敗戦を記憶する最後の世代、学童疎開の思い出を語る人びともいまは年金生活者となっているが、かれらにまで影響を与えたにちがいない。

どんな影響を与えたのであろう。大多数の人びとは悲観的なものの見方をすることなく、なんとかなる、大丈夫だとつねに楽観してさきを見るようになった。

敗戦の年に戻ってみよう。一九四五年ではなく、それから三年あと、一九四八年のことだ。依然として敗戦の時代だった。エドワード・アッカーマンというアメリカの地理学者がその年四月に書いた論文がある。

アッカーマン博士は連合軍最高司令部天然資源局の特別顧問となって、日本各地で調査をおこない、アメリカに帰国したあと、この論文を書いた。そのなかで、東京で親しくしていたある一流大学のひとりの教授の生活を綴った。

「戦争前から戦争の初期までは、この教授と妻、三人の子は不自由のない生活を送っていた。大学の俸給と僅かな遺産からの一定の収入があり、とりわけ富裕というわけではなかったが、東京にほどほどの住宅を持ち、避暑地に別荘を持ち、旅行ができた。衣食にこと欠かないのはいうまでもなかった」

アッカーマンはつぎのようにつづけた。

「われわれがかれに関心を持つのは、かれが真の民主主義者であるということ、すなわち現在進行中の改革の意味をしっかり理解しているひとりだからである。かれは大学の民主的な改革に力をつくし、かれの住む地域の政治上の問題に熱意を注いでいる」

「ところで、かれが現在住んでいる家は小さい。ひとりあたり二・五メートル平方の広さしかない。これでも日本の都市に住む普通の家族の住まいよりましなほうだ。

かれの家には暖房がなく、水道がない。一部屋に十五ワットの電灯があるだけだ。家は粗雑なつくりなので、室内の冬の温度は戸外と変わらない。この家にはラジオもなく、ストーブもない。炊事の燃料は木炭だ。これも木炭が十分に得られての話だ。

かれの家族は衣服は足りているが、かれの靴は一足しかない。家族のほかの者は靴を持たず、下駄を履いている。食事は十分ではない。かれと妻は一日に平均二千カロリーを採っている。子供たちはこれより少ない。野菜と果物は明らかに足りず、冬のあいだはとくにひどい。肉はほとんど買うことができず、配給の魚はごくたまに食べられるが、腐りかけていることがよくある。

かれは大学の俸給とほかの収入を合わせて、辛うじてこの粗末な生活を支えている。貯金はなく、リクリエーションの余裕はない。映画に行くこともできなければ、休暇をとって旅行をすることもできない。貯えは使い果たし、蔵書を売り、別荘も売り払ってしまった」

アッカーマン博士はつづけた。

「このような生活を三年もつづけたにもかかわらず、かれはなおも民主的な方法の熱心な主唱者であり、かれをよく知る者はこれがかれの心の底からのものだと思っている。だが、このような生活をずっとつづけていかなければならないとしたら、民主的な方法とアメリカへの協力は価値があるという感情ははたしてつづくものであろうか。

かれが生きているかぎりつづくとはとても断言できない。もし、かれが考えを変えるのなら、かれより信念の薄い者はとっくに考えを変えることになろう」

アッカーマンは日本の将来に悲観的だった。「日本の生産能力が次第に衰え、生活水準もまた次第に低下していくことになれば」とかれは言った。そうなるはずだった。爆撃を逃れ、焼け残った産業設備を解体してしまおうといった計画があった。日本周辺の賠償要求国に「実物賠償」として、製鉄所、造船所、火力発電所の設備と機械、工作機械、航空機工場と化学工場設備を送り出さなければならなかった。

もっとも一九四七年夏には、過酷な賠償にはアメリカ占領軍司令部が消極的となり、十一月には、そのような賠償に疑問を挟む報告が出ていた。だが、アッカーマンがこの論文を書いた一九四八年四月には、賠償のために工場を解体してしまうか、賠償を縮小するか決まっていなかった。

アッカーマンと同様、日本の政治家、企業家、経営学者、経済専門家、だれもが日本の前途に悲観的だった。昭和初年の生活水準に戻るのは五十年さきとなるのか、いつのことになるのかわからないと思っていた。

経済がうまくいかなければ、政治システムの正統性が大きな打撃を受けるのは必然だった。ワイマール共和国は高まるインフレと失業者が増大するなかで崩壊した。

アッカーマンはつぎのように言った。生産能力、そして生活水準が低下していけば、「多くの国民は不満を持つようになり、人びとは社会的、経済的、政治的変化を求める誘惑にとりつかれることになる」。

アッカーマンはソ連と共産主義の文字を使うのを注意深く避けはしたが、かれが恐れていたのは、日本の大多数の国民がソ連方式に魅力を感じ、「金持ちのための資本主義国」アメリカよりも、「労働者の祖国」であるソ連に敬愛の目を向けるようになり、共産党指導者を政府首班の地位に就けたいと望むようになることだった。

こうしたわけで、アッカーマン博士は「ここにアメリカの政策の問題がある」と言い、明言しないいながら、日本のために輸出市場の開放と賠償の軽減を提案したのである。

アメリカ政府の対日政策はアッカーマンの提言通りとなった。だが、かれの主張が取り上げられてのことではなかった。

ここで二人の人物を取り上げ、この二人が考えたこと、やったことを記そうと思う。

二人は同じ明治三十四年、一九〇一年の生まれだから、今年はちょうど生誕百年になる。

二人とは、表題に掲げた通り、服部卓四郎と尾崎秀実である。服部はその年一月の生まれ、尾崎は五月の生まれだった。

じつは服部卓四郎については二年前の本誌（一九九九年九月号）に書いたことがある。この文章はそのつづきともなる。

服部卓四郎から説明しよう。かれは陸軍内外でだれからも英才と認められ、アメリカとの戦いをはじめる一年前から、そして敗戦の六カ月前まで、参謀本部の中枢である作戦部の主人公だった。そのあいだに十カ月ほど陸軍大臣の秘書官をやったことがありはしたものの、アメリカと戦うべしと説くことにはじまり、戦いがはじまってからのすべての作戦にかれは関与したのだった。

尾崎秀実については多くの人が承知していよう。朝日新聞の記者であり、現代中国の専門家として知られた。かれはソ連軍諜報部員のゾルゲと親しくなり、かれの諜報団の一員となった。尾崎は一九三八年に朝日を退社し、近衛内閣の嘱託となり、近衛文麿の側近たちが開く朝飯会に参加した。つづいては満鉄嘱託となり、支那問題研究室を主宰した。一九四一年十月にかれは逮捕され、ゾルゲとともに一九四四年十一月に刑死した。

尾崎秀実は交友が広く、多くの陸軍軍人と交際があった。新聞記者は自分より年上の者と付き合う。まだ高い役職に就いていない、自分と同じ歳の服部と尾崎が話しあったことはなかったのであろう。

だが、尾崎秀実と服部卓四郎は太い絆で結ばれていた。

いささか奇矯に聞こえるかもしれないが、毛沢東の共産政府の「解放区」の基盤を強固なものにさせ、さらに拡大させ、日本の敗戦のあとに必ず起きる蔣介石の国民党政府との戦いで、延安政府を負けないようにさせたのは、尾崎と服部、この二人の日本人の大きな働きがあった。尾崎秀実から述べよう。かれがやった最大の諜報活動は、日本政府が北進を断念し、南進の決定をしたことを探りだし、クレムリンに伝えたことだと言われている。

だが、この情報がソ連を救ったという話は、ゾルゲ諜報団の活動を花で飾りたいと願う人びとがつくりあげたものだし、機密書類を盗み見するといったことは、報酬目当ての下級スパイではなかったはずの尾崎にとって、名誉の勲章とはならないだろう。

かれがやった大きな仕事はべつにある。かれは、自分がしたこと、自分が考えたことを、逮捕されてから、すべて語ったように見える。そして尾崎の友人と支持者がかれのやったことを克明に拾い上げた。だが、尾崎が注意深く隠し、友人や支持者が言わなかったことがある。

一九三八年の春から夏のことだ。さきに述べた通り、この頃かれは朝日新聞社を辞め、近衛内閣の嘱託となっていた。かれは漢口を攻めよと説き、武漢作戦をおこなえと内閣主要幹部、陸軍幹部に言ってまわった。かれは熱心に説き、講演をし、雑誌に書き、研究者仲間に署名運動をするようもちかけもした。

かれがそんなキャンペーンをしなくても、陸軍は漢口、武昌を攻略したであろう。だが、当代切っての中国の専門家の熱心な主戦論は陸軍幹部を大いに勇気づけたことは間違いのないところであった。

尾崎はなにを考えていたのか。

ここでは詳しくは述べないが、ゾルゲがかかわり、尾崎とゾルゲの共通の友人、そのときに漢口にいて、中共党の軍隊の支援に懸命だったスメドレー、そして同じように漢口にいた中共党代表の周恩来が関与していたことは間違いなかろう。

そのとき周恩来の耳にも入っていたことがあった。南京から漢口に撤退していた国民政府の高官は、蔣介石の暗黙の承認のもと、日本側と和平交渉をおこなっていた。和平が成立すれば、国民政府のつぎの敵は共産党となる。

尾崎が大車輪の活動をはじめたのは、和平の動きを潰してしまうためだった。和平なんかできはしないと主張し、漢口を占領することこそが平和解決には欠かせないと説いてまわったのは、日本のためではなく、中共党のためだったのである。

陸軍に漢口攻略の作戦をさせることは、共産党にさらに大きな利点があった。陸軍は華北を占領している軍隊を漢口作戦のために南下させなければならなかった。こうして延安の共産党は自己の支配地域を河北省、山東省に「解放区」を拡大できることになるのだった。

尾崎秀実のあとを引き継いだのが服部卓四郎である。服部は一号作戦の計画をたてた。獄中の尾崎が服部の新作戦を聞くことができたら、どれだけ喜んだことであろう。黄河を渡河して瀋陽までの京漢沿線を攻略し、さらに長沙から衡陽、桂林まで進撃する。蔣介石配下の野戦軍の半分を撃破するのだと知ったら、かれはこれで中国共産党の最終的な勝利は確実だと思ったことであろう。

なによりも重大だったことは、蔣介石の軍隊が無様な敗退をしてしまったことから、蔣介石の政府とアメリカとのあいだの協調体制の根本に修復不可能な大きな亀裂ができてしまったことだった。

尾崎秀実の昭和十三年の武漢作戦、そして服部卓四郎の昭和十九年の一号作戦があってこそ、延安政府は日本軍の駐留する僅かな拠点を除いて広大な華北全域をしっかりと支配することができるようになり、どこからも潰されることはなくなった。つぎにはじまる内戦に勝つことができるという自信も生まれた。国民党の軍隊がこの地域を再占領しようとしても、日本軍とおなじように都市に孤立することになるのは目に見えていた。

そして日本は敗北した。その直後に毛沢東はつぎの行動にでた。延安の人びとは「東北」「東北」と言い合うようになった。延安から、ほかの根拠地から、選ばれた指揮官、兵員、工作員が、ソ連軍が攻撃、占領し、なお占領地を拡大している満洲へと向かった。

前にこの「草思」に書いたことを繰り返そう。「満洲は毎年、十万から二十万の華北からの労働者を吸収できる穀倉地だったということである。中共党は満洲で機関銃と弾薬を手に入れただけでなく、多数の大隊を育成できたのである」

そして満洲の農村地域を支配してしまえば、蔣介石の軍隊が遅れてやって来ても、いくつかの大都市を占領するのが精一杯となるのだった。

さきに述べた通り、アッカーマンの論文が発表されたのは一九四八年四月だったが、そのときには満洲に派遣された国民政府の最精鋭の軍隊は三つの大都市に孤立し、身動きできなくなっていた。そして満洲以外でも、戦いは共産軍が優勢だった。その年の末には、蔣介石は下野を表明して、台湾へ逃げた。

翌一九四九年十月には共産党の政権樹立となった。その翌年七月に朝鮮戦争が起き、十一月には中国が参戦した。

現在、その時期の資料が解禁となって、スターリンが中国に参戦を強要したのだ、中国の党幹部はいずれも参戦に反対したが、毛沢東が戦いに踏み切ったのだといった事実が明らかになっている。だが、もっとも肝心なことは、あらゆる革命、中国革命以前の革命、それ以後の革命と同じように、中国で完了した革命も、外延にむかって戦いを拡大するように運命づけられていたということである。

振り返るなら、昭和十五年一月にアメリカが日本との通商航海条約を破棄し、さらに輸出封鎖をおこない、ついに日米戦争となり、日本が降伏するまでの歳月は、五年七カ月だった。その降伏の日から五年七カ月たったときにはアメリカは、半世紀、一世紀にわたってその同盟はつづくと思われていた中国と戦っていた。

失業、企業の倒産、解雇が増え、労働争議はつづき、社会混乱が起きつつあった日本の状況は一変した。賠償は立ち消えとなった。繊維、鉄鋼、機械、洋紙、砂糖、セメントの輸出は急増し、月額輸出は二倍に増えた。アメリカ軍の作戦資材と復興資材の発注があって、トラック、機関車、レール、有刺鉄線、食料、衣類の「特需ブーム」が現出した。政治家、企業家、役人、評論家、だれもが朝鮮戦争を「干天の慈雨」「神風」と呼んだ。

株式市場は急転換し、どこの会社も資本金をつぎつぎと増資し、鉄鋼ではストリップミル、造船では自動溶接といった新技術の導入に努め、積極的に設備投資をおこないはじめた。人びとの生活水準は僅かながらも上がりだした。アッカーマン博士が描いた大学教授一家の暮らし向きも少しずつ改善されたのである。

一九五三年には一人当たり国民所得は戦争前の水準に回復した。消費ブームが起き、何十万もの人びとが洋品店を開き、喫茶店、食堂を開いた。重工業は経済発展の原動力となり、高度成長過程がはじまった。

最初に述べた通り、敗戦の時代が思いもよらず早く終わったことによって、敗戦の衝撃から立ち直った人びとは、頑張ればなんとかなる、大丈夫だと楽観的な心構えを持つようになった。

ここで服部卓四郎と尾崎秀実のことをもういちど語ろう。

服部は自分の計画した一号作戦が蔣介石の勢力と毛沢東の勢力のバランスを大きく変えてしまうことは十分に理解していながら、これが中国に内戦を起こさせ、その内戦を長引かせることになると予測することができず、それが敗戦日本にどのような影響を与えるかを考えることができなかった。かれはまさにタイミングよく、軍事力の行使に踏み切ったのだが、それはたまたまということにすぎなかった。

生誕百年を迎えた服部が過去を振り返るなら、だれよりもマキアベリ的なものの考えを要求される上級参謀将校であったにもかかわらず、アメリカとの戦いをはじめたときにも、そして最後の大作戦を計画したときにも、長期的な眺望ができず、さらには地政治学的な判断ができなかったことを後悔するはずである。敗戦と敗戦のあとのことをなにひとつ考えなかったことを、かれはうしろめたく思っているのである。

同じように生誕百年を迎えた尾崎秀実は過去をどのように振り返るのだろうか。

たしかに日本と中国がどうなるかというかれの見通しは的中し、かれが望んだ通りになった。だが、予測が当たったのはそこまでだった。日本はソ連と中国の「国際友好勢力」の援助のもとに、「社会変革」をおこなうというかれの夢はかなえられなかった。

そしていまとなれば、だれよりもリアリスト的立場をとってきたのだと心ひそかに自慢していたにもかかわらず、ソ連の政治社会経済システムを真似ることを最善と信じ、ソ連の衛星国となることを願望したことに、かれもまた大きなうしろめたさを感じているはずだ。

ところで、これも敗戦の時代が終わってからのことになるが、またべつのうしろめたさの感情を持ってきた人びとがいる。敗戦のあと、戦争を否定することになった日本人にとって、日本を活性化し、繁栄の道へ押し上げる力となったのが戦争だということ、それも隣国の戦争であったということは、あるうしろめたさの感情となって人びとの胸中にあったはずである。

日本人が持ちつづけてきた前途への楽観的な気持ちは薄れつつあるが、このようなうしろめたさの感情はどのように変化してわれわれのあいだに残っているのであろう。

（草思、二〇〇一・八月号）

日本人はなぜ昭和天皇を守ったか

過去の人びとの息づかい、過去の人びとの心の奥を考察しようとするとき、ついつい、現在の価値観を物差しにしてしまい、複眼的に考えることを忘れてしまいがちである。

それが理由であろう。だれもが言いそびれてしまっていることがある。それを記したい。

日本経済建設に取り組んだエコノミストのひとり、金森久雄氏が戦後の経済の成長はなぜであったかを説いて、「第一に人間である」と述べた。

東京大学政治学教授、京極純一氏は、「堅気の生活者が日本を現在の姿につくりあげたのだ」と叙述した。

昭和二十年、二十一年、敗戦後の日本に戻ってみよう。私が以前に記した文章を、そのまま写すのを許していただきたい。

「日本はすべてを失った。息子を失い、夫を失い、兄を失い、親を失い、町という町を失い、住まいから学校、寺院、神社までを失った。

大商船隊を失い、世界最大級の満州と北朝鮮とのあいだの水力発電所と世界一となるはずの化学コンビナートを失い、南満州鉄道、台湾の製糖工場を失った。そして満州、朝鮮、台湾、その他、海外にいた日本人は、その資産のすべてを失い、着の身着のままで日本に戻ってきた。国内の焼け残ったすべての軍需工場、製鉄所、火力発電所、化学工場の大半を失うことになるはずだった。

そして日本人は名誉も失った。瓦礫《がれき》と灰燼《かいじん》のなかで、貧しさと飢えに苦しむ日本人は世界中から罵詈《ばり》雑言《ぞうごん》を浴びせられた。恥辱のなかで生きていく日本人は自信を持つことができず、なにごとにたいしても確信が持てなかった」

こんな具合に私は記した。

日本の政治家、企業家、経済専門家のだれもが、日本が昭和初年の生活水準に戻るのは五十年、六十年さきになると想像した。

それでも、日本人は四つの島のなかで生きていかねばならなかった。どうあっても日本を再建しなければならず、いつか力を取り戻し、名誉を回復しなければならなかった。

なによりもまず、だれもが天皇を守ろうとした。その願いは社会秩序の徐々なる崩壊を防ぎ、明日にしっかりと立ち向かおうとする心構えと重なっていた。

天皇を守ろうとした人びとは、気づく、気づかないは別として、独善、猜疑心《さいぎしん》、悪意、流血が連鎖、循環する悲劇を繰り返すまいとしたのである。

そのような悲劇に一度ならず落ち込んだ国は当然ながらある。

ルイ十六世は退位させられ、逮捕され、断頭台にのぼった。フランスは、そのあとロベスピエールの恐怖政治となった。

つづいて、ナポレオンが登場し、かれが皇帝となり、さらにルイ十八世、そして共和政、再びルイ・ナポレオンの帝政となった。

ロシアはどうであったか。皇帝ニコライ二世一族を殺害したあとに、レーニンはなにをしたか。

老若を問わず、すべての知識人を殺害するか、国外に追放した。かれの後継者のスターリンは、マルクス主義に献身と情熱をささげてきたあらかたの知識人を抹殺してしまった。

ドイツはどうであったか。ウィルヘルム二世は、ドイツを離れざるをえなくなり、オランダに亡命し、ドイツ皇帝はドイツから消滅した。

十四年あとにヒトラー政権の登場となった。

京極氏が「堅気の生活者」と呼んだ人びと、金森氏が「第一に人間である」と言ったその人びとが、天皇を守ろうとした。

そのために努力した人びとがいたし、自分の命を犠牲にした人もいた。前に、この欄で記した近衛文麿はそのひとりである。

だれもが天皇を守り、守り通すことによって、自己分裂をしての葛藤、相克が起きるのを予防し、国民のあいだの団結の共感をはぐくみ、それを明日のための力としようとした。

そして、天皇は国民のその願いに応えた。天皇は国民に新たな自信を与え、新しい国家統一の心柱《しんばしら》となり、あの敗戦からの立ち直りのための忍苦と希望を求めての歳月を、国民とともに歩まれたのである。

きょう四月二十九日は、昭和天皇ご誕生から百五年にあたる。

（産経新聞、二〇〇六・四・二九）

自制心のなかの「潔さ」

大変なことが起き、大変なことはまだ終わっていない（東日本大震災のこと）。だれもが思い、呟くとおり、まさしく日本は未曾有の国難に襲われている。

私は『昭和二十年』を書きつづけてきているから、あの大戦争のなかで生き死にした人びとの日記を読んできた。思いだす人、思いだす事柄は数多いが、いま頭に浮かぶ記憶がある。外交評論家の清沢洌の日記の一節である。かれは昭和二十年五月下旬に肺炎で急死するのだが、その少し前、四月十六日につぎのように記した。

「多摩川の川辺に逃げた者が爆弾にやられ、首や胴のない死骸が運ばれて行ったそうだ。これらの空爆を通して、一つの顕著な事実は、日本人が都市爆撃につき、決して米国の無差別爆撃を恨んでも、憤っても居らぬことである。僕が『実に怪しからんね』と言うと『戦争ですから』というのだ」

清沢洌が言おうとすることは私にもよくわかる。それでも、私は首を横にふり、日本人には自制心があってのことなのだと思ってきた。昨年の十二月、アメリカの国防長官だったウィリアム・ペリー氏の回想録を読んでいて、つぎの箇所が心に焼きついた。ペリー氏は日本の敗戦から二年あとの一九四七年に東京に足を踏み入れ、つづいて沖縄に向かった。十八歳のかれは沖縄の地図を作製する陸軍部隊に所属していた。東京はまだ見渡すかぎり焼け野原であり、沖縄はさらにひどかった。多くの日本人との交遊のなかで、戦争の残酷さに衝撃を受けたペリー氏がもうひとつ感じたのは日本人の「潔さ」ということだった。

私はうなずいた。日本人の自制心のなかには潔さがある、いま未曾有の国難に直面している人びとのだれもがそれを持っているのだと私は改めて考える。

そして私が思うのは関東大震災だ。そのときに私は生まれていないが、横浜に育ち、横浜に住み、横浜の歴史を調べ、年長者の思い出を聞き、数多くの記録を読んできたから、関東大震災のさまざまな場面は脳裡から離れることはない。横浜市内の十万戸のうち七万二千戸が全壊するか、焼かれてしまい、二万四千人が死んだ。さまざまな形の心傷を負った横浜の市民がやり遂げようとしたのは復興だった。港湾設備は再建され、生糸倉庫も、船会社の事務所もつくられ、新たに公園がつくられた。あらかたの小学校は灰となったから、三十余の小学校が建てられた。復興小学校である。昭和二十年五月二十九日の横浜の空襲にも焼け残り、多くの人を助け、戦後も多くの子供たちがそこを巣立った。のちに手を加えられたそれらの校舎のたたずまいを見るとき、私は「復興」と口ずさむ。

当たり前すぎることだが、自制心、そして復興させるのだという静かな心構えこそが、この未曾有の国難を乗り切る根源の力になるのだと私は思っている。間違いなく日本人は自制心を持っている。復興するのだという心構えも、もちろん、ある。

（月刊正論、二〇一一・五月号）

3　原爆はなぜ投下されたか

続・いままでだれも書かなかったこと

「いままでだれも書かなかったこと」といった題で、三年前に本誌（草思、一九九九年九月号）に書いたことがある。

一九四五年の敗戦が主題だった。アメリカの大統領、ルーズベルトは中国の大国化を東アジアに対する基本政策としていたのだが、棚上げせざるをえなくなった。それはなぜだったのかを論じた。

これについては、一九四四年、四五年、そのときの外務省の幹部と陸軍首脳はなんの注意も払わなかった。一九四七年にはじまるアメリカの東アジア政策の大きな転換の前兆となる出来事であったにもかかわらず、戦いが終わったあとになっても、かれらの回想録にこれに触れたものはなかった。そこで研究者もまた、だれもこれを調べようとしなかった。

私が「いままでだれも書かなかったこと」と題した理由はここにある。

その「いままでだれも書かなかったこと」のさらなるつづきをここで書こうと思う。

これまた、関係者のだれもが語ることなく、文書に残すことなく、日記に記すことなく、あとになっても語っていない。そこで、のちの研究者は調べることを忘れている。

ここで取り上げるのはグルーである。

一九四四年の末から一九四五年の七月半ばまで、東京の少なからずの人びとがグルーにある期待を懸けていた。

グルーとはジョゼフ・グルーのことだ。日米戦争がはじまるまでの十年近くにわたって駐日大使であり、第二次大戦の後半には、かれは国務次官だった。

そのかれに宮廷から政府首脳までが期待を寄せたのは、かれが降伏条件を緩和してくれるのではないかと思ったからである。

もちろん、日本が四つの島に追いこめられるのも、賠償を支払うことも、軍隊が持てなくなることも、戦争責任者が処罰されるのもいたしかたない。だが、ただひとつ、皇室だけは守らなければならない。グルーはこれを認めてくれるのではないか。こう考えたのである。

なぜそう思ったのか。

グルーは一九四四年五月に国務省の極東問題局長に就任した。かれが国務省の対日政策を作成する機関のボスになったまさにそのとき、かれの著書が店頭に並んだ。『滞日十年』という題の本であり、まことに手回しよく、すべての新聞が一斉に書評を掲げた。同盟通信社の海外電報を読んでいた人びとは、その内容にびっくりした。

もうひとつ、人びとを驚かせたことがあった。極東問題局長の前任者、スタンレー・ホーンベックの転出先である。

国務省切っての日本嫌い、中国好きのホーンベックは、一九四〇年にナチス・ドイツとファシスト・イタリアに日本を加え、アメリカの敵だと説いた。それこそ「アクシス　オブ　イーブル」、悪の枢軸の原型はそのときにかれがつくったのである。一九四一年七月にはかれは日本にたいして全面的禁輸を強硬に主張し、それに踏み切らせた。同じ年の十月、アラスカで開こうとする近衛・ルーズベルト会談に強硬に反対し、太平洋に平和を望めたかもしれないその頂上会談を潰してしまった。

そこでホーンベックは戦争が終われば、まずは蔣介石の国民政府から最高勲章を貰って当然なはずであった。ところで、かれの新しいポストはオランダ大使だった。放り出されたも同じことだった。オランダはまだ亡命政権で、ロンドンに仮住まいをしていた。

外務省はもちろん、陸海軍、宮廷の高官、だれもが首をかしげたことであろう。

このような重大な人事は、もちろん、フランクリン・ルーズベルトの指図があってのことだった。ホーンベックが長いあいだ国務省の日本・中国部門を支配できたのも、当然ながら、ルーズベルトがかれの反日路線を支持していたからだった。それと同様、ホーンベックの事実上の追放とグルーの登用もルーズベルトが望んでのことであった。

すべての回答は『滞日十年』のなかにあった。その本がすぐに手に入らなくても、数多くの新聞の書評がすべてを明らかにした。

それらを読んだ人たちが驚いたとは前に記したが、『滞日十年』は、グルーが駐日大使だったあいだの日記から選びだした文章を並べ、日本に好戦勢力と和平勢力があると説き、前者は陸軍であり、後者は宮廷とそれに繋がる政治家だと説いていた。

グルーの策略は、日本の宮廷と陸軍とのあいだに楔《くさび》を打ち込み、陸軍を悪者に仕立てあげ、宮廷を自分の側に引きずりこもうというものだった。

ルーズベルトが考えていることははっきりしていた。かれは日本を早く降伏させようと考えて、グルーを起用し、ホーンベックを放りだしたのである。

なぜ、ルーズベルトは日本にいささかの譲歩をしてでも、早く戦争を終わらせることを望んだのか。

これをはっきり考究した人は外務省にも、陸軍にもいなかったことは前に触れた。そこで戦後の研究家も、なぜグルーが国務省の重要ポストに就いたのか、解明することを忘れてしまっている。

すべては一九四四年春に開始された中国大陸での大作戦に原因があった。それは一九三八年の武漢攻略以来の大規模な攻勢だった。大陸打通作戦と呼ばれた通り、中国大陸を南北に千五百キロを縦断する作戦だった。

この作戦がはじまる数カ月前、一九四三年十一月のことだった。ルーズベルトは中国・ビルマ・インド戦域のアメリカ軍の司令官、国民政府軍の参謀長、なによりも中国通として知られたスティルウェルに向かって、蔣介石政権は大丈夫かと尋ねた。

蔣とかれの国民政府を褒めたたえる人は多かった。だが、国民政府の権力基盤は非常に弱い、その社会は健全ではないと批判、非難する人もまた多かったから、ルーズベルトはずっと心配していたのである。ジョゼフ・スティルウェルの国民政府にたいする評価はとりわけ厳しかった。つぎにちょっとした日本軍の攻撃があれば、蔣の政権は倒れるだろうと言った。

その予言どおりのことが起きる気配となった。日本軍が河南省で大陸打通作戦の最初の攻勢をはじめようとしたその矢先、その地域を守る蔣直属の大軍団が自壊し、ちりぢりばらばらになり、匪賊に変わってしまった。アメリカの新聞特派員と出先の外交官がこぞって蔣介石と国民政府を非難する報告をアメリカに送ることになった。

ルーズベルトがグルーを起用したのは、その直後だった。そしてその年の末、ルーズベルトは極東問題局長のグルーを今度は国務次官に引き上げた。グルーは事実上、国務省を支配するようになった。

ルーズベルトがグルーにさらに一層大きな期待をかけ、日本側がかれの存在に注意を払うことを望み、かれの主張に耳を傾けることを求めたのは、なぜだったのか。

そのとき日本軍の大攻勢はまだ終わっていなかった。日本軍は重慶を目指すのではないかとそこに駐在するアメリカの外交官たちは恐れ、どこへ撤退したらよいかと真剣に考えるようになっていた。

日本軍は鄭州、洛陽、衡陽、長沙、桂林、柳州といった国民政府が押さえていた都市を席巻した。蔣介石の指揮する野戦軍は大きな打撃を受け、国民政府の支配地域の経済は悪化した。そして国民政府の政治基盤はいよいよ弱体化した。

ところが、延安が支配している華北の共産地域は国民党が管轄する地域と対照的だった。日本軍は大陸縦断作戦のために華北に駐屯する軍隊を引き抜いたことから、共産党の工作員はさらに活動領域を広げ、青年たちを徴募して軍隊を増強し、国民政府の軍隊が敗退したあとの地域を侵食して、共産党の力はいよいよ強大になっていた。

ルーズベルトが恐れたことは、蔣介石の政権が倒れるとは思わないものの、日本との戦争が長引けば長引くほど、国民政府の力は弱まり、逆に共産党の力は増し、日本の敗北のあと、力をつけた共産党は国民政府の言うことをきかず、もちろん、蔣介石は共産党に服従せよと命令するであろうから、必ずや内戦になってしまうということだった。

そしてその国共内戦はアメリカとソ連の関係を悪化させるのではないかとルーズベルトは恐れたのであろう。

ルーズベルトはスターリンを信用し、ソ連と協調できるのではないかと思っていた。だが、中国で内戦がはじまれば、ソ連は中国の共産党を支援することになり、アメリカとソ連は互いに敵対することにもなりかねないとかれは心配したのであろう。

国民政府がまだまだ強く、共産党が華北の地方勢力であるあいだに、日本を降伏させてしまわねばならなかった。

ルーズベルトのようにスターリンを信頼することなく、やがてソ連は満州、中国、朝鮮、日本までを支配しようとして、アメリカの重大な脅威となると考えたグルーにとって、一日も早い日本の降伏はルーズベルト以上に望むことだった。ルーズベルトがグルーに大きな期待を懸けたのは、こうしたことが理由だった。

だが、ルーズベルトは一九四五年の四月半ばに没した。急死だった。副大統領のハリー・トルーマンが大統領に昇格した。

さて、第二次大戦がまもなく終わろうというときに他界したルーズベルトとそのあとを継いだトルーマンは、大統領であり、最高司令官であることまでは同じだったが、トルーマンにはもうひとつの肩書が加わった。

原爆問題の最高責任者という肩書だ。

やがて出現しようとする大量破壊兵器をどのように利用するか、そのすべてのことを、かれが決めた。

なるほど原子爆弾開発の命令を下したのはルーズベルトだった。パリにドイツ軍が入城した日だった。そしてその開発がはじまって、かれはその進行の状態を承知していた。僅かにその秘密を知っていた英国首相のチャーチルに向かって、それを日本にたいして使用するとき、十分な配慮をしたあとで使用すると約束をしたこともある。

だが、かれの生存中、開発中の原爆はかれの政治、外交、軍事戦略になんの影響も与えなかったし、かれは未来の核爆弾を外交政策に組み入れようとすることもなかった。

かれがカサブランカで枢軸三国にたいする無条件降伏を説いたことと原爆の製造を結びつけたりする主張があるが、残念ながら、これは哲学者の空想の産物である。

語るほどのことではないが、ルーズベルトはレーヒの影響を受けていたのかもしれないといったことを付け加えておこう。ウイリアム・レーヒは第一次大戦の時代からルーズベルトと仲が良く、海軍作戦部長をやったことがあり、戦争がはじまってからはルーズベルトの私的侍従武官長といった存在であり、統合参謀本部を統率するひとりだった。そのレーヒが原爆の開発、製造を鼻で笑い、実験の間際になっても、あんなもの、科学者の妄想だ、爆発なんかするものかと軽蔑していた。

それがルーズベルトに影響したのかどうかは不明だが、かれは原爆をどのように利用するかを考えねばならなくなる直前に没してしまったのである。

そこでトルーマンのことになる。副大統領だったかれは原爆のことはなにも知らなかった。かれは大統領になってはじめて、原爆の開発、製造をしていること、まもなく実験をするということを陸軍長官のヘンリー・スティムソンから教えられた。

トルーマンはレーヒのようにその新兵器にたいして冷笑的ではなかった。それどころか原爆に血道をあげることになった。

すべてが秘密に包まれた原爆製造の巨大機構の総責任者だったのが、陸軍軍人のレスリー・グローブスだった。かれはのちに、トルーマンは「トボガンに乗った子供のようだった」と語った。

トボガンとは雪や氷の坂を滑り降りるスポーツ用の平底の橇《そり》だ。怖い。だが、物凄いスピードだから、下りるに下りられない。周りを見る余裕などまったくない。必死に橇にしがみついているのだが、大変な興奮状態なのだ。

ところで、トルーマンをそのように興奮させたのは、原爆にだれよりも大きな熱意を持つようになっていたジェームズ・バーンズの力が大きかった。トルーマンはかれを一九四五年七月はじめに国務長官とするのだが、トルーマンは大統領となったそのときから、かれに頼りっきりだった。

それも当然だった。トルーマンは原爆の開発を知らないだけではなかった。かれはルーズベルトから完全に無視され、重要会議に出席したことがなく、外交、軍事の重要問題になにひとつ関与したことがなかった。ところが、バーンズはルーズベルト大統領のもとで実力者のひとりだった。トルーマンはバーンズと前から親しくしていたから、大統領となってから、かれに助力を求めることになったのである。

こうしてバーンズの協力によって、トルーマンは原爆問題の最高責任者となった。「トボガンに乗った子供」となったのである。

もちろん、トルーマンはそのとき「トボガンに乗った子供」と言われたら、憤慨したことであろう。「トボガンに乗った子供」といった形容にはトルーマンへの敬意がうかがわれないのは言うまでもない。

たしかにグローブスはトルーマンに敬意を払っていなかった。かれだけでなく、だれもがトルーマンを小粒の政治家と見ていた。正直な話、バーンズにしてからが、トルーマンを見下していたのである。

「アメリカにとって、そして世界にとって、あのトルーマンなんて男がいまこの時期にアメリカの元首になるなんて」と多くの人が嘆いた。トルーマンの政治家になる前の職業を取り上げ、「たかだか店じまいすることになった雑貨商さ」と嘲笑し、「ミズーリの雑貨屋風情が」と言い、かれの立ち居振る舞いすべてを馬鹿にした。

トルーマンは自分が多くの人に軽く見られていることを承知していたが、かれは自分がもうじき持つことになるものが途方もない力を持ったアラジンの魔法のランプであり、すべてを変えてしまうことができるのだと思うようになった。

この大量破壊兵器は軍事上の常識を一変する。怖いものはなくなる。外交交渉に際しては、相手を脅かす巨大な棍棒となる。しかも、この魔法のランプは世界のどこの国も持っていない。もちろん、スターリンも持っていない。自分だけが持つことになるのだ。

かれはバーンズとともに、ほかの者を加えることなく、記録を残さず、この大量破壊兵器をどのように利用したらよいのかを話し合うことになった。

そしてかれはこの魔法のランプから巨人を出してみせれば、自分をつんぼ桟敷に置いた者たち、自分を見くびってきた連中、笑いものにしている奴ら、陸海軍の首脳から前線にいる司令官たち、ルーズベルト政権時代からの高官と上下院の議員たち、新聞記者から評論家たち、かれらのすべてを見返してやることができるばかりか、かれらの尊敬を集めることもできると思ったのである。

そしてかれとバーンズが考えたことは、つぎのようなことだった。いままでは原爆の製造を秘密のうちに進めることができたが、戦争が終わってしまえば、原爆製造の予算は議会の承認が必要となる。議員たちに本物の実験をみせなければ、かれらを味方につけることはできないということだった。もちろんのこと、敵にも味方にもこの大量破壊兵器の恐ろしさをしっかり教え込むには、ほんとうの実験が必要だった。


同じときに、日本の政府首脳と軍の幹部はなにを考えていたのか。

グルーのシグナルに答えようとした首脳の試み、かれらが残した日記が仄《ほの》めかすことによって、かれらがそのときに望んでいたことは見当がつく。最初に触れたように、首相、内大臣、外相、枢密院議長、海相、恐らくは参謀総長、そして天皇、だれもがグルーに密かな期待を懸けていたことは間違いなかった。グルーがつくることになろう和平案を大統領が公式発表するのではないかとだれもが思っていた。

こうしたことをだれものちに語ることがなかったのは、身勝手な、間違った思い込みをして、ずるずると時を浪費し、原爆を投下されるという最悪の事態を招いてしまったという恥ずかしさがあってのことだったにちがいない。これもまた、「いままでだれも書かなかったこと」になってしまったのである。

事実はこういうことだった。五月二十三日夜と二十五日夜の空襲によって、東京の中心部が廃墟となったことをグルーは知って、いまこそとかれは思った。五月三十日の戦没将兵追悼記念日におこなう大統領の演説を、日本への降伏の呼びかけにしようとした。日本の皇室に手をつけないことを明示しようとしたのである。ところが、はっきりとしない言い訳を聞かされ、先に延ばされることになった。そして六月十八日、グルーは沖縄の戦いが終わったときに、大統領が宣言をだすことを再び望んだ。これも拒否されてしまった。

アメリカ国務省の事実上の首脳のグルーに見当のつかないことだったのだから、日本の首相や内大臣、あるいは外務大臣、枢密顧問官がグルーに秘かな期待を懸け、なにも分からないまじりじり待ちつづけたのはいたしかたのないことだったのである。

トルーマンとバーンズが考えていたのは、最初の実験は沙漠でやるが、ほんとうの実験は日本の都市でやらなければならないということだった。

そしてこの二人が意見の一致を見たもっとも重要なことは、日本の都市での原爆の実験を完了するまで、絶対に日本をして降伏させてはならないということだった。

二人はこうしたことを決めるにあたって、核爆弾の爆風と熱による即時的な破壊は見当がついても、長期にわたる放射能の恐ろしさまで理解できていなかったのかもしれない。だが、恐ろしいことが起きると聞かされていたから、二人はこの話し合いのいかなる証拠も残さなかった。ヒトラーがユダヤ人の最終解決を決めながら、なにひとつ、自分の命令書を残さなかったのと似ていた。

ところで、最初に見たとおり、ルーズベルトがホーンベックを追いだし、グルーを国務省の重要ポストに就けたのは、日本を早く降伏させようという狙いがあってのことだった。それが中国の内戦を阻止し、米ソ間の対立の火種となることを予防しようと考えてのことであったのは前に記した。

トルーマンはなんの心配もしなかった。自分がやがて持つ魔法のランプは中国の内戦を予防できるし、ソ連の介入を間違いなく阻止できると考えた。日本を二カ月、あるいは三カ月早く降伏させる必要などまったくないと思った。なによりもかれが恐れていたのは、技術的な障害から、日本への原爆投下が遅れ、ソ連の参戦が日本を降伏させてしまい、日本に原爆を落とす機会を逸してしまうことになりはしないかということだった。

原爆製造の最高責任者のグローブスは「トボガンに乗った子供」とトルーマンをからかったのだが、原爆の製造はどうなっている、実験の日程に狂いはないな、マリアナに原爆を運ぶのはいつになるのかとトルーマンが執拗にかれに尋ね、念を押していたのは、ソ連参戦の予定日が八月八日だということがトルーマンの頭から離れなかったからである。

さて、トルーマンは日本に戦争をやめさせないようにして、計画通り原爆を投下することまでは成功した。かれの思いどおりとなった。

だが、かれの魔法のランプは中国の内戦を阻止できなかった。中国が共産化し、中国がソ連と同盟を結ぶことも防げなかった。ルーズベルトの夢は霧散し、グルーの警告どおりとなった。

付け加えるなら、一年前の本誌（草思、二〇〇一年八月号）に載せた私の「生誕百年を迎えた服部卓四郎と尾崎秀実」はそこにいささか触れた論考なのである。

（草思、二〇〇二・九月号）

継続すべき原爆投下の裏面史検証

広島、長崎に原爆が投下されてから六十年がたつ。

アメリカの政治家は、日本に原爆を落としたのは百万人のアメリカ兵の命を救うためだったと今日なおも語り、アメリカの学校ではそのように教えてきている。

原爆投下の本当の理由を承知しているアメリカ人は当然ながらいる。トルーマン大統領が原爆を日本の都市に是が非でも投下したかったのは、四年の歳月と二十億ドルの巨費をかけた究極兵器の力を議会と国民に教え、戦後の核計画への支持を獲得し、スターリンに対しては、その絶対的な威力を誇示し、脅しをかけるためだった。

だが、その二つの目的はニューメキシコの砂漠の公開実験で十分に達することができたのであり、広島、長崎の市民とその二世までを殺す必要などあるはずもなかった。

多くのアメリカ人が「百万人」のウソを言い続けるのは、人間誰もが持つ道徳色の濃い自己愛に他ならない。

私が残念に思っているのは、日本での論議だ。

「百万人」の話をする日本人は、さすがに今はいない。だが、鈴木貫太郎内閣がポツダム宣言を「黙殺」したがために、原爆が投下されたのだと語る歴史研究者は今もなお存在する。

一九四五年の五月末から六月、七月に戻ってみよう。

陸軍長官スティムソンと国務次官グルーは、日本に降伏を勧告するときだと大統領トルーマンに何回も説き、日本側が受け入れることができるように、天皇の地位保全を約束すべきだと主張した。それでも日本が降伏を拒否するのであれば、そのときこそ原爆の投下を警告すべきだと説いたのである。

海軍長官フォレスタル、陸軍参謀総長マーシャル、海軍軍令部総長キングもまた、警告なしに日本の都市に原爆を投下することには反対の立場であった。

ところが、トルーマンと彼のただ一人の協力者である国務長官バーンズは、日本に降伏を勧告するスティムソンの草案から天皇の地位保全を認める条項を削ってしまう。

また、スティムソンの草案では共同提案国にソ連の名前が入っていたが、トルーマンとバーンズは、日本がソ連に和平の仲介を依頼していることを日本外務省とモスクワの日本大使館との間の往復電報から知り、ソ連の名前を削り、重慶の国民党政府に差し替えたのである。日本にソ連への期待を持ち続けさせ、降伏勧告を無視させようとしてのことだった。

さらに、その降伏勧告をホワイトハウス、国務省からではなく、宣伝機関の戦時情報局から発表させた。日本側をして宣伝文書と思わせるようにしたのである。

さて、トルーマンとバーンズは、広島と長崎での〝原爆実験〟に成功した後、直ちにスティムソンとグルーの計画に立ち戻り、天皇の地位保全を日本側に告げることにした。バーンズが手の込んだごまかしをしたことから、日本の歴史研究者はそれが事実上のスティムソン草案の復活であることに気づくことなく、その解明をも忘れている。

そのすべてを明らかにしようとするなら、ルーズベルト大統領時代の一九四四年に立ち戻らなければならない。

ルーズベルトは日本との戦争が長引けば、中国の内戦が不可避になることを懸念した。天皇の地位の保証を主張するグルーを起用したのも、ヨーロッパの戦いが終わったすぐ後に、日本を降伏させようと考えてのことだった。

だが、ルーズベルトは一九四五年四月に急死する。後継者トルーマンはバーンズの協力を得て、先に記したとおり、原爆を日本の都市に投下してみせ、ソ連を脅すことが何よりも先だと考えた。

ところで、広島と長崎を二発の原爆で壊滅させても、中国に駐留する百万の日本軍を降伏させる上で何の威嚇にもならないことをトルーマンとバーンズは初めから承知していた。だからこそ、スティムソン草案に戻り、天皇の地位の保証をしたのである。

しかしそうであるならば、ソ連の行動を原爆によって抑止することなど、とてもできないとトルーマンは考えなければいけないはずであった。果たして、その後のベルリン封鎖、中国内戦、朝鮮戦争は原爆の威嚇によっては阻止できず、彼の夢ははかなく崩れ落ちた。

最初に述べたとおり、原爆が二つの都市に投下されて六十年がたつ。だがトルーマンが試みたこと、そしてその失敗は、この先なお検証を続けなければならない宿題なのである。

（産経新聞、二〇〇五・八・五）

「降伏しなかったから原爆を投下された」戦後最大のフィクションはこうして作られた

広島・長崎への原爆投下がなぜ行なわれたかについては、戦後六十年にわたって流布されている二つの伝説がある。

一つは「百万人の米国人兵士の生命を救うためだった」という、ハリー・トルーマン米国大統領の口上である。ほとんどの米国人が、現在もこの解釈に従い、戦争終結のために原爆投下は止むを得なかったのだと信じている。

もう一つが「日本がもっと早くポツダム宣言を受諾していれば避けられた。当時の首相・鈴木貫太郎が降伏しなかったことが原爆投下を招いたのだ」というものである。これも多くの日本人が信じ、戦後の歴史家の多くが、この解釈に従い、軍部・政府・天皇の戦争責任を追及している。

しかし、この二つの「伝説」には決定的な誤りがある。まず、太平洋戦争末期の米国人兵士の犠牲者は、ルソン島と硫黄島と沖縄を合わせても二万七〇〇〇人。この数に比し、百万人という数は桁外れに多すぎる。実際、当時の米軍関係者の誰一人「百万人」を想定はしていない。

次に「ポツダム宣言」である。その内容は、日本が決して受諾できないよう直前に変更されていた。

戦後、突如登場した「百万人の戦死者」という「創作」と、ポツダム宣言の内容変更には、いずれも二人の人物が密接に絡んでいた。トルーマン大統領と国務長官ハリー・バーンズである。広島・長崎への原爆投下は、この二人による意図的なものであり、そのために「原爆を投下するまで日本を降伏させるな」という綿密な計画の下、実行されたのである。

トルーマンは一九四五年四月十二日、ルーズベルト大統領が急逝したため、第三十三代米国大統領に就任した。ミズーリ州の農家出身で、高校しか卒業していなかった彼は、四五年一月に副大統領に指名された時に「小物」と酷評された。偉大なるルーズベルトの急死によって「棚ぼた」で大統領に就任したトルーマンのコンプレックスは、すでに多くの研究家が分析している。

もう一人の「キーパーソン」が、バーンズである。彼は、ルーズベルト政権下で、事実上の副大統領候補と目されていたが、ルーズベルトは四選のときバーンズを裏切り、トルーマンを副大統領に指名してしまった。また、日本を開戦に追い込んだ「ハル・ノート」の作成者、コーデル・ハル元国務長官の人脈に属する対日強硬派でもあった。

ルーズベルトの急死を受けて誕生したトルーマン大統領のただ一人の相談相手がバーンズだった。「小物」と「大統領になれたはずのベテラン政治家」は互いに複雑微妙な感情を抱きながら、一九四五年四月中旬以降のすべての重要な問題を決定することになった。

トルーマンとバーンズが日本への原爆投下を強行した主要な動機は、対ソ戦略と議会対策の二つである。

トルーマンがマンハッタン計画（原爆開発計画）の責任者だった陸軍長官ヘンリー・スティムソンから原子爆弾の詳細について聞かされたのは、四月二十五日のことだ。それまで原爆についての知識がなかったトルーマンは、ここで「ザ・モースト・テリブル・シング（もっとも恐るべき爆弾）」の威力を知る。

当時、米国にとって、ソ連は東欧・中国への勢力を拡大する脅威として認識され始めており、第二次大戦下における米ソ「大同盟」は、早晩瓦解すると見られていた。就任直後からスターリンに強硬姿勢をとり、米ソ関係の悪化を招いたトルーマンが、「原爆」こそ、ソ連を震え上がらせる威嚇となると思い至ったにしても不思議はない。

また、バーンズは原子爆弾の開発製造に、すでに二十億ドルもの予算がつぎ込まれていたことをまったく知らない米国議員たちの反応に注意を払わなければならなかった。原爆を「公開」し、その「威力」を議員たちに示すことは、二人にとって、何としても必要なこととなったのである。

この推論を証明するのが、トルーマンが四月中旬から八月までの間、異様なまでにソ連の対日参戦を意識し、原爆実験が成功し、投下の準備が済むまで日本を降伏させないための、「予定表」とでもいうべき綿密な対策を立てていたという事実である。

トルーマンがスティムソンから聞かされた予定では、プルトニウム型爆弾の実験は七月四日、予備的な実験を必要としないウラニウム型爆弾とともに、八月一日前後に投下の準備が整うことになっていた。

それゆえ、五月八日にドイツが降伏して以降、トルーマンはソ連がいつ対日参戦するかを執拗なまでに知ろうとする。ソ連が参戦すれば日本が降伏し、原爆を投下するチャンスを失ってしまいかねないからだ。

参戦の期日を聞き出すために、五月二十八日、トルーマンはスターリンの信頼の厚かった大統領補佐官をモスクワに派遣。ポーランド問題で親ソ政権の誕生を容認するという譲歩をしてまで、スターリンの口から「ドイツ降伏の三カ月後」であることを聞き出させている。さらに、米英ソ三カ国首脳会談の開催を「七月十五日頃」と同意させ、英国の首相チャーチルが早期開催を繰り返し求めても、頑として応じようとはしなかった。

七月四日にニューメキシコ州で行なわれる予定の原爆実験。その成功という強力なカードを持って、スターリンとの首脳会談に臨むためだ。元駐ソ大使ジョゼフ・デービスは五月二十一日の日記に「(引き延ばしには)まだ誰にも話していない別の理由がある」とトルーマンが語ったことを記している。またスティムソンも日記にこう書いた。「もう少し待つなら、恐らくわれわれの手の内にもっと多くのカードを持つことになろう」と。

それと同時期、五月三十一日と六月一日には原爆開発に関わった科学者を集め、会議を牛耳ったバーンズは、「できるだけ早く日本に対して原爆を使用する」「目標は都市とする」「事前警告をしない」の三項目、いわゆるバーンズ・プランを決定する。

原爆実験は予定より遅れたものの、七月十六日に行なわれ、「恐るべき爆弾」の威力が証明された。そしてポツダムでの三カ国首脳会談も、二日遅れの七月十七日に始まった。

その会談の場でトルーマンは、スターリンの口から対日参戦が八月十五日前後になることを聞いている。トルーマンはそのときのことを日記に、「ソ連が参戦する」と喜び、さらに妻にまで「これで日本はお終《しま》いだ」と手紙を書いている。

このトルーマン歓喜の理由が、「ソ連参戦による戦争終結」ではなかったことは、複数の研究者が指摘している。ソ連参戦で日本が降伏するなら、原爆を使用する理由がなくなり、戦後の「原爆投下は止むを得なかった」との弁明とまったく矛盾するからだ。ちなみに八月六日、広島への原爆投下を聞いたトルーマンは「いままでに一番嬉しいことだ」と周囲の兵士と新聞記者に語っている。トルーマンが歓喜したのは、ソ連の参戦が予定よりもさらに一週間遅く、原爆投下までの余裕ができたからではないだろうか。

七月二十四日、トルーマンは原爆投下命令の案文を作成。そしていよいよ七月二十六日に「ポツダム宣言」を発表する。ここには、最初の草案とは大きく異なる点があった。共同署名国からソ連が消されていたこと。そして、第十二項目「天皇の地位の保持」が、まるごと削除されていたことである。

当時、日本は六月二十二日の天皇の「戦争終結の決意」を受け、降伏の準備を進めていた。七月十二日には、東京からモスクワへ「大至急・親展」と電報が打たれたが、その内容は米国陸軍情報部に解読され、日本が、早急な和平を求め、ソ連を仲介役にしようとしているという情報は、トルーマンのもとに届いていた。

共同署名国からソ連を外すことによって、日本をしてソ連が和平の仲介に立ってくれるものと信じこませた。そして「天皇の地位の保持」を削除して、日本にこの宣言を無視させるように企んだ。さらに巧妙なのは、ポツダム宣言は、それが最後通牒であることを意識させないように、形式も伝達方法も公式の外交文書とは違う「宣伝文書」のような形で発表したのである。

かくして気息奄々《きそくえんえん》だった日本の降伏は遅れ、原子爆弾は何の警告もなく、八月六日に広島、八月九日には長崎に投下された。ソ連は広島に原爆が投下されるや、日本がただちに降伏することを恐れ、予定を早めて八月九日に満州に侵攻した。

そして八月十日、日本政府は「天皇の国家統治の大権を変更するとの要求を包含していないとの了解のもとに」との条件をつけて、米国政府にポツダム宣言の受諾を伝達。米国は天皇の地位の存続を暗黙のうちに承認した「バーンズ回答」を出した。しかし、その内容は実質的には「天皇条項」を復活させただけのものだった。

結局、七月二十六日のポツダム宣言で「天皇条項」を削り、八月十一日に再び「天皇条項」を戻すまでの十六日間は、二種類二個の原子爆弾を日本に投下するための期間でしかなかったのである。

広島と長崎では、四五年末までの間だけでも死者数が二十一万人にのぼり、その後も犠牲者は増え続けた。しかし、これだけの被害を生み出しながら、原爆はトルーマンの期待したような結果を何ももたらさなかった。米国が原爆という「スーパーパワー」を保持しているにもかかわらず、アジアでは中国の内戦が共産党の勝利に終わり、五〇年には朝鮮戦争が勃発。東ヨーロッパのソ連支配は、ポーランドのみならず周辺諸国にまで拡大した。原爆は抑止力にも威圧にもならなかったのである。

残念でならないのは、もしトルーマンとバーンズの登場がなければ、日本への原爆投下はなかったということだ。ルーズベルトは、ソ連と中国共産軍の脅威を意識し、日本降伏に向けて、知日派のジョゼフ・グルーを極東問題局長に起用。グルーは、天皇制維持を条件に日本を降伏させようと奔走していた。米国政府内でただ二人だけといっていい原爆投下強硬派だったトルーマンとバーンズには共通点があった。二人とも、日本に対する関心も知識も皆無だったことである。

米国の研究者や米国民が、自国の名誉のために「百万人伝説」を信じ続けることは、理解できなくはない。だが、日本人研究者が六十年たった今になっても「ポツダム宣言を無視したから原爆が投下されたのだ」などと平然と言い続けるのは、あまりに無神経かつ無責任ではないのか。

六十年間隠蔽されてきた原爆投下の真実に、日本人は今こそ向き合うべきなのである。（談）

（SAPIO、二〇〇五・八・二四／九・七）

なぜ原爆は投下されたのか――対談／櫻井よしこ氏

――この八月六、九日（二〇〇五年）は六十回目の「原爆忌」となりますが、近年、「原爆投下は（わが国の）侵略の当然の報い」とする原爆投下容認論が一部の教育現場に浸透していま す。たとえば平成九年三月、本島進・元長崎市長が広島平和教育研究所の年報『平和教育研究』に発表した「広島よ、おごるなかれ」という論文では、「広島は戦争の加害者」「第五師団（広島）は凶暴なる殺人軍団」「最重要軍事基地が最大の爆弾攻撃を受けるのは当然」「戦争をしかけたのは日本だよ。悪いのは日本だよ」などという主張がなされています。

これとまったく同じような論理構成で、広島が「軍都だから」原爆を投下されたと結論づけ、「そのような過ちを繰り返さないことが大切」と被爆の責任が日本側にもあるかのような一方的な記述のある中学校歴史教科書（東京書籍）が平成十三年度の文科省の検定を通りました。また平成十四年八月に開館した国立広島原爆戦没者追悼平和記念館の展示に、平成七年の村山富市首相談話に基づいて「誤った国策により」という原爆投下容認論をうかがわせる表記があります。

いずれも日本の歩みに「誤り」があったから、このような悲劇に見舞われたのだという思い込みを前提にするものです。しかし、それがいかに史実に反するかという視点はいまだ十分提示されてきたとは言えないと思います。中国の『人民日報』が「広島、長崎への原爆投下は日本の侵略行為がもたらしたもので自業自得」という論評を掲載したこともあります。こうした状況下、鳥居さんの『原爆を投下するまで日本を降伏させるな』（草思社）という本が刊行されました。

鳥居　同書の〈まえがき〉にも記しましたが、アメリカの原爆投下についてはこれまで二つの〝伝説〟がありました。一つは、百万人のアメリカ兵の生命を救うために原爆を投下したのだというトルーマン大統領の口上です。多くのアメリカ人が決まってこれを主張してきました。

もう一つは、昭和二十年七月二十八日、首相だった鈴木貫太郎が、ポツダム宣言を無視するといった意味合いで、宣言を「黙殺する」と語ったことが原爆投下を招いたのだという伝説です。多くの日本人がそれを信じたばかりでなく、少なからぬ歴史研究者がそれをおうむ返しにしてきた。たとえば東京大学教授だった岡義武は、鈴木首相がポツダム宣言を黙殺したことが、広島、長崎への原爆投下になったのだと『近衛文麿「運命」の政治家』（岩波書店）に書き記しました。それらの伝説を信じた研究者は、トルーマンは原爆を投下するかどうかずっと決めかね、ひどく苦しんでいたのだ、最後まで態度を決定できないでいたのだ、彼は日本政府の本心をついに摑めなかったのだと、まったく自分の想像を書き綴ることになったわけです。だが真実はそんなところにはない。私はそのことを証したくてこの本を書いたのです。

櫻井　そもそもトルーマンの苦悩を前提に考え始めるところに問題があります。以前、戦後日本を占領したアメリカ軍がどのような情報統制・操作によって日本人をコントロールしたか、その素材の一つとしてＧＨＱ（連合国軍総司令部）民間情報教育局によって編纂され、昭和二十一年八月二十五日に発行された『眞相箱』という本の解説をしたのですが（『「眞相箱」の呪縛を解く』小学館文庫）、同書の内容はずばり、悪しき国日本の、悪しき戦争である、アメリカから見た「太平洋戦争」を、もっともらしく日本人が書いたかのような体裁にして日本人に教え、浸透させようとしたものです。

――その本は、当時のラジオ番組『眞相箱』の台本をまとめたものですね。

櫻井　そうです。『眞相箱』より少し前に『眞相はかうだ』という十回シリーズの番組が放送されています。放送開始は昭和二十年十二月九日、敗戦から四カ月弱の日本人がまだ虚脱状態にあった頃です。時間帯は日曜日の午後八時から三十分というゴールデンタイム、ＮＨＫラジオ第一・第二の同時放送という念の入れようでした。『眞相はかうだ』から『眞相箱』、さらに『質問箱』と名称を変えて同種の番組は昭和二十三年八月まで約三年間続けられたわけですが、解説を書くにあたって『眞相箱』そのものを読み込んでいくうちに、本当にうんざりさせられました。これでもか、これでもかというふうに、日本は悪い国で、好戦的で、愚かで、アメリカの平和への努力を認めないまま戦争に突っ走っていったと、繰り返しいろいろなバージョンで刷り込もうとしている。そしてアメリカが、そんな悪い日本軍と日本政府から日本国民を救うためにどれほど努力をしたかということが、これまた繰り返し強調されているのです。最初は一項目ずつ解説を書いていったのですけれど、そのうちくたびれ果ててしまいました（笑い）。

鳥居　その放送ではアメリカの原爆投下はどのように日本国民に伝えられていますか。

櫻井　『眞相はかうだ』では、日本がポツダム宣言への回答を連合国にしなかったことへの当然の報いという文脈で語られています。先ほど鳥居さんがおっしゃったとおりですね。しかもポツダム宣言が、いかに「人道的で寛大かつ非懲罰的な降伏条件」であったかが強調されています。

番組では、「原子爆弾を広島の軍事施設に投下しました。ダイナマイト二万トンに相当する破壊力を持つこの原子爆弾は兵器廠都市、広島の六割を一掃してしまいました」というナレーションがあり、長崎についても、「長崎軍港の軍事施設と三菱ドックに投下されました」と、目標が日本の軍事都市だったように語られています。日本が悪かったのだから、日本は原爆を投下されても当たり前であり、しかも目標はすべて軍事都市だったという文脈で日本人を〝再教育〟しているわけです。まさに先の本島氏の主張や歴史教科書の記述の淵源を示すような内容です。

――占領期間中のＧＨＱによる検閲と情報操作の実態は故江藤淳氏の労作『閉された言語空間』（文春文庫）にも詳述されていますが、その影響は、独立回復後半世紀以上を経てもなお日本人の思考に大きな足枷となっている。

鳥居　嘘やごまかしの永きにわたる流通をどこかで断ち切らなければならない。原爆投下を正当化する理由のうち、まず百万人の戦死者云々についていえば、ルソン島と硫黄島と沖縄戦におけるアメリカ軍の戦死者の総計が二万七千人程度であることから考えて、日本本土上陸作戦で百万人という数字は戦傷者を加えてのことだとしても桁外れに多いと言わざるを得ない。

そもそも原爆を投下する前の四カ月間、本土上陸作戦で予想される犠牲者の数に懸念を表明するアメリカ陸軍の首脳はいなかったのです。海軍の首脳にもいません。陸軍参謀長のジョージ・マーシャルも、九州に強襲上陸を予定していた太平洋方面軍司令官ダグラス・マッカーサーもそんな数字を挙げたことはない。戦死者だけであれば一万人以下という推定であり、アメリカの軍首脳のうち誰一人論じることもなければ、考えもしなかった百万人の犠牲者という数字が登場したのは、アメリカの正当性と大統領の名誉を守るため、原爆の開発、製造のすべてに精通していた陸軍長官ヘンリー・スティムソンが、戦後になってからかつての部下の協力を得て創作した〝弁護〟によるものです。

すでに昭和二十年六月二十二日、昭和天皇は、鈴木貫太郎首相、東郷茂徳外相、阿南惟幾陸相、米内光政海相ら最高戦争指導会議の六名の構成員を前に、非公式の懇談会ながら「時局収拾」を求めています。内大臣木戸幸一によって事前に根回しされたもので、天皇の態度決定により、政府と統帥部は戦争終結に向かって第一歩を踏み出したと言ってよいのです。当時、鈴木首相はアメリカ政府が間もなく降伏条件を明示してくるのではないかと予測していました。そのために、アメリカ側に甘く見られ、日本が降伏を求めているのだと思われてはならないと考え、戦い抜くことで政府の意志は統一しているのだと内外に見せるため、六月九日から十三日まで臨時議会を開いたわけです。

鈴木首相はアメリカが日本に対する降伏条件を明らかにするのはドイツの降伏のあとと思っていましたが、ドイツ降伏後も、沖縄戦のあとになっても、アメリカは一向に降伏条件を示してこない。それで鈴木首相の「継戦意志」によるポツダム宣言の黙殺（拒否）と、それへの応報としての原爆投下という流れが単純に語られてしまうのですが、真相は別のところにあります。なぜアメリカは——というよりトルーマンは——、当初ポツダム宣言を公表するにあたって、日本がそれを受け入れないように入念な細工をほどこし、陸軍長官スティムソンの原案から天皇の地位保全の条項を削ってしまったのかということです。

さらには日本側をしてその宣言が正式の外交文書だと思わせないようにつくり、最後通告だという認識を持たせないように細心の注意を払い、日本側が間違いなく黙殺するように仕組んだことに目を向ける必要があります。日本の歴史研究者の多くが見落としているのは、トルーマンと国務長官バーンズは都市に原爆を落とす実験を終えるまで、日本を降伏させなかったという単純な事実だけでなく、投下を終えたあとにトルーマンとバーンズが日本に対して行った譲歩は、本当はポツダム宣言の草案から外した天皇の地位保全条項を加えただけであるにもかかわらず、そうとは気づかせないように企んだ策略、その巧みな隠蔽工作についてです。
それらを踏まえて、私がこの本で考究した主題を端的に述べれば、「アメリカ合衆国大統領ハリー・トルーマンと国務長官ジェームズ・バーンズの二人は、原爆の威力を実証するために手持ちの二発の原爆を日本の二つの都市に投下し終えるまで日本を降伏させなかった」ということに尽きます。

櫻井　ポツダム宣言までに原爆を完成させていたアメリカが、ソ連の対日参戦（満洲侵攻）がなくとも日本を制圧できるとして急ぎ原爆を投下したというのが歴史の真実でしょう。さらに、新兵器の効果を試すというのもそうでしょう。鳥居さんがこの本で論じられたように、トルーマンが執拗にソ連の対日参戦日を気にし、昭和二十年五月下旬にルーズベルトの個人特使だったハリー・ホプキンズをモスクワに派遣し、ポーランドの処遇をソ連に委ねることをモロトフ外相に約した上で、正確な対日参戦日を聞き出させようとしたのはそれを証する事実の一つだと思います。

鳥居　トルーマンとバーンズが望んでいたのは、スターリンにヤルタ会談で取り決めた対日参戦の確約を求めることではなく、満洲侵攻の期日がいつであるかを知ることでした。原爆投下準備の完了する八月一日以前に、ソ連の大規模な機甲部隊が満洲に攻め込むことになれば、一体何が起こるか。中立条約を一方的に破っての侵攻となって、日本のショックは計り知れない。一解読した東京とモスクワの日本大使館の外交電報から判断すれば、日本はソ連に和平の仲介を依頼するつもりのようだ。となれば、ソ連参戦からほどなく日本は連合国に降伏してしまうかも知れない。

　そうなったら、トルーマンとバーンズが考えたばかりの計画は根本から崩れてしまう。かりに日本が昭和二十年七月のうちに降伏してしまったら、「一発で一都市全部を吹き飛ばすことができる爆弾」は宝の持ち腐れとなってしまう。そればかりか、原爆を製造するために、完全な秘密のうちに巨額な資金を投じてきたことが、戦争が終わってしまえば、原爆製造のための支出をレスリー・グローブス（原爆開発、製造の最高責任者）管轄下の工兵団の予算の中に隠しておくことができなくなり、議会の承認が必要になる。原爆の完成、使用がないまま戦争が終わってしまえば、どうやってそれまでの巨額な資金の支出と、それが今後も必要なのかを国民と議会に納得させればいいのか。

　それからもう一つの懸案、ソ連の指導者をいかにして恐怖させ、威嚇することができるか。一機の爆撃機が積む一発の爆弾が十万人以上の市民を殺傷し、一つの都市を灰燼に帰して見せてこそ、東ヨーロッパで、満洲で、スターリン支配の拡大を阻止できるのではないか。このような思惟をめぐらせたトルーマンとバーンズは、ソ連の対日参戦が八月八日だと聞き出すことができたとき、恐らくは会心の笑みを浮かべて欣喜雀躍の体だったでしょう。

櫻井　実は、『原爆を投下するまで日本を降伏させるな』を、ロバート・スティネットの『欺瞞の日――FDRと真珠湾の真実』（邦訳文藝春秋）と重ね合わせるように読んでみたのですが、共通して痛感させられたのは、当時の日本がそれなりの軍事力を持ちながら、いかに情報力がなかったのかということなのです。日本軍の真珠湾攻撃については、これまでもルーズベルトが誘引して日本による「卑劣な騙し討ち」を〝演出〟し、渋るアメリカ国民を第二次大戦の参戦に踏み切らせたのだという陰謀説はありましたが、『欺瞞の日』が従来の類書と異なったのは、それを「疑いなく正しい選択」だったと結論づけた上で、正しい選択であったのだから真実を堂々と明かせばよいという立場で一貫していたことです。

それまで多くの日本人をふくめ一般には、真珠湾攻撃に向かった日本の機動部隊は厳格な「無線封止」を敷いていたからアメリカ側に一切気づかれることなく、十二月八日（日本時間）の奇襲に成功したのだと思わされていたのが、事実はまったく逆で、十一月末に千島の単冠湾に機動部隊が集結した時点から、アメリカ側はほぼすべての日本奇襲部隊の動きを逐一把握していたことが示されています。

しかも奇襲十四カ月前の〈対日開戦促進計画（マッカラム覚書）〉に始まって、奇襲前月の十一月に発令された「真空の海」命令による奇襲受け入れ海域の創出という周到な罠に至るまで、解読されてしまっている暗号信号によって行動している日本海軍と、ルーズベルト政権の非情さと狡智のあまりの対照に、〝情報戦争〟というものに端《はな》から敗れ、「暴発」に向けて追い詰められていく日本の国家としての脆弱さに愕然とせざるを得ませんでした。何と隙だらけだったのだろうと。開戦時そうだったことが、終戦時においても同じように繰り返されている。トルーマンとバーンズの意図を見抜けないまま、ソ連を和平の仲介者として考えていたことなど、戦争の反省や教訓を口にするならこうした点も是非とも含めなければならない。

戦後六十年経ってもこうした非情にして複雑な国際政治の現実に大多数の日本人が思いを致していないという気がします。たとえば靖国問題にしろ歴史認識の問題にしろ、中国のプロパガンダに日本の政治家やマスコミが振り回されている現状が突き付けてくるのは、国家としての戦略を持ち得ないまま、戦後ずっと「諸国民の公正と信義に信頼して、われらの安全と生存を保持しようと決意し」てやってきたツケの致命的な大きさにいい加減気づかなければならないという問題意識です。少なくとも、戦後日本人が信じてきた歴史は、もしかしたら操作された歴史ではないかと疑ってみることぐらいは必要でしょう。

――日本がなぜ大東亜戦争に突き進んでいったのかという事情を、実は戦後の日本人が知らない。

櫻井　ジョン・アントワープ・マクマリーは、一九三〇年代に発表した『平和はいかにして失われていったか――大戦前の米中日関係もう一つの選択』（邦訳原書房）の中で、「日本がアジアを戦争に投げ込むドラマの悪役であると（アメリカは）信じていたが、日本の一九三〇年代の強引な政策は、一方的な侵略とか軍国主義のウイルスに侵された結果などではなく、それに先立つ時期のアメリカを含む諸国の行為がもたらしたものだ」と指摘し、中国を優先し、正当な理由なく日本を退けた米英の政策の非を説いています。しかしながら、この明晰な分析は当時まったく受け入れられませんでした。

一九二一年のワシントン軍縮会議は、アメリカがあからさまな形で中国に肩入れを始めた会議でもありましたが、私たちは、ワシントン会議の条文とその精神を最も忠実に守ったのは日本であり、ワシントン体制を維持できるかどうかは中国の自制と、それを明確に中国に要請すべきだった米英、とくにアメリカの態度にかかっていたということを知っておかねばなりません。

鳥居　もともとルーズベルトは蔣介石の中国を、世界の秩序維持のための四大国の一つとしてイギリス、ソ連に認めさせ、同時に東アジアにおけるアメリカの利益代表にするという構想を持っていました。ところがそれを打ち崩したのが、昭和十九年四月に敢行された一号作戦だったのです。この一号作戦については、戦後の日本を含めた東アジア全体に計り知れないほど大きな影響を与えることになったにもかかわらず、戦後、いかなる論者、歴史研究者も誰一人そのことを取り上げていません。

一号作戦を計画したのは服部卓四郎で、中国大陸を縦断し、北京から漢口、そして広東まで、また漢口から衡陽、桂林、柳州、南寧、ハノイまでの鉄道を打通するという大規模なもので、作戦目標は二つありました。まずは南方の占領地と日本との間の地上交通を確保し、朝鮮、満洲、華北、華中、華南、インドシナ半島を結ぶ大回廊を構築すること。そうしてこそ長期戦を戦い抜くことができる。さらにアメリカ空軍の江西省の基地を叩き、江西省の桂林、柳州に建設しようとしている日本本土爆撃のためのB29の発進基地を破壊する。

四月十八日に黄河を渡河した十四万人の北支那方面軍は、京漢線沿いに南下を開始しましたが、アメリカ空軍の偵察隊は、重慶政府（国民党）の四十万以上の軍隊が日本軍と干戈《かんか》を交えることなくたちまちのうち四分五裂してしまったことを確認します。詳細は拙著をご一読いただくとして、日本軍の河南省侵攻と、蔣介石の部下の率いる大軍があっという間に瓦解してしまったという電報がルーズベルトにもたらされたとき、彼の脳裏によぎったのは重慶駐在のアメリカ軍代表ジョゼフ・スティルウェルの「もう一度日本軍の攻撃があれば蔣介石は倒されることになるかも知れない」という献言であり、スティルウェルの政治顧問だったジョン・デイヴィスの「中国の将来は中国共産党にかかっている」という説明だったでしょう。

ルーズベルトが恐れていたのは、日本が敗北したあと、肩入れしている蔣介石ではなく毛沢東が日本軍の占領地を自分の支配下に置くことであり、毛が必ず勝てると思って国民党との戦いに踏み切ることでした。蔣介石も戦うだろうから、中国の内戦は不可避となり、内戦が始まってソ連が延安を支持し、中共側に加担すれば、アメリカとソ連との関係は間違いなく悪化する。そうなれば、中国が安定した存在になることが東アジア全体の安定の基盤になり、アメリカの利益代表になるというルーズベルトの夢は潰《つい》え、彼が思い描いていた米ソ英中の「四人の警察官」構想も瓦解してしまう。

櫻井　日本との戦争が長引けば長引くほど国民党政府の力は弱まり、延安の共産党の力は強くなる。そのあとに内戦の起きる可能性は高まるとルーズベルトは考えたわけですね。さらにそれを回避するためには、ドイツを降伏させたあと、一刻も早く日本を降伏させることが必要であると。

鳥居　そうです。日本に対しては無条件降伏しか念頭にない強硬派だと見なされたルーズベルトですが、一号作戦が開始されたあとの昭和十九年五月、長らく駐日大使を務めたジョゼフ・グルーを国務省極東問題局長に起用したその政策転換をこそ見なければならない。前任者のスタンレー・ホーンベックは国民党政府を贔屓にしていました。日本嫌いの彼は日本を戦争に追いこむために絶対的な手を――対日経済封鎖を強く主張したほか、近衛文麿が望んだ日米首脳会談にも強硬に反対をしたことなど――、いくつか打ったことが知られています。しかも戦争が始まってからは、日本の君主制（天皇制度）は廃止すべきだと説いた。

櫻井　グルーはルーズベルトとは古くからの友人ですね。ボストンの名門私立寄宿学校の学友であり、ハーバード大学の同窓でもあった。彼は駐日大使として昭和七年六月から、交換船で帰国する十七年六月までの十年間東京にいて、その対日姿勢はホーンベックと比べれば水と油でした。近衛・ルーズベルト会談の実現を強く望み、日本に対する経済封鎖には反対でした。そして戦争が始まってからは、日本人の天皇制度こそが戦後の日本を安定させるのだと説いて回っている。戦後の日本が経済的混乱から社会不安を誘発しようとも、大陸の中央にあるドイツと違って島国の日本だけに限定されるから、懸念される必要はないと説いたホーンベックとは大違いです。ルーズベルトはずっとそのホーンベックを用いていたはずなのに、なぜグルーに代えたのか。その変化をもたらしたものが一号作戦であるというわけですね。

ルーズベルトはその後さらに、彼のもとで十一年間も国務長官を務めたコーデル・ハルを国務省から外して、グルーを国務省の日本担当の最高責任者（次官）に就けます。昭和十九年五月に刊行されたグルーの著書『滞日十年』の原書は、シベリア経由の外交行嚢で日本に持ち込まれ、ごく限られた人たちだけとはいえ閲覧もされていました。それなりにグルーのメッセージを読み解ける人間が日本側にいなかったわけではない。グルーはポツダム宣言の起草に際して、間接統治方式や天皇制度の存続などをトルーマンに進言しますが、もし昭和二十年四月十二日にルーズベルトが急死しなかったら、日米関係は一体どうなっていたでしょうか。

鳥居　ルーズベルトがグルーを起用したのは、国民党政府のために一刻も早く日本を降伏させ、戦争を終わりにしたかったからです。しかしグルーは考え方が異なっていたと思います。グルーは一九四五年五月初めの段階で、海軍長官フォレスタルと会談していますが、将来の東アジアを担うのは中国ではなくて日本であり、日本をもり立てなければならないというような考えをフォレスタルが示し、グルーもそれに賛成したことがフォレスタルの日記に記されている。

ルーズベルトが蔣介石のために戦争の早期終結を考えていたのに対し、グルーはもっと前向きに日本に対する評価が前提にあった。したがってルーズベルトが急死しなければ、グルー案による日本への降伏条件の緩和によって戦争終結そのものは早まったかも知れませんが、戦後処理の構図についてはかなり食い違いが生じた可能性があります。いずれにせよ、ルーズベルトとまったく別の構想を抱くようになっていたトルーマンが自ら〝予定表〟をつくった時点で、グルーにはもはや実質的な出番はなかったと言える。それからルーズベルトなら、原爆という新兵器をどのように世界に向け公開したか。これをトルーマンと比べて歴史のｉｆとして考えてみることは、決して無駄ではないと思います。

櫻井　ルーズベルトならどうしていたでしょうか。

鳥居　原爆実験を行って、それが成功したあとソ連の指導者に向かって、ある新型爆弾を開発、製造したと通告することが、対ソ関係を悪化させないために必要なことだと判断しただろうと私は考えています。原爆や原子力の国際管理がやがて必要になると、彼は思っていたかも知れません。いずれにせよ「四人の警察官」構想からして、スターリンにアメリカへの不信感をいたずらに抱かせないようにすることが何よりも肝要だと考えることになったのではないでしょうか。

ルーズベルトは第二次大戦に参加しようと決意して以降、この戦争の間中ずっと心掛けていたことは、世界史の壮大なドラマの大舞台でいつも自分が主役を演じているのだという意識でした。だからルーズベルトがスターリンに向かって、大変な威力の新兵器を持っているのだということを告げることに強い関心を持つことはあり得た。しかし、トルーマンのように首脳会談の日取りを一カ月以上も遅らせてまで、スターリンにそれを直接言わねばならないと思い詰めることになったとは思えない。指導者の性格が、その国の政策にどんな色彩を投げかけるかというのは常に国際政治の考究のテーマですが、その視点から言えば、ルーズベルトのｉｆとトルーマンが実際に採った政策の差異にはその性格に起因するものがあったと言ってよいでしょう。

櫻井　鳥居さんはトルーマンについて、「ルーズベルトとは雲泥の差があった」とお書きになっていますね。

鳥居　エドワード・サイデンステッカーが挿話として書き残していますが、ルーズベルトの死を知らされた彼が新大統領にチャンスを与えるべきだと口にした途端、仲間たちから小突き回され、何を気取ったことを言ってるんだと非難を浴びています。誰もが新大統領を小馬鹿にしていた。あれはミズーリの田舎町の雑貨屋だ、しかも倒産して店じまいした雑貨屋だ、そんな男がまったくの偶然からこの偉大な国の指導者になるなんて、俺たちも浮かばれないよと言い合っていたという（笑い）。

実際、トルーマンはホワイトハウスで毎日のように会う文官や高級軍人たちに敬意を払われても、それは転がり込んだ彼の地位に対してであって、彼らから内心は馬鹿にされ、疑われ、信頼されていないのではないかと常に気づかっていたのは間違いないところだったと思います。

櫻井　たしかにトルーマンは、彼の部下の多くの高官たちと違ってエールやハーバードといった一流大学の卒業生でもなければ、歴代の大統領の中でも珍しく大学を出ていない大統領でした。

鳥居　トルーマンは同盟国の指導者にも引け目があった。イギリスのチャーチル、ソ連のスターリンともに、大戦争の遂行にそれぞれ大きな役割を果たしてきた。ところが彼には自慢できることが何もなかった。スターリンにも、チャーチルにも、また彼らの配下の将軍たちにも見くびられているのではないか、とトルーマンの気掛かりは尽きなかったのではないでしょうか。私はそう見ています。

原爆について説明を聞いたとき、彼はこれは面白いぞと思い、これを自分がしっかり握りさえすれば、誰にも後ろ指を指されることはなくなる、スターリンやモロトフを震え上がらせることができる、チャーチルに頭を下げさせることができる、自分はプロメテウス以来の英雄になれると気づいた。原爆はルーズベルトの遺産です。ルーズベルトは原爆実験の日取りを知り、それを実戦に使うことできる期日を承知しながら、どのように使うかについて、いかなる目論見、指示も残さなかった。トルーマンを助けたのはルーズベルトのその秘密主義だったわけです。

トルーマンが新大統領になり、国務長官バーンズが彼の新たな協力者となって、広島、長崎に二発の原爆を投下するまでの四カ月足らずの間、二人の議論は何一つ明らかにされることなく、二人が決めたことは何も文字として残されていません。しかし、昭和二十年五月末、トルーマンとバーンズはモスクワに派遣したホプキンズからの電報を読んだあと、きっと「四つの期日」を記した予定表をつくったことでしょう。原爆実験の予定日（七月四日）、英米ソ三国首脳会談の開幕日（七月十五日）、原爆投下の準備が整う日（八月一日）、ソ連参戦の日（八月八日）の四つです。実際には実験予定日が七月十六日、首脳会談開幕日が七月十七日、ソ連参戦が八月十五日と変わりましたが、投下準備が整った日は予定どおりで、全体の配列にはまったく狂いは生じなかった。

もちろん、そこに至るまでのトルーマンとバーンズの謀《はかりごと》についての私の主張のある部分は推測を繋げることにならざるを得なかったわけですが、トルーマンが語ったこと、スティムソンが戦後に述べた説明のみを歴史の案内人として、自らの推理、考察をおろそかにすれば、事実からまったく懸け離れた憶測や想像を叙述するだけに終わるでしょう。

櫻井　その事実から懸け離れた話だけで歴史を眺めてしまうと、原爆投下はアメリカ軍兵士「百万人」の生命を救うためという伝説と、鈴木貫太郎首相によるポツダム宣言の「黙殺」への応酬という伝説につながってしまいます。

鳥居　原爆を投下し、日本が正式に降伏したとき、トルーマンは歴史上ほかにないような大きな賭けに見事に勝ったのだという満足感に浸ったに違いないと思います。くだんの予定表に合わせて一つ一つ問題を片付けていき、その間、バーンズ以外の、政府と軍の高官の反対と異論を巧みにかわし、結果的に彼が望んだとおり世界に向けて原爆という新兵器を最上の方法で公開して見せるのに成功したわけですから。

しかしその後の国際情勢を見れば、その喜びは皮肉なことに個人的な満足にしかすぎなかったと言える。トルーマンとバーンズは広島と長崎を破壊して見せたにもかかわらず、中国の内戦を阻止することができず、中国が共産主義の国になることを押しとどめられなかった。一九四八年夏には、スターリンをして平然とベルリンの封鎖を試みさせ、一九五〇年六月にはスターリンの支援を受けた金日成に韓国への侵攻を許すことになった。

——朝鮮戦争において原爆使用を主張したマッカーサーがトルーマンに解任されますが、アメリカが原爆を絶対的に独占していた時期、ソ連が原爆を開発したあとも報復能力の弱かった時期においても、なぜトルーマンは原爆攻撃を思いとどまったのでしょうか。

鳥居　満足は一時のもので、さすがに広島、長崎に原爆を投下したことに悔恨の念を持つようになっていたからではないですか。

櫻井　戦前のアメリカと日本と中国の関係を見ると、非常に複雑な思いになります。ゼロサムゲームだったという気がします。先の大戦では、敗北した日本は無論のこと、アメリカも中国（中華民国）も、結果的には戦争目的としたはずの国益を守れなかった。得をしたのは版図を広げたソ連と蔣介石を台湾に追いやって国を手に入れた毛沢東の中国共産党であり、勝者のはずのアメリカは、その後の冷戦の膨大なコストを負わなければならなくなりました。

一体こうした歴史を私たちはどのように受け止め、今後の教訓にしていくべきか。国際政治においては、相手にいかなる情報を与え、また同時にいかなる情報を得て的確に分析するかという問題がとても大切だと思います。今思い出したのですが、『フォーリン・アフェアーズ』二〇〇一年一、二月号で元米国務次官で現通商代表の要職にあるゼーリック氏がおおむね次のように論じていました。

極東における日中韓の関係が非常にセンシティブで、常に日本が戦争の加害者として非難される対象とされているけれど、それはアジアおよび世界のために大きな不安定要因となる。日本に対する歴史的な非難の論調を正していくことができるのはアメリカだけであり、アメリカは韓国や中国に対してエモーショナルな面からも働きかけることで、日本がアメリカおよびその同盟国と一緒に東アジアの安全保障上の責任を果たしていけるようにすべきである。

この論文が発表された前年二〇〇〇年十月には、「アーミテージ報告書」が出されていて、今後アジアにおいてアメリカはどの国と結んで秩序を維持すべきかという問いかけに、それは間違いなく日本であると言い、日本が集団的自衛権行使など国家の独立に関わる問題をクリアして「普通の国」をめざすことで、日米関係はより強固になっていくというものでした。これはアーミテージをはじめ民主・共和両党派のブレーンによって書かれた報告書ですけれど、ゼーリック氏の論文を含め、アメリカはこうやってさまざまなチャンネルを通じて国家戦略に関するメッセージを同盟国に対しても周辺国に対しても発している。

こうした情報に対する感受性がいかに大切かということを、私は情報戦争としての謀略や陰謀というものに対する警戒とともに、今の日本人は強く自覚しなければならないと思います。

むしろその感覚は戦後の今のほうが鈍っているのではないか。グルーの発したメッセージへの日本側の対応という、鳥居さんがお書きになった歴史のｉｆではありませんが、『原爆を投下するまで日本を降伏させるな』を読みながら、実はこうした危機感を強く覚えました。

鳥居　先に櫻井さんもスティネットの『欺瞞の日』について触れられましたが、私もまた一つの相似形を指摘しておきたい。すなわち一九四一年九月から十一月まで、アメリカの指導者が是が非でも日本を戦いに追い込もうとした三カ月、そして一九四五年五月から七月までの、これまたアメリカの指導者が絶対に日本を戦い続けさせようとした三カ月、二人の指導者が望んだこと、やったことが恐ろしいほどに似通っていると考えるのは穿《うが》ち過ぎでしょうか。そしてその対称の位置に、昭和十六年と二十年の日本政府と軍の首脳たちが望んだこと、やったことがある。これをきちんと考究することなしに、日本が本当の意味で情報戦争を勝ち抜く力、プロパガンダを打ち破る歴史力を身につけることはできないと思います。

（月刊正論、二〇〇五・九月号）

櫻井よしこ氏

ジャーナリスト。国家基本問題研究所理事長。ベトナム生まれ。ハワイ州立大学卒。「クリスチャン・サイエンス・モニター」紙東京支局員、日本テレビ・ニュースキャスターを経て、フリーでジャーナリスト活動を展開。『エイズ犯罪・血友病患者の悲劇』（中央公論社）で第二十六回大宅壮一ノンフィクション賞受賞。『日本の危機』（新潮社）を軸とする言論活動により第四十六回菊池寛賞受賞。近刊に『櫻井よしこの日本再興』（ダイヤモンド社）。

原爆投下のおかげで日本人もアメリカ人も救われたと言われたら

半世紀前のことになる。一九五五年だった。学者、エッセイストでもある加藤恭子はそのときミズーリ州のセント・ルイスに留学していた。日本人の存在が珍しいのが理由だったのであろうとのちに彼女は語るのだが、講演を依頼された。

彼女が話し終えたあと、聴衆の女性のひとりが教えてあげようといった調子で、「原爆はね、アメリカ人、そして日本人のためにも落としたのよ」と語った。

加藤が「私は、そうは思いません」と反駁したことから、何人かが説明を求め、彼女は答えざるをえない羽目になった。

「日本を降伏させるのが目的であるなら、原爆投下は必要なかったと思います。なぜなら、その一カ月前に日本はソ連に降伏斡旋を頼んでいましたし、日本には降伏する意志があったからです」

「では、アメリカはどうして原爆を落としたと考えるのか」とべつの女性が問うた。

加藤が「効果を実験したかったのだと思います」と率直に語ってしまったから、会場は蜂の巣を突ついた騒ぎとなり、怒りの声が飛び交った。そのときひとりの男性が立って、「硬貨の裏面を示してくれた今日のゲスト・スピーカー、日本人留学生の勇気に感謝したいと思う」と皆をなだめた。雰囲気は変わって、大きな拍手のなかで講演会は終わった（「文藝春秋」二〇〇六年十一月臨時増刊号）。

その男性が語ったとおり、年若い加藤恭子は勇気があった。だが、見知らぬ、小生意気な日本の女子留学生を弁護したそのアメリカ人が、まことに度量の広い人物だったのである。だれもがかれのように寛大な態度はとれない。

広島に原爆を投下し、市が壊滅したと知ったあと、大統領トルーマンは真珠湾を攻撃した日本人には当然の報いだと言ったのだし、原爆製造の全責任を負ったレスリー・グローブズはバターン死の行進の報復だと語った。

少々落ち着けば、真珠湾、バターンを取り上げるのはさすがに恥ずかしいと思うようになる。そこで加藤が聞いたとおり、「戦争終結を早めた」「多数のアメリカ兵を救った」とアメリカの学校では教えることになる。

そして加藤が説いたように、「効果を実験したかったのだと思います」と主張すれば、ずっと厭味な反論をするアメリカ人の学者も現れるようになる。南京大虐殺を持ちだし、日本は被害者であって、加害者でもあったのだと首をかしげてみせる。

念のために付け加えるなら、これはアメリカ人の反論が上手なのではなく、中国共産党の宣伝戦の勝利なのである。

一九八〇年代の前半、鄧小平は南京に反日記念館をつくるにあたって、犠牲者の数を定めることになった。かれやかれの部下たちがその楽屋裏を明かすことはなかったが、広島、長崎の原爆犠牲者の総数より多い数にしておけば、やがて「アウシュビッツと広島」と非難されるのに我慢できないアメリカ人が、頼まれなくても南京大虐殺の宣伝をしてくれるようになると語り合ったのは間違いないところであった。それは見事に成功した。地下の鄧小平は高笑いをしていよう。

さて、アメリカ人をさらに不快にさせ、鄧小平をさらに喜ばせることになるのかもしれないが、はっきり語ることにしよう。

大統領トルーマンと国務長官バーンズの二人は、戦争を早く終わらせるために原爆を投下したのではない。その二人は原爆を投下するまで、故意に戦争を終わらせなかったのである。

アメリカ人をさらに不快にさせると言ったばかりだが、アメリカ人のなかにも、このような疑いを抱いた人は当然ながらいる。

トルーマン時代には引退していたが、アメリカのある高官は対日戦終了の二年あとの日記につぎのように記した。

「日本の複数の都市で新兵器の実験をする機会をつくるために、スティムソンとマーシャルは戦いを長引かせようとしたのであろうか」

実際にはスティムソンとマーシャルではなく、トルーマンとバーンズであった。スティムソンとマーシャルは無警告で日本に原爆を投下することに最後まで反対していた。だが、投下のあとにはこの二人は大統領をかばい、いくつもの嘘を繰り返し語ったことから、そのときにはだれもがそれを信じ、陸軍長官だったスティムソンと陸軍参謀総長のマーシャルが原爆投下の責任者であると思い違いをしていたのである。

もちろん、トルーマンとバーンズは、原爆の世界公開が終わるまで、日本を降伏させてはならないと事前に洩らしたことはなかったし、事後にもその秘密を守った。

だが、日本向けの宣言のなかに最初はあった「現在の皇室のもとにおける立憲君主制を排除するものではない」といった条項を削ってしまったのは、ポツダムに向かう船中のトルーマンとバーンズの二人だった。

この時点では、すでに日本はさまざまなルートで終戦工作を展開していた。そのなかで、日本側がもっとも懸念していたことが、「天皇の地位保全」であることを、彼らは知っていた。その天皇条項を削れば、日本は対ソ交渉に望みをかけ、その宣言を「黙殺」すると見込んでのことだった。

二種類の原爆をそれぞれべつの都市に投下し、世界公開を済ませたあと、トルーマンとバーンズは自分たちが削ったその条項を復活させた。

まったく同じ条項の形をとらなかったのは、トルーマンとバーンズもさすがにうしろめたかったからであろう。それでもスティムソン、国務次官のグルー、マーシャルは天皇条項の復活だと当然ながら気づいたのだが、沈黙を守ったのである。

そしてこれに気づいていないのが日本の研究者である。「天皇の……権限は連合国最高司令官に従属する」とした八月十一日のいわゆる「バーンズ回答」にたいして、陸軍を中心に反対騒ぎがあったことから、人びとの思考回路はそちらに開いてしまい、その問題の本質、一度は削った天皇条項の復活だという単純な事実を見逃してしまっているのである。

そしてもうひとつ、日本の研究者が見逃しているのは、天皇条項の早急な復活は中国に駐留する日本軍を降伏させるために絶対に不可欠だったということだ。中国の大都市を占領している日本軍の周辺を支配していたのは共産軍だった。日本軍は延安政権と取り引きをするのではないか、共産軍と共同行動をとることになるのではないかとアメリカ政府のすべての幹部は恐れていたのである。

最後に繰り返そう。大統領トルーマンと国務長官バーンズは天皇の地位保全条項を削ってしまい、十八日あとにそれを復活させた。そのあいだに原爆を世界に公開してみせたのである。これが実際におこなわれたことのすべてである。

参考文献

この論考に役立つのは、ガー・アルペロビッツ氏の『原爆投下決断の内幕　上下』（一九九五年）である。私が取りあげたアメリカ高官の日記、前記インタビューもこの著書から引用した。残念なことに版元、ほるぷ出版は倒産した。もうひとつ、残念なのは、出版を急いだためか、翻訳の悪い箇所が散見されることだ。

私の『原爆を投下するまで日本を降伏させるな』（草思社、二〇〇五年）も役立つと思う。

（諸君、二〇〇七・一月号）

「8・15」に思う――原爆投下と終戦の三つの誤解

私は原爆投下に関しての考究、論述があれば、カードに写す習慣がある。最近の久間章生氏の発言も加えた。だが、ここで久間氏の言葉を批評するつもりはない。

トランプのカードを抜くように、カードの箱から三枚のカードを抜いた。熊田亨（藤村信）氏、猪木正道氏、麻田貞雄氏の主張がでてきた。

まず熊田氏のカードを見よう。「トルーマン米大統領にとって、原爆の投下は苦悩の果ての『大いなる決定』ではなかった。在世の間も痛恨にさいなまれた気配はないし、良心安らかに大往生をとげたようである。『広島』は数百万のアメリカ人と日本人の生命を救い出したと信じて疑わないからである」

トルーマン大統領は原爆投下の前後には躁状態だった。

こういう訳だ。かれの周りにいるのは全てルーズベルトの部下たちであり、かれが取り組む仕事は全てルーズベルトが決定した問題だった。ところが、秘密裡に製造されていた原爆をどのように世界に公開するかというまことに重大な問題について、ルーズベルトは没する前にいかなる指示も残さなかった。トルーマンはその恐ろしい爆弾が自分のものだと知って興奮したのである。全ての部下たちの提言、忠告を無視して、かれは原爆を日本の都市上空で爆発させた。

だが、躁状態はいつまでもつづかなかった。この平凡人は原爆投下の問題について数え切れないほどの嘘をつづけている間に、自分はとんでもないことをしてしまったのだという大きな後悔が胸中に留まるようになったのだと私は理解している。中国が朝鮮戦争に介入したときに、原爆の不使用を堅持したのは、かつて老若男女に無警告で原爆攻撃せよと命じたかれだった。

猪木氏の主張はつぎの通りである。「ソ連という侵略国家に、米、英両国と日本との間の講和のあっせんを依頼した愚劣さは、無念というほかはない。広田元首相が駐日ソ連大使マリクを箱根の強羅ホテルに訪ねた恥ずかしい日々のことを、数日前箱根に滞在した時、あらためて想起した」

じつは猪木氏のカードは私が入れる箱を間違えたのだろう、原爆の問題には触れていない。だが、多くの人は日本政府はソ連に頼みをかけ、ポツダム宣言を「黙殺」したがために、アメリカの原爆攻撃を招いたと説いてきている。

事実は違う。日本が和平仲介を求めて、ソ連に特使を派遣しようとしていたことは、アメリカ側が日本の外交電報を解読していたから、トルーマンは全てを承知し、原爆の都市実験を終えるまで、日本を降伏させないことがかれのもっとも留意することになった。そこでポツダム宣言なるものは、日本側が必ずや「黙殺」するようにつくった。まずは正式の外交文書ではなく、宣伝文書の形にした。もともとあった天皇保全の条項をかれ自身が削った。実験終了のあとにそれを復活させる術策を弄しもしたのである。

国際問題研究家の熊田氏は他界された。京大名誉教授の猪木氏と同志社大学名誉教授の麻田氏はご存命である。麻田氏の主張をつぎにみよう。

「原爆投下なしに日本が一九四五年八月に降伏した可能性はきわめて少なかった。B29空襲による被害だけでは、天皇は『かくなる上は止むを得ぬ』といわなかったであろう。鈴木首相も、通常爆弾だけでは降伏にもっていけなかったと証言しているのである。当時の日本軍部の動きを再検討してみると、B29の戦略爆撃と海軍による海上封鎖、それにソ連参戦が加わっても、十一月一日までに日本が降伏していた可能性は五分五分もしくはそれ以下であったかと思われる」

麻田氏の気づいていない事実がある。それは戦後六十年間、多くの研究者もまた気づいていないいつぎの問題である。

新編成のアメリカの太平洋艦隊がギルバート諸島を制圧したとき、ルーズベルトの明日の課題は、すでに日本のことではなく、日本敗北のあとに起こる中国の内戦を阻止することにあった。

こうして日本を一日も早く降伏させ、中国大陸の日本軍を混乱なく降伏させることが、対日政策の基本となった。

そこで、なんらかの理由で原爆が使用できないことになれば、ルーズベルトのあとを継いだトルーマンは、五月末に天皇保障の条項を明記した対日宣言を発表し、日本は六月中に降伏したはずである。

ここで試みたのは原爆投下にからむ三つの誤解の究明である。

（産経新聞、二〇〇七・八・一二）

4　近衛文麿と木戸幸一

宰相文麿公はなぜ死を選んだのか

先ごろ、劇団四季の『ミュージカル異国の丘』を観た。ご承知の通り、近衛文麿の長男、文隆氏をモデルにして、彼の四十年の生涯を描いたものだ。

文隆氏は米プリンストン大学に留学した。帰国して中国国民党政府との和平回復に取り組もうとしたが、失敗に終わる。召集されて満州に派遣される。終戦の後、シベリアに送られ、十数年の間、監獄、収容所をたらい回しにされ、帰国直前に殺される。

私は、観劇帰りの電車の中で、「異国の丘」の最終幕を思い浮かべながら考えた。もし、昭和十六年に日本が中国からの撤兵を決意し、国民党政府との和平交渉を行うことになったら、文隆が首席随員として重慶に赴くことになったに違いない。これが彼の政治デビューとなったのだ。私は見果てぬ夢を見たのである。

ところで、私がここで書きたいのは、文隆ではなく、父の文麿のことだ。

明治以来の政治家の中で、近衛文麿ほど誤解され、非難されてきた人物はいない。

一例を挙げよう。政治学者の北岡伸一氏は、コラムニストの田勢康弘氏との対談の中で、

「近衛文麿はしようがないです」と言い、田勢氏もそれに同意している。

近衛の弁護を私はしたい。それにはまず、吉田茂のことから述べたい。

粕谷一希氏が吉田に向かって、近衛文麿公は徳川慶喜と似ていないだろうかと問うたことがある。粕谷氏は、その昔に近衛を慶喜と比較した論文があったことを記憶し、近衛自身「僕は慶喜公の役割をするのではないかと思う」と語ったことも承知していたのであろう。

粕谷氏の問いに、吉田は答えて、「慶喜公は立派な方で比較にもならない」とにべもなかった。

だが、私は吉田の胸のうちは、また別であったと想像するようになっている。

読者の誰もが知る通り、吉田は戦争末期に憲兵隊に捕らえられた話を雄弁に語ったものだ。ところが、なぜ捕らえられたのかについて詳しく語ったことはない。関係者、後の研究者の説くに任せた。

なぜ吉田は、昭和十八年からの戦争終結のために努力した一部始終を語らなかったのか。それだけではない。昭和十六年にアメリカとの戦争を回避するために尽力したことを、なぜ説き明かさなかったのか。

二度が二度とも、日本が奈落の底に落ちるのを防げなかった、むなしい試みであったことから、本人が自慢げにしゃべるようなことではなかった。誰もがそう思うだろう。とはいえ、吉田がしゃべらなかった理由は、また別にあったのだと私は考えるようになっている。

彼が徳川慶喜を褒めて、「比較にもならない」と言い切ったのは、近衛が話題となっての会話が、その後続くのを避けようとしてのことだったと私は思っている。

吉田は、アメリカとの戦争を回避しようとしたとき、また、アメリカとの戦争を一日も早く終わらせようとしたとき、いずれの場合も、彼は近衛の協力者として行動した。

しかし、前にも述べた通り、彼は近衛といかなる構想を描いたのかを語らず、二人でどのような計画を立てたのか、それはなぜ失敗に終わったのか、まったく口にしなかった。

なぜだったのか。吉田と近衛がやったことは、いずれの場合も陸軍を敵とするものだった。近衛はアメリカとの戦争の回避を主張して、陸軍大臣、東条英機と対立した揚げ句、内閣総辞職に追い込まれたのだし、戦争終結を工作して、吉田は陸軍に捕らえられることになったのである。

だが、本当は近衛と吉田は陸軍と対立、衝突したのではなかった。二回とも内大臣、木戸幸一の反対に直面したのである。そして一言付け加えるならば、内大臣は天皇に「常侍輔弼《じようじほひつ》」の責任を負っていた。

吉田茂は、非友好的な勢力に、一連の内幕が天皇批判のための材料に使われるのを恐れたからこそ、自分がしたことに触れず、近衛とともにやったことを自身の口から語るのを避けたのである。

別の機会に書かねばならないと思っているが、敗戦の後、誰もが天皇を是が非でも守り抜こうとした。そのためにこそ、死を選んだのが近衛である。昭和二十年十二月十六日未明のことだ。

昭和十五年十一月から命を絶つまでの近衛は、「しようがない」人物では決してなかった。明日がその文麿公の六十年忌となる。

（産経新聞、二〇〇五・一二・一五）

気骨の宰相・近衛文麿に、いまこそ再評価を——対談　工藤美代子氏

工藤　昭和二十年十二月十六日、近衛文麿が杉並の自宅・荻外荘《てきがいそう》で服毒自殺してからもう六十二年になります。

よく「歴史は六十年経たないと真相はわからない」といわれますが、没後六十年すぎてなお、近衛ほど本来の人物像と世間一般のイメージがかけ離れている人物はいませんね。

鳥居　そのとおりです。近衛文麿というと、世間一般ではずいぶん悪く思われていますね。日米交渉が失敗すると、それ以後戦争阻止の努力もせず、内閣を「投げ出し」てしまった無責任な首相だった。あるいは努力が足りない、貴族的な性格の弱さがあったお公家さん、頑迷な反共主義者、生涯痔を患ってイライラしていた、そもそも首相を務められるほどの体力がなかったなど、悪いイメージを挙げると、それだけで今日の話が終わってしまいそうです（笑）。

工藤　近衛と聞くと皆さん、瞬時に「ああ、あの内閣を投げ出した首相ね」といった反応をされる。保守論壇でも近衛を「歴代最悪の首相」であるかのように表現する方がいるくらいです。しかし、その理解は正しいのでしょうか？

私はずっと「近衛は不当に貶《おとし》められているのでは」と感じていたんです。いつか近衛について徹底的に調べてみたいと思っていて、『われ巣鴨に出頭せず』（日本経済新聞社、二〇〇六年）という評伝を書きました。

最初は好奇心からでしたが、書き始めたらどんどん「近衛文麿」という人の魅力に引き込まれて、結局原稿用紙八百枚近い長編になってしまいました。本を読んだある編集者からは「工藤さん、惚れて書いたね」と言われたほどです（笑）。

鳥居　近衛は非常に魅力ある人物ですから、工藤さんが惚れるのも無理はない（笑）。なんといっても彼は当時の日本人としては背が高く、端正な顔立ちをしていましたから。

後になって近衛を非難する人は大勢いますが、生前彼に直接あった人は皆彼のファンになりました。

しかし、工藤さんの言うとおり世間の近衛評価は正反対です。安倍前首相が退陣表明した翌日の九月十三日付読売新聞に載った北岡伸一東大教授の談話などはその典型でしょう。

〈安倍さんを歴代首相に例えるなら、近衛文麿に似ている。近衛は第三次内閣で、日米交渉で局面を打開できなくなって辞めた。しかし辞めても局面を転換する見通しはなかった。実際、東条英機が首相になって、戦争になってしまった。安倍首相も「辞めれば何とかなるはずだ」というだけなのではないか〉

北岡さんが安倍前首相と近衛を比べたくなるのもわかります。安倍さんも近衛も首相就任時は大変若く、国民からの人気がとても高かった。もとより血筋も申し分ありません。共通点は多いのです。

しかし、近衛の名誉のために申し上げるなら、彼は「辞めれば何とかなるはずだ」とは決して思っていなかった。

工藤　そうなんですよね。近衛というとすぐに弱いとか、内閣を投げ出したと書かれることが多いのですが、彼はそんな無責任なことはしていない。むしろ近衛はなんとしても日米開戦を回避しようと最大限の努力をしたんです。私は近衛が内閣を投げ出したと歴史を捻じ曲げて、安易に書かれるのを見るたびに腹が立って仕方がありません。

鳥居　後に詳しく論じる通り、そうした歪んだ近衛観は、戦後木戸幸一とハーバート・ノーマンが、木戸は自らの保身のために、ノーマンは日本に共産党と社会党の人民戦線を作ろうとして、でっち上げた作り話に依拠しているというのが私の考えなのですが、これまで歴史家は誰も彼らの嘘を見ない振りしてきました。

そもそも、近衛批判を繰り返す歴史家たちは忘れていることがある。戦前の内閣というのは首相に現憲法ほどの権力はなく、「閣内不統一」で非常に簡単に倒れたんです。

工藤　明治憲法下では、首相に閣僚の罷免権がありませんでした。ですから、閣内で意見の対立が起き、首相が説得してもその閣僚が反対意見を翻さないときには、その閣僚に辞任を促す。それでも辞めないと頑張ったら、首相は辞任するしかない。総理大臣の辞任は内閣総辞職となりました。
この顕著な例として、第二次近衛内閣は松岡洋右外務大臣を更迭するために総辞職しています。前もって内大臣の木戸と近衛は話し合いを済ませており、総辞職した後、再び近衛に組閣せよとの大命が下っています。

鳥居　政党内閣時代は党首が首相になっていました。閣僚はすべて自分の党の党員ですから、首相の方針に反対する閣僚はいませんでした。
しかし、昭和七年の五・一五事件後、挙国一致内閣が誕生してから、首相は閣僚と衝突するようになり始めました。昭和十一年、軍部大臣現役武官制が復活して、陸海軍大臣が軍からの推薦となって、内閣はひっきりなしに閣内不統一で倒れています。第三次近衛内閣（四一年七月〜同年十月）以外にも、廣田弘毅（三六年三月〜三七年二月）、阿部信行（三九年八月〜四〇年一月）、米内光政（四〇年一月〜同年七月）、東條英機（四一年十月〜四四年七月）、小磯国昭（四四年七月〜四五年四月）の各政権が閣内不統一で倒れています。

工藤　忘れてはならないのは、そういう危うい内閣制度にありながら、近衛は「中国撤兵」をすることで米国との交渉再開を図ろうとしたことです。しかし陸軍大臣東條英機は、撤兵にどうしても賛成しなかった。その結果閣内不統一で内閣が倒れてしまった。
十月七日、十二日、十四日と三度にわたって、近衛は東條を荻外荘に呼んだり、閣議の直前などで説得していますね。しかし、東條は頑として「一兵たりとも退かない」と言い、議論は平行線を辿った。このときの二人の話は最初から最後までまったく論点がかみ合っていません。二人の対米戦に関する認識は百八十度異なっていたのです。最後には東條が「これは性格の相異ですなア」と言って近衛を突き放してしまう。近衛と東條はまったく馬が合わなかったんです。実際には木戸という強い味方がいたこともあったでしょう。

鳥居 東條の立場では反対以外に選択肢がなかったのでしょう。東條は大臣として陸軍を背負っている。中国からの撤兵という大問題を近衛から私的な話し合いで持ち出されても、「うん」とはいえない。仮に言ってしまったら、それまで中国との戦いを広げてきた陸軍の名誉も面子も丸つぶれになる。とても部下たちに顔向けできませんよ。そこで東條は近衛との私的な話し合いを続けてもどうにもならないと考え、閣議でこれを取り上げてしまいます。閣議にこの問題を持ち出したら、閣内不統一ということで内閣総辞職です。近衛も、外務大臣も、ほかの閣僚も呆然としました。しかし、東條とすれば、お上の判断を仰ぎたいという考えだったと思います。

それはともかく、閣内不統一に立ち到った近衛内閣はつぶれる以外になかった。これは近衛の失態というよりも明治憲法そのものの大きな欠陥によるところが大きい。それをさも近衛が内閣を「投げ出した」ように見なすのは、不勉強のそしりを免れません。

工藤 むしろ、近衛は、戦争を回避するために粘り強く最後の最後まで打開の可能性を探った気骨ある指導者だったといえると思いますね。

私的な場を使って説得したのは、東條がいつも左右に参謀本部のイエスマンを連れて攻撃してきたので、東條を一人にして会見する作戦だったと見ることができます。

それから、近衛のイメージ形成に関しては、昭和天皇のお言葉も大きな影響を及ぼしています。近衛が自殺した際、陛下は、

〈頷かれたうえで、「近衛は弱いね」といわれた〉（『昭和天皇発言記録集成』）

というのです。近衛自身にも韜晦《とうかい》の癖があり「みんな僕を買いかぶっているんだ」といつも言っていたので、「弱い」印象はより強固になりました。

しかし、天皇のご発言も、その前後の文脈がわからず、記録された文字だけで真意をうかがうことは少し危険だと思うのです。近衛家は始祖・藤原鎌足以来の五摂家筆頭ですから、非常に天皇家とも近しい関係にあります。親類を評するようなやや軽いお気持ちで「弱いね」と漏らされた可能性もある。

二〇〇六年、いわゆる「富田メモ」によって天皇がA級戦犯合祀に不快感を示されたと報道されたときもそうでしたが、ご発言の真意というものは前後の状況がわからない限り、メモだけが一人歩きするのは困った現象です。

鳥居　確かにご発言の真意はわかりませんが、私は戦中ずっと内大臣として陛下の傍に仕えていた木戸幸一の影響が大きかったのではないかと思いますね。

天皇に対して政治家や役人たちの批判を言上できるのは、戦前は木戸幸一、戦後は侍従長の

入江相政だけです。各国務大臣や統帥部の総長は天皇には自らの守備範囲のことを奏上するだけで、人の批判は慎みます。しかし、天皇を常侍輔弼する内大臣は天皇に伝えるあらゆる情報を自分の好悪の感情を加えて言上することができました。

木戸は近衛の話題が出るたびに「彼は弱い人間ですから」と、天皇に言上していたのかもしれません。

工藤　天皇にはたくさんの情報が入るように見えて、その実、情報のソースは極めて限られていた。天皇は孤独だったのですね。常に天皇の耳元にいて囁いていたのは木戸だけだった。

鳥居　そうです。そして木戸によって近衛像は歪められたのだと思います。

しかし私は、近衛像を元に戻すことができた人物が一人いたと思うんです。

工藤　誰です？

鳥居　吉田茂です。吉田は近衛が日米開戦を阻止しようと、アメリカと交渉していたときの協力者の一人です。戦時中は近衛に協力して戦争終結のために努力しています。また、戦争末期には近衛上奏文に繋がる終戦策を検討しています。

つまり、近衛がいかに戦争回避・終結のために努力したかを一番知っているのが吉田なのですが、戦後、吉田はそのことについて沈黙を守ります。回想録にも近衛と何をしたかは当たり障りのないことを語っているだけです。

工藤　吉田が近衛を語れば、どうしてもいわゆる皇道派の人々について触れることになりますしね。それでは天皇がお困りになる。

鳥居　吉田も木戸幸一の影響があって天皇が近衛のことを快く思っていないことを知っていたのでしょう。近衛に協力したことを言うと昭和天皇のご機嫌を損ねることになる。それで何も言わなかったと私は推測しています。

工藤　結局近衛を弁護すべき人たちが何も語らず、木戸が作り出した近衛像だけが、戦後六十年間語られ続けた。今こそ本当の近衛像が明らかにされる必要がありますね。

鳥居　では、私がその先鋒を務めましょう（笑）。

言うまでもなく近衛は名家の生まれです。藤原氏の正嫡だというプライドを持っていました。彼には皇室を守るのは自分だという気概、そのためには周りが遠慮して言えないことでも率先して言うという責任感がありました。

日本の危機に直面して、例えば中国撤兵という譲歩をすることで、日米開戦を回避しようとしたり、戦後天皇に退位を願って、逆に皇室を守ろうとした。これは近衛以外誰にもできないことでした。

工藤　非常に思い切った譲歩をすることで相手の信頼を勝ち得ようとしますよね。この発想のスケールの大きさとそれを実行しようとする勇気は普通の人には持ちにくいものです。名門の家紋を背負い、資産もあった彼には、地位や名誉・財産を求める必要がなかった。そういう意味では私欲を捨てて、日本のために働ける数少ない人の一人でした。

鳥居　まさに「貴種」と呼ぶにふさわしい逸材です。

工藤　また、彼は世界的な視野で物事を見ていた。一九一九年のパリ講和会議では全権西園寺公望に随行し、見聞を深めています。帰国後に記した『戦後欧米見聞録』やその他の論文を読むと、「世界の富の配分はちょっとおかしいのではないか。あまりに植民地が英米仏など西洋列強に偏りすぎている」「富というのはどの国にも均等に配分されなければならない。列強は植民地経営をやめて、独立を認めるべきだ。そしてしっかり各国が自立できるように指導に当たるべきだ」と書いていて、帝国主義・対外膨張主義真っ盛りの時代状況において至極真っ当なバランス感覚を示しているんです。これはどう見ても「歴代最悪の首相」の時代感覚とは思えません。

鳥居　近衛の見通しのように植民地が次々独立するのは第二次大戦後です。時代を先取りする主張といいましょうか、近衛が戦後も生きていたらどんな指導者になっていたかと惜しい気がします。

工藤　真のノブレス・オブリージュを持ち、国家百年の計を考えていたのが近衛だったと思います。官僚による接待収賄や目先の利益しか考えない経済団体などを見るたびに、今の時代に近衛を連れてきて、首相をやってもらいたいと思うほどですよ（笑）。

鳥居　ところが、そんな本来の近衛像は、戦後見事に塗り替えられ、近衛は開戦責任者のレッテルを張られてしまいます。この謎を解くためには、木戸が開戦前夜から戦後までどのように立ち回ったかを理解する必要があります。また木戸は近衛のことを内心憎んでいたのではないか。

工藤　近衛と木戸の交友関係はかなり古くからあったようです。二人の出会いは近衛が学習院初等科五年生のときでした。このころはあまり話す機会もなかったようですが、二人は同じ京大に進んだのちに親交を深めていきます。木戸はその頃からずっと近衛に対して複雑な感情を抱えていた気がします。

例えば、容姿。近衛は背が高く、逆に木戸は短軀でした。木戸も近衛も明治以降は公爵の家柄ですが、本来長州藩の下級武士に過ぎない木戸家は五摂家筆頭の近衛家にはとても及ばない。木戸が引け目を感じていたのは間違いありません。

鳥居　木戸は昭和五年に、近衛の勧めによって、それまで勤めていた商工省を辞し、内大臣秘書官長に就任しています。昭和十二年の第一次近衛内閣では文部大臣と初代厚生大臣を務めました。近衛は木戸を引き出してやったと思っていますが、木戸にしてみれば「俺が近衛を支えた」という自負があったと思います。しかし、世間では近衛の人気だけが圧倒的で、木戸は無視された、面白くないという気持ちもあったでしょう。

工藤　ああ、なるほど。近衛は首相就任時、時代の寵児のようにもてはやされましたからね。昭和十一年の二・二六事件以降の混迷する国内情勢を変えられるのは彼しかいないと、国民の期待は並々ならぬものがありました。

鳥居　さて、そんな二人の運命を決定付けたのはなんと言っても昭和十六年の九月から十月に、近衛と陸軍とのあいだで決着がつかなくなった中国撤兵問題です。ここで木戸は致命的な誤りを犯します。

工藤　当時木戸は内大臣として天皇を常侍輔弼する地位にありましたね。

鳥居　しかし、木戸幸一はこの内大臣の職務を全うしませんでした。中国撤兵問題がにっちもさっちもいかなくなったとき、主戦論者の表と裏、その最も機微にふれる部分を、天皇に説明することを内大臣は求められていた。木戸は「海軍大臣も軍令部総長も口に出せないが、できればアメリカとの戦争を避けたがっている。中国からの撤兵が日本の明日のために望ましい」と天皇に助言すべきでした。海軍大臣も軍令部総長ももはや動き始めてしまった戦争への歯車を押し戻す力はない。彼らは、個人の心情はどうあれ組織の論理として開戦を主張せざるを得なかったのですから。

工藤　なぜ、木戸は天皇に戦争回避を言上しなかったんでしょう?

鳥居　木戸の私心にすべての原因があったと私は思います。

木戸が助言したら、天皇は中国撤兵を決断されたでしょう。しかし撤兵となってしまったら、その後戦争をずるずる拡大した陸軍首脳の責任問題が浮上します。昭和十二年の盧溝橋事件のあと、参謀本部の首脳陣は一貫して戦争の拡大に反対でした。中国との戦いを拡大した責任は陸軍大臣・杉山元と次官・梅津美治郎にあります。当然、彼らは現役引退を免れない。

そこで問題を複雑にするのは、杉山と梅津が二・二六事件処理の責任者でもあることです。彼らは、蜂起部隊の扱いを巡って陸軍首脳が判断に迷うなか、いち早く「反乱軍鎮圧」に向けて動いています。

一方、昭和天皇も「股肱《ここう》の臣」を殺された怒りを隠そうとしない。その時に内大臣秘書官長だった木戸は、軍長老や市民の多くが決起部隊に同情し、政治家たちも青年将校の求める暫定内閣を作ろうとしたとき、はっきりと「鎮圧」を主張し、宮内大臣を通じてこれを天皇に奏上したのです。そのとき、既に内大臣は殺害されていました。

ここで木戸と陸軍統制派の利害が一致します。事件後、統制派は争いを続けた相手の真崎甚三郎、小畑敏四郎ほか、いわゆる皇道派の将軍たちを現役から退けてしまいます。翌年には彼らは中国との戦線を拡大します。

もし、中国からの撤兵が決まれば、中国と戦ってはいけないと主張していた皇道派の将軍たちが正しかったのだという議論が議会や新聞で起こります。陸軍内での二・二六事件処理は間違っていたことになり、統制派は更迭、皇道派将軍の復権となるでしょう。そうなれば、当然事件処理に関わった木戸も内大臣を辞めざるを得ない。木戸はそう考え、自分の政治生命を守るために中国撤兵よりも日米開戦の道を選んだのではないか。それに日本はむざむざ負けはしない。引き分けに持ち込むことができる、こう思ったのでしょう。

工藤　日米開戦の深淵を突き詰めると、どうしても二・二六事件にたどり着くんです。そういうつもりもあって今回『昭和維新の朝《あした》』（日本経済新聞出版社　二〇〇八年一月）を書きました。皇道派と統制派の対立がくすぶり続け、ついに日米戦争を招きよせる。二・二六事件の秘められた核心を見極めない限り、開戦に至る道筋は決して理解できないですね。

鳥居　それから二・二六に関してもう一つ付け加えるとすれば、近衛と皇道派の関係でしょう。近衛は二・二六以前から、真崎や荒木貞夫、小畑敏四郎などと親しくしていました。

日米開戦後、戦争の先行きにだれもが不安を抱くようになると、近衛は陸軍の指導者を更迭して、皇道派の将軍たちにしなければならないと主張するようになります。

つまり、戦争を始めることに関わった陸軍の現体制では容易に戦争を終わりにできない。しかし皇道派の将軍たちであれば、中国の戦いともアメリカとの戦争とも関わりがない。何のしがらみもなく、終戦への道筋をつけることが出来るだろう、と。

昭和十六年十一月末、日米開戦を阻止する最後のチャンスがありました。ここでも木戸は過ちを犯し、この機会をもつぶしてしまいました。

十一月三十日午前中、高松宮が昭和天皇に拝謁を願い出て、実は海軍の本心はアメリカとの戦争回避にあると言上します。翌日の十二月一日には御前会議を開き、正式に開戦を決める段取りになっていましたから、正に土壇場でした。

工藤　その年の十一月二十日から、高松宮は海軍中佐として軍令部作戦部の部員になっています。作戦部に参謀として身を置いた高松宮は海軍内部の対米戦に消極的な空気を知ったのでしょうね。

鳥居　はい。天皇はこの言上に大変驚かれたのでしょう。木戸を呼んで相談します。『木戸幸一日記』にその日の記述があります。

〈三時半、御召により拝謁す。

今日午前、高松宮殿下御上りになりたるが、其時の話に、どうも海軍は手一杯で、出来るなれば日米の戦争は避けたい様な気持だが、一体どうなのだらうかね、との御尋ねあり。

依って、今度の御決意は一度聖断被遊るれば後へは引けぬ重大なるものでありますが故、少しでも御不安があれば充分念には念を入れて御納得の行く様に被遊ねばいけないと存じます。就ては直に海軍大臣、軍令部総長を御召になり、海軍の直《ママ》の腹を御たしかめ相成度、此の事は首相にも隔意なく御話置き願ひ度いと存じますと奉答す〉

工藤　つまり、木戸は海軍の真意を確かめるために海軍大臣と軍令部総長を呼ぶように勧めたのですね。

鳥居　そうです。しかし、これほど的のはずれた助言はない。軍令部総長や海軍大臣はもはや自分の口から対米開戦を回避したいと言えない状況に追い詰められている、だからこそ皇弟の高松宮に直言してもらうという非常手段に訴えたのです。当然、木戸はそのことに気づかなければならない。恐らく木戸はそれに気づかぬふりをしたのでしょう。

案の定、軍令部総長も海軍大臣も天皇の質問に対して「米国に勝つ自信はあります」と答え、天皇は予定通り開戦準備を進めるように首相に命じざるをえませんでした。

工藤　開戦回避という大事な使命に失敗した高松宮の胸中いかばかりだったことか……。

鳥居　『高松宮日記』の昭和十六年十二月一日には次のような記述があります。

〈十一月三十日、お姉様と同車して御殿場へ、一八二〇着。車中より胸心地悪く、一寸ハイテ見たら久し振りで乱脈になり、ヂギタリス錠二ツもらってのむ。それで夕食もチヨットで止めた〉

　大切な使命を果たすことができなかった、どうしてお上を説得できなかったかという自責の思いが高松宮の体調を崩させたのではないでしょうか。

工藤　なるほど。ところで、海軍内の対米戦に消極的な雰囲気を高松宮に申し上げた人はいたのでしょうか？

鳥居　そのときに兵備局長だった保科善四郎です。評論家の加瀬英明氏が「高松宮かく語りき」（『文藝春秋』昭和五十年二月号）のなかで、十一月三十日の出来事について書いています。「宮は海軍省兵備局長保科善四郎少将から、天皇にそう申し上げることを依頼されたのだった」と。

　しかし、私はこの高松宮の言葉に疑問があるんです。いくら保科が優秀な人物だからといって、兵備局長クラスの人間の依頼を宮がお聞きになって天皇に言上しようとなさるだろうか？

　実は、保科は使いであって、本当の依頼主は連合艦隊司令長官・山本五十六ではないかと考えているんです。

工藤　確かに山本五十六は日米開戦に反対であり、同期の海軍大臣嶋田繁太郎大将に送った十月二十四日の書簡には「残されたるは尊き聖断の一途のみ」と記していましたね。

鳥居　はい、そうですね。じつは保科は戦後『大東亜戦争秘史』（原書房、一九七五年）という本を出しています。「高松宮かく語りき」がでたあとのことです。この本で、かれは自分がしたことにはまったく触れていません。昭和十六年のことを記す中に、私は山本長官を尊敬していた、長官もまた私を信頼していたとあるだけなのです。他の上官の名前は誰一人でてきません。山本は高松宮宛の極秘書簡を、信頼する保科に託したのではなかったでしょうか。

工藤　うーん、それは歴史の永遠のミッシングリンクですね。もし山本自身が海軍大臣であれば、日本はまた違った道を辿ったかもしれません。

山本の連合艦隊司令長官就任は、軍部内の三国同盟賛成派や右翼勢力によるテロを防ぐため、当時の海軍大臣米内光政が下した温情人事だといわれています。しかし、言い方は悪いですが、暗殺されてもいいから山本に海軍大臣をやらせていたら、天皇が御召になったとき「お上、米国との戦争はすべきではありません」とはっきり言えたと思うんですが。

鳥居　さて、戦後、近衛像が歪められていく過程を追っていきましょう。

日米開戦を阻止しようとした近衛は、戦争が始まってからも、何とか戦争を早期に終結できないかと画策します。木戸のところにも何度も行って、先ほど言いましたように陸軍のトップを替えよと語ります。しかし木戸はいつも言葉を濁します。

工藤　このころ、木戸と近衛の関係は完全に崩れていました。木戸は近衛に何か言われても、今更聞く耳を持たなかったでしょう。

昭和十七年六月十一日、ミッドウェイ海戦の直後、吉田茂が木戸を訪ねています。彼は近衛をスイスに派遣し、英米との和平交渉の可能性を探らせてはどうかと木戸に提案した。しかし、木戸は「世界平和の為め一日も早く戦争終結に努力する根本の考には勿論異存のあらう筈はなきも、近衛公の出馬については尚ほ篤と考慮したしと答ふ」（『木戸幸一日記』）と、吉田の案を保留しました。木戸はこの時期、まだ日本が講和のために動き出すのは早いと考え、吉田案を天皇に言上しませんでした。近衛を講和の大使にという妥当な声は天皇に届くことはなかったんです。

鳥居　木戸の感情は非常に複雑でした。近衛に逆らって始めた戦争の終結を、当の相手に頼むなんて、絶対に嫌だという気持ちがあったはずです。ところが戦局は近衛の見通し通り、悪くなるばかり。

木戸の心中にも戦争を始めてしまったことに対する慚愧の念はある。だが、近衛に対しそれを認めることはできない、そしてかれに対する感情は憎しみに変わっていったと思います。

工藤　なるほど。木戸が吉田の案をすんなり受け入れなかった裏の理由がわかりますね。

さて、木戸との断絶により天皇とのパイプを絶たれた近衛は、昭和二十年二月に「近衛上奏文」を天皇に奏上します。この時点で日本の敗戦は避けられない情勢になっていました。

「ここまで来ては敗戦そのものよりもその後に来る共産革命が深刻である。ソ連影響下の内外共産主義者を一刻も早く排除しないと、軍部内や民間有志の革新論者によって日本は取り返しのつかないことになる。一味を一掃して一日も早く戦争の継続を中止すべくご聖断を仰ぎたい」

天皇に面と向かって、「降伏なさい」と言える人は、そうはいない。他ならぬ近衛だからこそ言えた言葉です。

鳥居　そうですね。それにしても「近衛上奏文」は当時の近衛の考えを端的に示しています。上奏文には以下のようなことを述べている部分もあります。

「今回の戦争は、軍閥と国家主義者とが起こしたに相違ないが、それを助長したのはマルキストであり、軍閥と左翼の結合が戦争の引き金を引いた」

つまり、戦争を引き起こしたのは軍の左派勢力だった。近衛はこの考えを、戦後も持ち続け、昭和二十年十月四日、マッカーサーと二度目の対面を果たしたときも、この考えを展開しています。

日本における共産主義勢力の台頭を警戒していたマッカーサーは、この話を聞いてなるほどと思います。近衛を信頼し、自由主義勢力を結集して、憲法改正に取り組んでもらいたいと依頼するのです。

工藤　戦争中、和平工作に従事しながら、結局、昭和二十年八月まで戦争を長引かせてしまったとの思いがあった近衛は、再び日本のために尽力できる機会を得て、「もうひと頑張りしてやろう」と充実した気概に満ちていたことでしょうね。しかし、このマッカーサーとの対話こそ近衛自決への第一幕でした。

鳥居　その通り。近衛が復権してきては困る人たちがいました。彼らは、マッカーサーと近衛の仲を裂こうとして死に物狂いで策をめぐらせます。

木戸は近衛が指導者として返り咲けば、自分が開戦責任を糾弾されることになる、と思います。しかも近衛は天皇退位まで言い出し始めている。もし天皇が戦争の責任を取って退位されるようなことになれば、内大臣だった自分にまで責が及ぶのは必定です。木戸は自分を守るためには、何としても近衛に全責任を負わせなければならないと考えます。

近衛の台頭を木戸と同じように恐れた人物がGHQ内にもいました。総司令部対敵諜報部分析課長ハーバート・ノーマンです。

工藤　ノーマンの生涯については『スパイと言われた外交官』（ちくま文庫）で詳しく書きました。ソ連のスパイだったかどうかについては議論が分かれますが、ヴェノナ文書など近年機密解除された外交文書を見ると、彼がソ連と通じていた可能性は非常に高いと思います。

少なくとも、彼が共産党員だったことは間違いない事実で、私がカナダで発見した、兄に宛てた手紙の中に「共産党に入党した」とはっきり書いています。

ノーマンが実際どんな活動をしていたかはまだ明らかではありません。カナダ公文書館には彼にスパイ容疑がかかったときの尋問資料が残っていますが、ほとんどは黒く塗りつぶされていて内容はわからない。しかし、これはそれだけ公にはできない事実を彼が握っていたのだと私は理解しています。

それにしても、共産主義者だったノーマンと反共主義者だったマッカーサーは本来思想的に相容れないはずなんですが、なぜかマッカーサーはノーマンをとても可愛がった。GHQ内でもノーマンはマッカーサーの威光を笠に着ていましたね。

鳥居 日本に来る前、マッカーサーはマニラでノーマンに会った。マッカーサーは彼から「日本は封建主義の社会だ」と説明を受けます。マッカーサーはこの封建主義の言葉が日本を解釈する鍵になると思いました。彼はノーマンを気に入って、GHQに呼んだのです。

わき道にそれましたが、ノーマンは猛烈な宣伝攻勢を始めます。昭和二十年十月下旬、ニューヨークタイムズ紙が、投書、つづいて社説で「近衛が憲法改正に当たるのは不適格だ」と攻撃します。

また、アメリカの大小数多くの新聞にコラムを載せていたドール・ピアソンというコラムニストが、近衛を指して「考えられる限り最悪の男が日本の憲法改正の仕事をしている」と罵倒します。

ピアソンはコラムの後半で、後に日本社会党結成メンバーの一人になる労働運動家・加藤勘十を取り上げ、「彼こそ日本の明日の指導者である」と褒め称えています。そのとき日本の新聞や雑誌にまったく出てこない名前です。しかしＧＨＱ内では、加藤勘十は妻のシヅエのおかげで名の知れた存在だったのです。

シヅエはアメリカ留学経験もあって、英語に堪能で、毎日ＧＨＱを訪れては、自分の夫と、まもなく結党される社会党の宣伝をしていました。シヅエの「内助の功」はＧＨＱ内ではちょっとした評判でした。

何のことはない、ニューヨークタイムズ紙の投書と社説、ピアソンの記事のネタ元はＧＨＱ内にいたというわけです。

工藤　ノーマンらによって加藤を擁し、近衛を追い落とそうとする運動が展開されたのは確かでしょうね。それに加え、新聞や世論などで急速に高まった近衛批判は、彼を追い詰めていきます。十一月一日には、マッカーサーは近衛の憲法改定にはＧＨＱは関与しないと声明を出し、近衛を切り捨ててしまいます。

鳥居　復活したかに見えた近衛の政治生命はこれで閉ざされてしまいました。木戸とノーマン、二人にとっては望みどおりの展開です。

二人にとって真に幸運だったのは、両者を繋ぐ都留重人（経済学者・後の一橋大学学長）という人物がいたことです。都留は木戸の姪の夫で、また、ノーマンの親友でもありました。ハーバード大学時代、ノーマンは日本の留学生都留重人のことを、コミュニストの同志として大変尊敬していました。

工藤　ノーマンは外務省に勤めていた都留などの旧知の人間から情報を得て、戦時日本についてのレポートをまとめ、GHQ指導部に提出しています。そのレポートの量は膨大で、文字通り寝る間も惜しんでペンを走らせたのは疑いありません。

鳥居　重要なのは、ノーマンが都留から得た近衛についての情報は、すべて木戸幸一から出た材料だと考えられることです。開戦の年、昭和十六年九月のことは、都留はまだアメリカに留学していたし、日本にいたとしてもそのような国家機密を彼が知るはずはありません。木戸が都留に告げる。都留がノーマンに教える。こういうことだったのでしょう。

ノーマンの報告はまったく史実と異なるものでした。戦争開始は昭和十六年九月六日の御前会議ですべて決まり、その時首相だった近衛にその責任があるとしている。無論、木戸が開戦を阻止できる立場にいたことは触れられていません。

ノーマンの「戦争責任に関する覚書」というレポートの中では、木戸と近衛の役割は対比的に描かれています。内大臣については、取るに足らない役職であったことが強調され、木戸への言及自体ごくわずかです。対照的に近衛の戦争責任は極めて口汚い言葉で何度も強調されています。

工藤　ノーマンが覚書を仕上げたスピードは驚異的でした。「戦争責任に関する覚書」は十一月五日にはまとめられ、総司令部に提出されています。

このレポートが引き金の一つとなって、マッカーサーとの対話からわずか二カ月後の十二月六日には近衛に逮捕状が出されます。そして十二月十六日巣鴨への出頭期限の日に近衛は命を絶つのです。

近衛は最後まで、逮捕について多くを語ろうとしませんでした。さらに近衛は急速に情勢が変化した理由、つまりノーマンと都留が木戸のために策を巡らし、自分を著しく貶めていた事実をまったく知らなかったと思われます。

もしそうであったなら、実はあなたの知らない間にこういうことが起こっていたのですよ、と今日の私たちの対談の内容を彼の墓前に報告したい。

鳥居　近衛は自殺する前日、次男に「我の志は知る人ぞ知る」と遺言しています。繰り返しになりますが、近衛はアメリカとの戦争を回避しようと懸命に努力しました。戦いになってしまってからは、戦いを終わらせようと努力を重ねました。今こそ、木戸やノーマンによって歪められた近衛像ではなく、本当のかれの「志」を知るべきときなのではないかと思いますね。

工藤美代子氏
一九五〇年東京生まれ。カナダのコロンビア・カレッジ卒業。『工藤写真館の昭和』（朝日新聞社）で講談社ノンフィクション賞受賞。著書に、近衛文麿の評伝『われ巣鴨に出頭せず』（日本経済新聞社）、『良寛の恋』（講談社）、『母宮貞明皇后とその時代』（中央公論新社）、『悪童殿下―愛して怒って闘って　寛仁親王の波瀾万丈』(幻冬舎) など多数。

(諸君、二〇〇八・二月号)

二・二六事件七十年に思う歴史のもしも

明日は二月二十六日。麻布檜町の歩兵第一連隊、道路を隔てた歩兵第三連隊を主柱とする千三百余人の陸軍部隊が蜂起した日だ。

東京とその周辺に住む年配者であれば、「二・二六ね、あの朝は大雪だった」と呟くだろう。だが、その人の直接の思い出ではない。母や兄から何度となく聞かされた話であり、ドラマの中の一場面の記憶なのである。

そう、あの日から七十年の歳月がたつ。

あの日の朝の雪を憶《おぼ》えていなくても、あの雪は大雪だったと語る一言に、だれもが心の奥深くに持つ、あの事件、あの結末までの悲劇のすべてへの想《おも》いがにじみ出る。

ところで、私がここで記したいのは、二・二六の悲劇の因果関係の網の目のその先で起きた悲劇だ。

昨年十二月十五日の本欄で、私は近衛文麿公の六十年忌に触れて一文を記したが、そのとき言い残したことに触れることにもなる。

私は木戸幸一の素早い決断がなかったなら、二・二六は別の解決になっていたと思っている。

木戸はそのとき、内大臣秘書官長だった。昭和十一年（一九三六年）二月二十六日の朝、内大臣、斎藤実は殺害され、首相、岡田啓介は官邸で殺害されたものと、だれもが思っていた。陸軍大臣をはじめ、有力な陸軍将官、そして政治家たちは直ちに新内閣をつくるべしと主張し、反乱部隊、そのときには、かれらのだれもが蹶起《けっき》部隊と呼んでいたのだが、その首謀者の考えに理解を示してきた将軍を後継首班にすることを望んだ。

かれらのだれもが首相にと考えたのは、軍事参議官、真崎甚三郎だった。

ところが内大臣秘書官長の木戸は、テロを是認する解決策に反対だった。

内大臣が殺されたために、かれは宮内大臣と協議した後、天皇に反乱の鎮圧を先にすべきだと言上したのではなかったか。

天皇は、かれの考えを支持し、採るべき路線は決まった。

木戸と同じ考えの陸軍将官はわずかだった。陸軍中央の幹部の中では、参謀次長、杉山元だけだった。

旭川から熊本までの師団長が息を凝らす中、仙台の第二師団長、梅津美治郎ひとりが陸軍中央に反乱軍の討伐を具申した。

梅津が陸軍次官となって、事件の後始末をし、杉山が教育総監、続いて陸軍大臣となり、陸軍の再建に取り組み、反乱を「教唆幇助《きょうさほうじょ》」したと検察に指弾されることになる真崎甚三郎、そして、その激しい党派性が陸軍内を分裂抗争に導いた小畑敏四郎は現役から逐われた。

ところが、事件から十六カ月後、中国・北平郊外の盧溝橋での小競り合いは、日本陸軍、蔣介石、毛沢東のそれぞれの思惑、慌てての計画、密かな狼狽が錯綜する中、拡大を続けた。

さて、二・二六から五年半の後、昭和十六年九月、日本はアメリカと関係正常化のための外交交渉を行っていた。それより二カ月前、アメリカは英国、オランダと組み、日本に対して石油の供給をとめていた。

海軍首脳は、アメリカとの関係の完全な修復を望み、そのためには中国からの撤兵もやむを得ないと考えていた。それを言い出せない苦衷を理解して、海軍の主張を代弁しなければならないのは、天皇に「常侍輔弼」の責務を持つ木戸幸一だった。

五年半前に内大臣秘書官長だった木戸は、そのとき内大臣だった。かれは海軍を救い、もちろん日本を戦争から救わなければならなかった。

そこでだが、中国撤兵をアメリカに約束し、対米戦争を避けることになったら、どうなったであろう。

議会と世論は中国と戦うべきではないと以前に主張した陸軍将官が正しかったのだと説き始め、盧溝橋事件の前に陸軍を追われた真崎甚三郎と小畑敏四郎の当然な再登場となり、もちろん杉山元と梅津美治郎は引退し、木戸幸一も内大臣を辞任しなければならなくなるはずだった。

昭和十六年十月、中国撤兵を求める近衛文麿を見捨て、中国撤兵に反対する東条英機を木戸幸一が選んだとき、かれは何を考えたのであろう。かれは海軍の本心が分からなかったのか。それとも……。

私が二・二六の悲劇の因果関係の網の目の、その先にある悲劇について記したいと最初に述べたのは、このことなのである。

（産経新聞、二〇〇六・二・二五）

開戦に踏み切らせた小さな意志——真珠湾への道　日米開戦六十五年

また十二月八日を迎える。

あの戦争はどうして起きたのだろうと自問する機会となる。

この六十数年のあいだ、あの戦争をすべての人びとがいつも同じように感じとり、いつも同じように理解してきたわけではない。

それでも少なからずの人が語りつづけてきた見方がある。あの戦争の原因はシナ事変にあった。それはその前の満州事変に原因があった、そしてその前の日露戦争へと遡っていく史観である。かつてのコミンテルンの対日戦略を信奉した人びとであれば、封建制を色濃く残した明治維新にすべての原因があったのだと説きもしたのである。

私は歴史の本を一頁一頁と前に繰っていき、汚していけばいいといったそのような解釈を採らない。

昭和十六年十月の時点で、アメリカとの戦争を回避し、シナ事変をも解決する道筋を定めることができたのだと私は考えている。

いうまでもなく、アメリカとの戦争は太平洋の大きな海図に敵味方の艦隊の艦艇の位置を記入して、連合艦隊司令長官、さらには軍令部総長がそれを睨《にら》んでの戦いとなるものだった。そこで海軍統帥部の首脳、軍令部総長がアメリカとの戦いはさきを読むことができない、戦争は避けたいとはっきり言ったならば、対米戦争は起こりえなかったのである。

昭和十六年、日本がその重大な選択を迫られたとき、軍令部総長は永野修身だった。戦後六十年、今日まで永野修身は主戦論者だったと説かれてきた。昭和十六年七月末のかれの天皇への上奏、つづく九月六日の御前会議でのかれの陳述を読めばよい。永野は即刻、アメリカと戦えと主張したのだとだれもが言ってきた。

戦後の研究者が見逃しているのは、永野を束縛した規範、部下たちの勝利への意志力を維持していかねばならず、いかなる形であれ、弱音ととられるような言葉を海軍統帥部責任者が吐いてはならないということだった。

のちの研究者が考えようとしないことがもうひとつある。永野がなによりも恐れたのは、政府がアメリカと一時凌ぎの誤魔化しの協定を結んでしまうことだった。日本側が玉虫色の約束をするのと引き換えに、アメリカが日本に対して石油を輸入する資金の凍結を六カ月間、解除しようと言い、なんのことはない、アメリカの立ち遅れている戦争準備に協力してしまうことだった。「平和を得て翌年の夏には手も足も出ぬような不利なる情勢のもとに再び戦わなければならぬ事態になる」ことを恐れると、九月六日の御前会議で永野が大坂夏の陣の故事を取り上げたのは、こういう意味だったのである。

永野修身が了知し、もちろんほかの海軍首脳も承知していたのは、中国からの撤兵を約束しないかぎり、経済封鎖を解除させ、アメリカとのあいだに安定した、長期にわたる平和を構築できないということだった。

中国撤兵の問題を政府と統帥部の会議の主題とするためには、軍令部総長と海軍大臣がアメリカとの戦争に自信がないのだと正直に語り、アメリカとの戦争を回避したいのだと本心を明かさねばならなかった。

もちろん、それを口にしたら陸軍大臣と参謀総長は間違いなく中国から撤兵すると言明したであろう。だが、陸軍の幹部はしばらくは殊勝な顔をしてはいても、やがてはすべて海軍のせいでこのような羽目になってしまったのだと言いだし、海軍は国民の血税を浪費し、大言壮語を吐きつづけてきたが、いざというときになれば、尻尾を巻いてこそこそ逃げてしまったのだとしゃべって回るようになる。さらには海軍の予算を削減すべきだ、資源の配分は陸軍に多くすべきだと言いだすようになるのは必定だったということだ。

首相、近衛文麿は軍令部総長と海軍大臣が対米戦争を避けたいと願っていながら、それを口にだせない理由を察知していた。そこで近衛は陸軍大臣に対して、中国からの撤兵に賛成するようにと説得を繰り返した。陸軍大臣、東条英機は反対をつづけた。近衛はその反対意見を翻させようと努力を重ねた。

明治憲法は閣僚平等主義を採用していた。首相とひとりひとりの閣僚は同格同等である。そこで閣議の取り決めは多数決をもってすることはできない。首相は内閣における形式上の首班にすぎず、閣僚たちを指揮命令する法的機能を持たない。陸軍大臣が中国からの撤兵はできないと頑張りつづければ、近衛は閣内不統一の責めを負って、首相を辞めるほかはない。首相の辞任は内閣総辞職となる。

国家の存亡が懸かる大きな危機に直面していた。このような争いが起きれば、最終的に天皇の裁定が必要となる。天皇に助言できるのは内大臣ただひとりだ。

内大臣の木戸幸一は日本が敗北する恐れのある軍事的冒険を絶対にさけることを第一に考えるのが責務のはずであった。戦争をしろと叫び立てる徳富蘇峰流の主張に惑わされることなく、二年さきの予測が立てられない戦争に踏み出すことなく、大国日本への確実な道を進まねばならなかった。そこで木戸はつぎのような方策を採らねばならなかった。

閣内不統一に直面した近衛の求めに応じ、木戸は天皇に向かって、中国からの撤兵はいまや不可避でありますと奏上し、陸軍大臣に中国撤兵反対をやめよとの御諚《ごじょう》をいただきたいと言上しなければならなかった。なぜ、木戸にそれができなかったのか。

大きな出来事がまことに小さな原因から起きることがあるという事実をだれも認めたがらないし、私もつぎのように書くのは抵抗がある。

だが、すべては木戸幸一の小さな私心にあったのだ。

中国からの撤兵となれば、その戦いを拡大してしまった陸軍首脳の責任が追及されよう。かれらは昭和十一年に起きた二・二六事件後の粛軍の実行者でもあった。かれらが行った粛軍の基本方針を定めたのが、当時の内大臣秘書官長、木戸だった。かれは、その責を追及されるのを恐れて、中国撤兵の決意ができなかった。

そこで、のちの多くの研究者が永野修身の真意と誤解するようになるかれの「主戦論」を、木戸も信じようとしたのである。

（産経新聞、二〇〇六・一二・六）

山本五十六の書簡発見に寄せて

十二月には少なからずの人が悲劇の提督、山本五十六を思いだす。先日、本紙は山本五十六が旧友に宛てた二通の書簡が発見されたことを伝えている。山本のその旧友とは堀悌吉である。山本と海軍兵学校同期だった。穏健派であり、有能な海軍将官であったことが災いして、すでに現役をおわれていた。

さて、ここで語るのはつぎのようなことだ。アメリカとの開戦を決める昭和十六年十二月一日の御前会議の前日に海軍軍令部に勤務する高松宮が昭和天皇に向かって、「いま艦隊進発の御裁可をすることは非常に危険です」と言上《ごんじよう》し、アメリカとの戦争を回避したいのが海軍の本心なのだと説いた。

関係者のそれぞれが日記、記録にそれを残している。だが、いずれも一部を記すだけだ。どのように明らかにされているか、つぎに記そう。

天皇は高松宮の訴えを聞いたあと、内大臣を呼んだ。内大臣の木戸幸一は海軍大臣と軍令部総長から海軍の真の腹を確かめられたらいかがと言上した。そのあと軍令部総長、永野修身と海軍大臣、嶋田繁太郎は天皇に向かって、戦う準備は整っておりますと答え、天皇の不安を拭いさり、翌日の予定通りの御前会議となった。

そこで疑問が起きよう。どういうことがあって、高松宮は天皇に海軍はアメリカとの戦いを回避したいのだと言上したのか。

戦後、高松宮は説明して、海軍省兵備局長だった保科善四郎から戦えば非常に難渋すると聞いて、お上にそれを申し上げたのだと語り、保科もまた、それを認めた。

それだけのことであったのなら、だれもが残念に思いはしても、それは歴史のなかの小さな挿話と片付けよう。

だが、ここで、さらにべつの大きな疑問が湧く。すべての戦争準備は唸りを上げて展開し、連合艦隊は北太平洋をハワイへ向かって直進しているまさにそのとき、たまたまひとりの局長の話を聞いただけで、高松宮はこの戦争をしてはなりませんと天皇に言上するだろうか。

また、開戦を決める御前会議の数日前に一介の局長が天皇の弟君に向かって、そんな悲観論を語るだろうか。

高松宮と保科が隠していた事実があった。

初代国連大使だった加瀬俊一は高松宮から信頼されていた。加瀬は口外しないとの約束をして、病床の高松宮から本当に起きたことを聞いたのである。高松宮没後、加瀬が発表した「高松宮の昭和史」を読むなら、連合艦隊司令長官がアメリカとの戦争の回避をお上に申し上げて欲しいと高松宮に依頼したという事実が、かすかに、だが、明瞭な輪郭をもって浮かび上がる。

保科はどうか。かれは回想録を残している。山本長官から高松宮宛ての親書を託されたといった叙述があるはずもない。だが、上官や同僚との接触や評価を綴ることのまったくないその『大東亜戦争秘史』のなかで、自分が山本長官に信用されていたのだと記し、なぜかアメリカとの戦争がはじまる直前、長門に座乗する長官に呼ばれたという事実を記述している。

そこでもっとも肝心なことになる。

高松宮が天皇に「直諫《ちょっかん》」（これは加瀬が使った言葉だ）することになれば、天皇は唯一の相談相手である内大臣の木戸に助言を求めることになるのは、だれでも推量できる。

そこで山本は前もって手筈を整えた。今回、発見された山本から堀宛ての二通の書簡とは異なるべつの書簡がある。昭和十六年十月十一日付だ。アメリカとの戦争回避のためには、「最後の聖断のみが残されておる」と山本は堀に書き送ったのである。

だれひとり明らかにしていないが、山本の「聖断」の願いは堀から内大臣秘書官長の松平康昌、宮内大臣の松平恒雄に伝えられ、かれらはそれを内大臣に告げたはずだった。間違いなく木戸は連合艦隊司令長官が「聖断」を望んでいることを知っていたはずだ。

天皇は知るよしもなかったが、高松宮の「直諫」を知った木戸はこれは連合艦隊司令長官のぎりぎり最後の訴えだと即座に気づかねばならないはずだった。そこで木戸は天皇に高松宮を再度召すようにと助言しなければならなかった。ところが、木戸は戦いを回避したいと今更、口にだせるはずのない永野と嶋田を召すようにと天皇に言上した。

ここで説明する余白はないが、木戸はアメリカと戦争をするしかないと決意していた。だからこそ、かれは山本の願いを押し潰した。高松宮の「直諫」は歴史のなかの小さな挿話では決してない。

（産経新聞、二〇〇八・一二・九）

木戸幸一の私心

文献が重要な史料であることは言うまでもありません。しかし、そこに書かれていることすべてが真実であるとは限らない。その背景と記述者の思惑、書かれた経緯、行間に秘められた思いを読みとることが必要です。

そして、書かれているはずのことが書かれていない場合には、むしろ、その空白から歴史的事実が浮かび上がってくることがあります。歴史を変える重大な出来事に向かい合いながら、その決定にかかわる人がなにも記録を残さず、日誌になにも記すことなく、その後も関係者がなにも語っていないのであれば、研究者は待てよ、と警戒しなければなりません。

戦時中の内大臣だった木戸幸一の日記（『木戸幸一日記』東京大学出版会）には、日本の運命を変えたとも言える昭和十六年（一九四一）十一月三十日、天皇が木戸につぎのように語ったとの記述があります。

「今日午前、高松宮殿下御上りになりたるが、其時の話に、どうも海軍は手一杯で、出来るなれば日米の戦争は避けたい様な気持だが、一体どうなのだろうかね、との御尋ねあり。

依って、今度の御決意は一度御聖断被遊《あそばさ》るれば後へは引けぬ重大なるものであります故、少しでも御不安があれば充分念には念を入れて御納得の行く様に被遊《あそばさ》ねばいけないと存じます、就ては直に海軍大臣、軍令部総長を御召になり、海軍の直《（ママ）》の腹を御たしかめ相成度《あいなりたく》、此の事は首相にも隔意《かくい》なく御話置き願い度いと存じますと奉答す。

……

六時三十五分、御召により拝謁、海軍大臣、総長に先程の件を尋ねたるに、何れも相当の確信を以て奉答せる故、予定の通り進むる様首相に伝えよとの御下命あり」

木戸幸一は天皇にもっとも近い側近であり、天皇は国政にかかわる重要な問題はすべて木戸に相談していました。したがって、木戸日記は昭和史の〝聖典〟のようにみなされています。刊行されたのは昭和四十一年（一九六六）ですが、敗戦直後の昭和二十二年（一九四七）十二月二十七日付の各新聞に、東京裁判の被告となった木戸が昭和十六年の自分の日記を検察局に提出したことから、右に引用した十一月三十日のくだりが掲載されています。

弟君である高松宮が天皇に開戦反対を直訴したというのは大変なことですから、このときの出来事について天皇は何人かに語ったはずですが、それが戦時中に記録され、戦後に公開されたのはただ一つ、昭和五十六年（一九八一）になって刊行された小林躋造《せいぞう》の覚書（伊藤隆・野村実編『海軍大将小林躋造覚書』山川出版社）だけです。

昭和十七年の元日に拝賀のため参内《さんだい》した東久邇宮《ひがしくにのみや》に天皇が話し、それを西園寺《さいおんじ》公望《きんもち》の秘書だった原田熊雄が東久邇宮から聞いて、さらに穏健派の退役提督の小林躋造に話した。小林は原田から聞いた話を、昭和十八年（一九四三）三月につぎのように記しました。

〈「艦隊発動の裁可をした直後、高松宮が蒼惶《そうこう》として参内され『今艦隊進発の御裁可ある事は非常に危険です。実は軍令部の計算に大きな錯誤のあることを発見しました』」と言上《ごんじょう》したというのだった。天皇は「海相、軍令部総長を呼んで『何か誤算はないか』と問うたところ、両人共よく調べましてと云って下って、暫らくして『海軍としては何等の誤算もありませぬ』と答えたのでホット安神《あんしん》したのだが、高松宮が軍令部に誤算ありと云ったときには既に艦隊は進発後ではあり之は困まったと思った」〉

また聞きですから、ここに記された天皇の言葉は正確ではないと思いますが、大筋は間違っていないはずです。小林はまた、東久邇宮が原田に、「高松宮の誤算云々」がどういうことか、大事な問題でなければいいがと心配していたことも記しています。もちろん、昭和十八年三月、それこそ山本連合艦隊司令長官が戦死する一カ月前、小林がこの覚書をまとめた時点では、「高松宮の誤算云々」の意味はわかりすぎるほどわかっていたことでしょう。

この覚書にあるように、高松宮が「海軍は日米開戦に反対です」と天皇に言上したときには、もはやすべての戦争準備が整い、連合艦隊は北太平洋をハワイ真珠湾に向かって驀進《ばくしん》中でした。翌十二月一日には御前会議で米英との開戦が正式に決まることになっていたのです。天皇はさぞ驚かれたでしょう。この期に及んでいったい、なぜ高松宮はそんなことを言い出したのか。

高松宮自身も、戦時中の日記を残しています。その日記が公刊されたのは、高松宮が昭和六十二年（一九八七）に他界してから四年後のことでした。ところが不思議なことに、その日記には高松宮が天皇に直訴した昭和十六年十一月三十日午前の記述がありません。正確に言えば、この年の十一月十四日から三十日の午前中までが空白なのです。そして、三十日の午後から、再び記述が始まります。高松宮妃と秩父宮妃と三人で、秩父宮が療養されている御殿場を訪ねたこと、そのあいだに胸が苦しくなって薬をのんだ、などということがくわしく書いてある。にもかかわらず、問題の午前中のことはいっさい書いていない。これは大きな謎です。

ところが、高松宮は戦後になって、このときの出来事について語っています。『文藝春秋』昭和五十年（一九七五）二月号に、評論家の加瀬英明氏による「高松宮かく語りき」という回想が掲載され、高松宮は加瀬氏に、「直訴したのは保科善四郎に頼まれたからだ」と語ったのです。加瀬氏は、つぎのように記しています。

「兄弟（天皇と高松宮。引用者注）は五分間ほど、話した。宮は、海軍は開戦となったら、二年以上は戦う自信がない、と言った。天皇は、ただ、黙ってきいていた。そして、宮が話し終ると『そうか』とだけいわれた。……

宮は海軍省兵備局長保科善四郎少将から、天皇にそう申し上げることを依頼されたのだった」

この記事がおおやけになったとき、保科善四郎は八十三歳。衆議院議員を四期つとめ、政界からは引退していたものの、まだまだ健在でしたから、もちろん文藝春秋はこの話の裏づけをとるべく保科に取材を申し込んだでしょうし、おそらく保科は会う人ごとにこのときの事情を聞かれたはずです。寄稿や講演会の依頼も次々に舞い込んだことでしょう。ところが、保科はいっさいそれに答えず、かわりに、半年後の昭和五十年八月、回想録『大東亜戦争秘史——失われた和平工作』を上梓《じょうし》しました。

しかし、これは「秘史」というほどでもない、もう誰もが知っているような退屈な話ばかりで、期待した読者をがっかりさせるものでした。ことに読者が真っ先に読みたがったであろう、高松宮に直訴を依頼したことが一字も書かれていなかった。わずか半年前に大きな騒ぎになった一件にまったく触れていないのはいかにも不自然です。

さらに疑問なのは、それから十二年後の昭和六十二年（一九八七）、高松宮が亡くなったときに、ようやく「実は私が高松宮に直訴をお願いした」と認めたことです。

海軍の同窓会誌『水交』の「高松宮殿下を偲《しの》んで」という特集に保科は「軍令部の殿下と軍務局の私」と題する一文を寄せ、「殿下も非常にやりにくかったことと思いますが、私の申し上げたことを陛下にお伝えになり、それで陛下は東条さんをお召しになり、さらに永野さん・嶋田さんを召されて、海軍の戦備の状況をお確かめになりました。……」と、昭和十六年十一月三十日のことに初めて触れたのです。しかし、それならなぜ、保科は十二年前には沈黙を守ったのでしょうか。

疑問はそれだけではありません。

いくら直宮《じきみや》とはいえ、高松宮は軍令部第一部の部員、それもこのときはまだ着任したばかりの海軍中佐にすぎません。にもかかわらず天皇に直訴し、開戦反対という途方もない主張をしたのです。天皇は非常に驚いて、木戸幸一の助言にしたがって軍令部総長の永野修身と海軍大臣の嶋田繁太郎を呼び出し、戦いを始めて大丈夫なのかと念を押すことになった。一軍令部員の高松宮は重大な規律違反を犯したのです。

加えて、保科善四郎は海軍省の一局長です。いくら保科が有能であっても、一局長に頼まれただけで、すでに連合艦隊がハワイに向かって出撃したあとになって「この戦争をしてはいけません」と直訴におよぶでしょうか。

じつは、『文藝春秋』に「高松宮かく語りき」を書いた加瀬英明氏は、ある出版社の知人に、「高松宮の話は不自然に過ぎた」と語っているのです。そこで加瀬氏は高松宮に「たかが一局長に頼まれただけで直訴されたのですか。納得がいきません」と言ったら、高松宮はひとこと、「よくわかるね」と笑ったといいます。もちろん加瀬氏はその事実を書いていません。しかし、彼はそのことをはっきりと覚えているのです。

これらの〝謎〟をつきつめて考えれば、高松宮も保科も何かを隠している、保科は誰かの使いとして高松宮に会ったのではないか、誰もがそう思うのではないでしょうか。そう考えると、そこにある人物の影が浮かんできます。

高松宮が昭和六十二年二月に亡くなった直後の『文藝春秋』四月号に、加瀬俊一が「高松宮の昭和史」という文章を載せました。加瀬俊一は英明氏の父君です。初代国連大使で、高松宮から信頼されていた人物でした。彼はそのなかの「天皇に直諫《ちょっかん》」という見出しの第三節のなかで、つぎのように記しています。

「当時、高松宮は海軍中佐で軍令部に勤務しておられた。聡明な殿下は海軍の本心が戦争を欲しないことを察知し、また、戦争になれば勝算はないと判断していた。事実、連合艦隊司令長官・山本五十六は戦争に反対であり、同期の嶋田繁太郎海相に送った書翰（十月二十四日）には、『残されたるは尊き聖断の一途《いっと》あるのみ』と記してある。私も同感であって、十二月一日の御前会議が開戦を決定する前に形勢を逆転したいと焦慮していた。……

かくて、十二月四日、海相官邸で山本長官の壮行会が内密に行われた時には、開戦の廟議《びょうぎ》は既に決定していたのであって、壮行会に列席した高松宮の無念の心境が推察される」

ここには、ごくかすかにではあるけれど、山本五十六の「聖断」の願いと、高松宮の「直諫」の行動のあいだにつながりがあったことが暗示されています。加瀬俊一は真実を知っていたに違いないと思います。病床にあった高松宮に、「保科少将は誰の使者だったのですか。宮は、本当は陛下になんと申し上げたのですか」とたずね、高松宮はずっと心に秘めていた事実を加瀬に明かしたのだと私は思っています。

はっきり申しましょう。保科善四郎は山本五十六に頼まれて高松宮に会い、山本長官をお召しください、長官の話をお聞きくださいと天皇に申し上げてほしいと伝えたのです。

あるいは長門の艦上で山本、保科、高松宮の三人が顔を合わせ、山本が説く「聖断」による日米戦争の回避を高松宮と保科が聞き、そのための計画を立てたのかもしれません。

では、いったいなぜ山本は司令長官として連合艦隊をハワイに向けて出発させておきながら、それと矛盾するような行動をとったのでしょうか。「ご聖断」を仰ぐなら、どうしてもっと前に行動を起こさなかったのか、いや、そもそもあの戦争は海軍がはじめたのではなかったか――そんな疑問を持つ読者もおいででしょう。じつは、海軍はずっと米英との戦争を避けようとしていた。そして、山本はぎりぎりまでその努力をつづけたのです。

右に引用した加瀬俊一の「高松宮の昭和史」の文章に、山本が嶋田繁太郎に「残されたるは尊き聖断の一途あるのみ」と書き送った（昭和十六年十月二十四日）ことが記されていますが、山本は旧友の堀悌吉あての書簡（同年十月十一日付）にも「現状に於ては、最後の聖断のみ残され居るも、夫《そ》れにしても今後の国内は六《むつ》かしかるべし」と書いています。山本はアメリカとの開戦を避けようと必死だったのです。

ところで、当時の軍令部総長、永野修身は戦後、ずっと主戦論者だったと言われてきました。たしかに彼は昭和十六年七月三十日、天皇に「アメリカと勝つことのできない戦いをするしかない」と、およそ解釈に苦しむ上奏をしています。

永野と海軍首脳部がその七月に怖れていたのは、折しもはじまった独ソ戦に陸軍が参戦してしまうことでした。陸軍は二年前のノモンハンの屈辱を晴らすときがきたと意気込み、いまこそ「北方問題の根本的解決」という百年の宿願を果たす機会だと血気にはやっています。

もしも陸軍が日ソ戦争をはじめたら、わずかしかない資源や兵備は陸軍のために費消されてしまうでしょう。いや、そんなことよりも、ソ連と戦いを始めてしまったあと、アメリカが日本に対して経済封鎖に出たら、打つ手はまったくありません。

日ソ戦争をどうにかして食い止めなければなりません。陸軍の顔を南に向けさせなければなりません。対米戦も辞さず、南部仏印に進駐すべきだと永野は主張し始めました。その結果、アメリカからの石油が止められたら、陸軍も対ソ戦を断念せざるを得ないだろう。その後は中国からの軍隊の引き揚げという大きな譲歩をして、アメリカとの関係を正常に戻すことだ。勝ち目のない対米戦に、政府も宮廷も陸軍も同意するわけがない。それが永野と海軍幹部の腹のうちでした。何はともあれ、陸軍が意図するソ連との戦いをやめさせてしまうことが先でした。

南部仏印進駐は行われることになりました。日本がシンガポールと蘭領印度に睨みをきかせることになるのに対抗し、予測どおりアメリカは日本に対して全面禁輸に打って出ました。陸軍は対ソ戦を断念したものの、アメリカによる経済封鎖を打破する、南方に進攻すると主張するようになりました。永野は「じつは対米戦争は不可能です」とはいまさら言えなくなってしまいました。海軍はあれだけ威勢のいいことを言い、莫大な予算を奪いながら何をやっていたのか、という非難の大合唱になってしまいます。海軍大臣は「首相一任」と逃げてまわることになります。

こうして、山本五十六連合艦隊司令長官が軍令部総長と海軍大臣にかわってアメリカとの戦争を回避するために奔走しなければならなくなりました。ハワイ作戦の準備をしながら、「かかる成算小なる戦はなすべきではありません」と説いてまわるという、相反する二つの使命を山本は担うことになったのです。

十月の半ばに、いよいよ自分がやるしかないと覚悟を決め、山本は動き出しました。

先に述べたように、山本は昭和十六年十月十一日、堀悌吉あてに、「アメリカとの戦争回避のためには最後の聖断のみが残されている」という書簡を送りました。かれは、宮廷高官から信頼されている堀悌吉に、連合艦隊司令長官が戦いを回避したがっていることを宮廷に伝えてくれと願ったのでしょう。山本の聖断の願いが、堀から内大臣秘書の松平康昌、宮内大臣の松平恒雄に伝えられ、内大臣・木戸幸一からお上の耳に入ることを望んだのでしょう。

立場上、首相が「ご聖断をお願いします」というようなことは言えません。海軍大臣、陸軍大臣も同じです。天皇にご聖断の取り次ぎをするのは、このときには木戸内大臣にしかできないことでした。しかし、木戸が天皇にそれを取り次ぐことはありませんでした。

大分県佐伯湾で、機動部隊によるハワイ奇襲作戦訓練が始まる前日の十一月一日、山本五十六は嶋田繁太郎海軍大臣から「十一月三日正午までに大臣官邸まで目立たぬように来い」という緊急電報を受け取りました。宇垣纏《まとめ》参謀長の『戦藻録《せんそうろく》』によれば、「いよいよ決まったのですか」という宇垣の問いに、山本は「ハッキリ出来ぬから呼ぶのだ」と答えています。山本は堀悌吉の工作が功を奏したのだとうなずいたのだと思います。天皇のお召しがあるのだ、連合艦隊司令長官の考えを直接、言上できるのだとホッとしたのでしょう。

しかし、いざ東京に行ってみると何のことはない、海軍がそれまで反対していた「対米英戦の準備と決意」の条項が「国策遂行要領」に記載されることが決まったことを告げられただけでした。

陸軍と内大臣・木戸の主戦論に海軍は屈服したのだと山本は知りました。かれはいよいよ自分がやらねばならないことをすることになります。木戸が妨害できない人物、高松宮に参内してもらい、宮から直接、お上に山本長官を召すように言上してもらう計画です。

すでに申しましたように、高松宮の日記は昭和十六年十一月十四日から三十日午前までが空白です。ところで、十一月十五日に高松宮が天皇の名代《みょうだい》として江田島の海軍兵学校の卒業式に臨席したことは新聞記事からもわかります。一方、山本はその日、岩国の柱島《はしらじま》泊地の長門艦上にいました。

そして、例の『大東亜戦争秘史』の第五節、この部分だけ保科善四郎が自ら筆をとった「五、山本司令長官と私」には、自分が山本長官にいかに信頼されていたかを綿々と綴り、さらに昭和十六年十一月、旗艦長門に山本長官を訪ねたことが記されています。長官から兵站《へいたん》の重要性を教示されたのだというのですが、いかにも唐突、不自然です。保科は、本当はもっと何か言いたかったのではないか、と誰しも疑念をもつでしょう。

状況証拠しかありません。しかし、前に述べたように、山本はおそらく長門艦上で高松宮と保科に会い、日米戦争を回避するための計画を明らかにして、協力を依頼し、二人が東京に戻ってすべきことを指示したのだと私は思います。

高松宮と保科はすべての手はずを整え、十一月三十日の午前十時に高松宮が参内する予約を侍従職の庶務課長から取り付けました。山本五十六、保科善四郎、高松宮にとって、いや日本にとって十一月三十日は最初で最後の、死中に活を求める決定的な日となったのです。

山本は、高松宮と保科に会う二日前の十三日、岩国の海軍航空隊の講堂に集った連合艦隊の各艦隊幹部に向かって、ハワイ真珠湾攻撃のXデーが十二月八日であることを告げるとともに、つぎのように付け加えました。

「目下ワシントンで行われている日米交渉が成立した場合は、X日の前日午前一時までに出動部隊に引き揚げを命ずるから、その命令を受けた時は、直ちに反転、帰航してもらいたい。たとい攻撃隊発進のあとでも、命令を受け取ったら引き返させるようにせよ」と。

最高指揮官の南雲忠一《なぐもちゅういち》中将はじめ、何人かの指揮官は、それは実際問題として無理な注文だと反論しました。すると山本は、声を張り上げ、毅然《きぜん》として言い放ちました。

「百年兵を養うは何のためだと思っているか。もしこの命令を受けて、帰って来られないと思う指揮官があるなら、只今から出動を禁止する。即刻、辞表を出せ」

幹部たちは声もなかったと言います。かれらは長官が考えていること、やろうとしていることをまったく知りませんでしたが、長官はまさに必死だったのです。

加瀬英明氏は「兄弟は五分間ほど、話した」と記していますが、実際には四十分ほどでした。その四十分の話し合いのなかで、高松宮は「山本連合艦隊司令長官をいまただちにお召しください。山本長官はひたすらそれを願い、現在、私からの返事を待っております。後刻、長官から直接、アメリカと戦争してはならないという理由をお聞きくだささい」と天皇に説いたのでしょう。すでにハワイ近海までの航程の半分近くに達している連合艦隊の、その司令長官自身がすべての艦隊を引き返させねばならないと主張していると聞いた天皇は衝撃を受け、恐怖と不安にとらわれて高松宮の願いをはねのけたのだと思います。おそらく喧嘩別れの状態となったのが実際に起きたことだったのでしょう。

そのあと高松宮は取り返しのつかない失敗をしてしまったことを悔やみ、天皇も後悔と不安のなかにあったはずです。天皇は当然ながら、唯一の相談相手である木戸内大臣に助言を求めました。

高松宮の「直諫」を知った木戸は、「山本はとうとうやったか」と、天皇とはまたべつの意味で衝撃を受けたと思います。天皇と違って、木戸は山本が天皇の「聖断」によって日米戦を回避したいと願っていることを承知していたはずです。ところが、木戸はアメリカと戦争するしかないと決意していました。そこで前に述べましたように、戦いを回避したいといまさら口に出せるはずのない永野軍令部総長と嶋田海軍大臣を召すよう、天皇に言上しました。永野も嶋田も、保科から高松宮が天皇に山本長官のお召しを願い出ることは前もって承知していたはずです。そして、天皇からお召しがあり、天皇が山本のことにまったく触れないと知って、「山本の参内かなわず」ということがわかったのです。

永野と嶋田の参内に先立ち、木戸はもっとも肝心なことを天皇に言上していたのでしょう。「山本長官の名前を軽々しくお出しになるのはいかがなものでしょう」という重要な進言をしたと思います。いわく、「山本長官は前々から英米に対して甘いと批判されていましたから、かれの名前を出すと、今回のことが外にもれたときにあらぬ誤解を招き、海軍、そして国民の士気の低下にもつながりかねません。そこで、このあと、首相にも海軍大臣にも軍令部総長にも山本長官の名前は絶対に口になさらないほうがよろしいと思います」と。

もし山本の名が出た場合、軍令部総長が、「ぜひ山本をお召しください」と言い出すのではないか。木戸はそれを事前に防いだのです。

では、木戸はなぜそれほどまでにして山本連合艦隊司令長官のぎりぎり最後の訴えを葬り去ろうとしたのでしょうか。木戸にはいろいろ胡乱《うろん》なところがあるのですが、ここでは簡単に触れるにとどめます。

対米戦争を避けるためには中国からの撤兵が不可欠ですが、しかし、そうなれば支那事変をここまで拡大してしまった陸軍首脳の責任が追及されることになる。ところが、かれらは昭和十一年に起きた二・二六事件後の粛軍《しゅくぐん》の実行者たちでもあったのです。そして、かれらの背後にいたのが、当時内大臣秘書官長だった木戸でした。

中国から撤兵することになったら、二・二六事件の後始末にかこつけて皇道派をいじめ、支那事変を拡大することになってしまった責任者、杉山元と梅津美治郎は潔く責任をとって辞めることになります。そうなれば二・二六事件の後始末の基本原則を定めた木戸もまた、内大臣を辞めざるをえなくなる。かれは祖父・木戸孝允《たかよし》、山縣有朋《やまがたありとも》のあとを継いで、自らを盟主とする第三次長州時代をつくるという野心に燃えていましたから、こんなことで引退してたまるかと思ったのでしょう。だから木戸は中国撤兵を決意することができなかったのです。彼は、もし撤兵というようなことになれば、二・二六のようなクーデターが起きただろう、というような言い訳をしていますが、それはまったくの口実、あとでつくった言い訳です。すべて木戸の野心、いや「私心」によるものでした。

木戸は東京裁判でも恥も外聞もなく戦争責任を他人に押しつけてやみませんでした。しかし、あの戦争を起こし、悲惨な結末に終わらせたいちばんの責任者は誰でもない、木戸幸一なのです。

十一月三十日、戦争を阻止しようとした山本五十六の乾坤一擲《けんこんいってき》はお召しもかなわぬまま、失敗に終わりました。

翌日、山本は上京し、十二月三日、出征前の拝謁《はいえつ》、勅語を賜る儀式に臨みます。そこで山本がなにか言えるはずもなく、まことに気まずい、ぎこちない雰囲気のなか、三分足らずで儀式は終わってしまいました。相対した天皇と山本の胸中はどのようなものだったでしょうか。

昭和天皇の崩御《ほうぎょ》からまもなく発売された週刊誌『サンデー毎日』平成元年（一九八九）一月二十九日号に、加瀬英明氏は、昭和五十九年（一九八四）に葉山の別荘に高松宮を訪ねたときのことを書いています。

高松宮は、「あの戦争は陛下がお停めになろうとすれば、お停めになれたはずだった……あのときにもっと努力していれば、開戦を避けることができたね。わたしがもっと努力すればよかった」と語ったそうです。たしかに高松宮はそう思っていたことでしょう。

昭和十六年十二月八日、小笠原列島の水域を航行する連合艦隊旗艦の長門に座乗していた山本のもとに、ハワイ攻撃成功の報が届き、ついで十日にはマレー半島沖で雷撃隊が英国の戦艦二隻を沈めたとの電信が入りました。その日の夜、天皇からの感状《かんじょう》が届きます。藤井茂参謀が読み上げる感状を聞き終わった山本五十六は、東京の方角に向かって最敬礼をしたあと、号泣しました。その場にいた人たちのうち、戦後までただひとり生き残った坂田涓三《けんぞう》航海長は、つぎのように書いています。

「突然ガバと両腕を組んで艦橋の前面にとりつけられた柵の上にうつぶせになり、肩を波打たせながら涕泣《ていきゅう》された」（坂田涓三「山本元帥と大楠公」『水交』昭和五十年一月号）

たぶん、長門の艦橋にいたかれの部下の誰かはわかったのではないでしょうか。長官は感激して泣いたのではありません。いまとなっては遅きにすぎる。ご聖断を仰ぎ、戦争を回避しようとする私の努力が足りなかった。年若い陛下をお守りすることがついにできなかった。その痛心の激情に山本は駆られたのだと私は思っています。

山本五十六は十一月三十日の秘密を明かしてはならないおおやけの責任が自分にあると信じていました。昭和天皇の名誉を守らなければならないという責任と信念を持っていたのです。高松宮日記の謎の空白についても同じことが言えます。山本がそれを明かさなかったことを知って、それにかかわった人たちもまた、沈黙を守りました。

しかし、長かった昭和の時代も遠くなり、二十世紀も終わりました。いま私が昭和十六年十一月三十日の真実を明かしても、山本五十六をはじめ、すべてを知りながら秘密を守った人、秘密を探り当てながら沈黙を守った人々も許してくれるのではないかと思います。

（歴史通、二〇一二・九月号）

木戸幸一の戦争責任——対談／谷沢永一氏

谷沢　鳥居さんは『昭和二十年』（草思社）というタイトルの歴史書を書きつづけていらっしゃいます。これは実質的には、壮大な昭和史ともいえるものですが、今回お書きになった『近衛文麿「黙」して死す』（草思社）は、いわばその凝縮されたエッセンスともなっています。

鳥居さんが『昭和二十年』第八巻で珍しく、歴史家としてのご自分の態度を明確にされています。公文書や日記、回想録など、書き残されたものを案内役とする研究者は、文字にはけっして残されなかったもっとも重大なことは何もわからない、と。残された秘録などだけにこだわり、あるいはそれをいかにも絶対の証拠であるかのように振りかざして議論する人たちを鳥居さんは問題にしない。あらゆる目に見えない脈略を突き合わせ絞り上げて、事実を洞察し表現する。これがたくさんのご著書の基本線になっていて、そこには六十年後、百年後の人びとに真実を語り掛けるのだというお気持ちがある。僭越ですが、これこそが真の歴史家だと私は思います。非常に説得力がありました。

鳥居　ありがとうございます。いつもそういう具合に心掛けております。今回の本を書いた動機は、近衛文麿が日米開戦阻止への努力の肝心な部分について、ついに明らかにしないまま自殺したことにあります。近衛は日米交渉が完全に行き詰まったとき、三回にわたり、陸軍大臣であった東條英機に中国からの撤兵を求めます。近衛はまさかそれを東條が閣議で持ち出さないだろうと思っていた。しかし、東條は持ち出したのです。それでは閣内不統一となり、総辞職するしかない。ここで近衛は内大臣木戸幸一に会ったはずです。陸軍大臣に反対するのをやめよとのお上のお言葉をいただきたいといったのでしょう。木戸がどういう返事をしたのか、近衛はついに死ぬまでいわなかった。まさに、そこです。

谷沢　当時は総理大臣に閣僚を罷免する権限はありませんでしたから、第二次近衛内閣も松岡洋右外務大臣を更迭するために総辞職し、第三次近衛内閣を組織していますね。

鳥居　当然ながら、近衛が木戸の協力を得てこそできたことです。松岡はあとになって、「内大臣、お上を煩わすことはなかった。直接、私にいってくれれば、私は辞めたのに」と近衛に苦情をこぼしました。しかし、ソ連と戦え、アメリカとも戦えと主張し、近衛がもたもたしているなら私が首相になる、と大層な鼻息だった松岡が、近衛に辞めてくれといわれて、おとなしく辞めたはずがありません。

谷沢　元老なきあと内大臣が総理大臣の奏薦に大きな力をもっていましたから、近衛が木戸に会ったことも当然考えられる。しかし、最後の元老であった西園寺公望の没後、内大臣がどうしてあれだけ政治の課題を裁決し、上奏する権利を握ることができたか。その経緯は大きな問題ですね。

鳥居　そのとおりです。外交と軍事と国内問題との三つが絡むようなとき、元老たちが健在であれば彼らが物事の筋道を立てることができた。しかし元老なきあと、総理大臣経験者を集めた重臣会議があったものの、ほとんど力はない。たとえば昭和十六年十一月二十九日の重臣会議では、大多数の重臣はアメリカと戦争するのに反対ですが、彼らは何の情報も権限も与えられていない。戦争するしかないと首相、統帥部の首脳にいわれれば、不承不承うなずくしかない。軍の問題は、天皇が大元帥で統帥部を握っておられるかたちになっていましたから、これは政府があずかり知らぬこと。しかもその統帥部は、陸軍と海軍の二つに割れていて、両方が同格です。統帥権の独立よりも怖いのは、統帥権が分轄され、そして政府と同格ということでした。昭和天皇はお一人でご判断しなければならない状況だったのです。侍従武官長は陸軍の代表ですから、調整という面ではいわば役立たずです。そこで結局、内大臣一人が、たいへんな力をもってしまう。

谷沢　陸海軍のあの対抗心は、何から出たのでしょう。

鳥居　いがみ合いの根は、日露戦争の勝利でしょうか。陸軍は奉天で勝つ。海軍は日本海で勝利する。どちらも譲りません。本来なら、たとえば英国は海軍が強くて陸軍は付けたり。米国も第二次世界大戦前までは同じです。仏、独は陸軍が強い。日本も当初、陸軍が強くて海軍は付けたりでしたが、日露戦争の日本海海戦の大勝利で、海軍と陸軍が同格になった。そして双方が仮想敵をつくる。それが世界一の海軍国のアメリカ、もう一つが世界一の陸軍国のソ連ですから、陸軍と海軍相互の争いはおよそ際限のないものになりました。血眼になって予算争奪戦をしました。

谷沢　予算の分捕り合戦で、相手より下であってはならないとライバル意識を燃やす。英、米の場合は、いざというときは、陸海軍が協力しますが、日本はそれもない。

鳥居　そのために大元帥が存在するのですが、大元帥は陸海軍の争いの裁定はしないというしきたりがありました。

谷沢　日本の皇室の伝統からして大元帥とは、あまりに異例のことです。後醍醐天皇は別として、かつて天皇が軍事的な権力を持ったことはない。原因は西南の役です。明治政府が恐れたのは第二の西郷が出てくることだった。軍人勅諭を読めば、あれは西郷隆盛が出てきてはいけないということを延々と書いてある。

鳥居　なるほど西郷ですか。私はずっと足利、徳川のような幕府、征夷大将軍をつくらせぬためと思っておりましたが。

谷沢　各大臣が全部天皇に直結して輔弼するようにしたのは、つまり、全権を握る有力者が現れないようにしたわけですね。その配慮が昭和期になると、全部悪いほうへ向かったのだと思います。

鳥居　木戸が内大臣になったのは昭和十五年ですが、内大臣は大した力をもっていないようなことをハーバート・ノーマンが書いて以来、誰も内大臣を調べない。これは木戸・ノーマン史観がもたらしたものでしょう。ノーマンは日本近代史の学者で、昭和二十年九月からしばらくアメリカ占領軍の対敵諜報局に勤務しました。実際には、木戸は大層な力をもっていました。木戸は戦後も空とぼけておりましたから、後継内閣を決める重臣会議の司会ぐらいが内大臣の仕事だったと思われている。問題があったのは昭和十六年十月に東條を首相にしたときに彼が最初に口を切ったことぐらいではないかというように、皆さん思い違いしています。

谷沢　私が子供のころには、新しい内閣ができるときには、ラジオから「大命降下」という言葉が聞こえてきた。天皇より組閣の命が下ったということですが、木戸は、ただこの陰にいただけではないということですね。ところで昭和天皇はどこまで情勢を把握しておられたのでしょうか。

鳥居　昭和天皇は非常に孤独だったと思います。まず、導いてくれる父をもたなかった。第二に、皇族は軍に進まれるのがしきたりだったのですが、天皇だけは、海軍兵学校にも陸軍士官学校にも行かない。要するに、上司と部下というものを、身をもって知ることがなかった。もう一つは、国事をどうやるかの手ほどきを誰からも受けなかった。

それでも天下泰平のときならいいのです。昭和十五年から、対ソ戦か対米戦か、という危機的な状況のなか、自分がほんとうに思っていることを語ることができ、ごまかしやおざなりな言葉を聞くことなしに相談できるのはただ一人、内大臣である木戸だった。これが昭和天皇の悲劇でした。

谷沢　さて、昭和十六年十月に近衛と東條がぶつかったときに、木戸が何をしたのかです。

鳥居　近衛は昭和天皇から優諚《ゆうじょう》（特別な思し召しの言葉）が下り、それを受けて東條に中国撤兵させることができるのではないかと希望を抱いていました。ところが、第四次近衛内閣はできなかった。組閣の大命は東條に下ります。木戸の後々までの自慢は、そのとき、「外交交渉ニ依リ十月上旬頃ニ至ルモ尚我要求ヲ貫徹シ得ル目途ナキ場合に於テハ直チニ対米（英蘭）開戦ヲ決意ス」という九月六日の御前会議での決定を白紙還元するのがお上のご意思だと東條に伝えた、ということです。しかし、いちばん肝心なことは、閣内不統一で近衛が辞めざるをえなくなった中国撤兵の問題は、白紙還元に入っていないことです。中国撤兵は論外であり、その他の策で戦争回避できるか、それとも戦争なのかを決めるとした。これが、木戸が犯した最大の間違いだと私は思います。

谷沢　私は、時代の空気を子供ながらに感じていましたが、ああいうなかでは支那撤兵は不可能だったようにも思います。国内の世論が割れて大騒動になったでしょう。

鳥居　私は、それでもできたのではないかと思います。昭和十五年六月、フランスがドイツに降伏したときには、このあと英国がすぐに降伏する、日本が抱えている問題も間もなく解決する、重慶の蔣介石政権は日本に和平を申し入れてくるだろうといった雰囲気でした。ところが、英国は降伏する気配はありません。そしてドイツはソ連に対して戦争を始めました。日本はドイツ側に立って参戦するための用意を始め、大動員を開始しました。大動員のすべては外国に筒抜けだったのですが、秘密にせよという命令が出ていました。駅までの見送りは家族何人まで、日の丸や幟《のぼり》を掲げてはいけない、駅では静かに見送る、といった規則があり、出征兵士たちの見送りは葬式のような雰囲気になりました。

二年前のノモンハンが大苦戦だったということは誰もが知っていましたから、また同じような戦死者続出の戦いが、今度は何年にもわたって続くのではないかと誰もが心配でした。そしてアメリカとの外交交渉がいつまでたっても終わらないのが、人びとのもう一つの気掛かりでした。

アメリカと交渉妥結し、重慶政府と撤兵を約束して、昭和天皇が国民に向かって、世界中の国々は戦争をしているが日本は平和を選ぶ、明日のために経済建設に励み大東亜共栄圏を建設するという勅語を出されたなら、息子や夫の帰還を喜ぶ人びとの声で埋まり、経済界も歓声を上げ、陸軍がぶつぶつ不平をいうだけで終わったのではないかと思います。

それに、中国から撤兵しても、満洲の放棄にはつながらない。日本が撤兵しても、中国国内ではまず国民政府と中国共産党の内戦になったでしょう。こうした見通しをはっきり付ければ、政治的選択としては撤退も十分にありえたけれど、木戸にはできなかった。

谷沢　そして陸軍の統制派にはできなかったでしょうね。しかも、そこには革新派の官僚が付いておりました。この連中は、国家統制の下で高度国防国家を建設すべきだと考え、日本を統制経済にするために満洲国で予行演習をし、支那事変を統制経済と国家総動員への移行のための絶好の機会としました。

ところで昭和史の一つの大きな側面として、陸軍が統制派と皇道派とに分かれたことがありますね。派閥闘争を絵に描いたような様相を呈しますが、明治に陸軍大学をつくったことも大きく影響していますね。陸軍大学卒業者は、卒業徽章のかたちから「天保銭組」と呼ばれていましたが、二・二六事件を起こした皇道派の青年将校は全部、士官学校を出ても陸軍大学に進めなかった「無銭組」でした。陸軍で無銭組はお先真っ暗です。一般の浮世であれば、東大がだめなら早稲田がある、と振り替えが利きますが、陸軍では陸軍大学を出なければ一生うだつが上がらない。しかも陸軍大学へ進むためには上官から推薦されなければならない雰囲気です。要するに統制派の軍人は、全部保身術のうまい軍人たちで、おべんちゃらの巧みな奴らだというやっかみも生まれます。

鳥居　何といっても、その統制派と木戸との結び付きがありました。昭和十一年の二・二六事件に戻らなければなりません。昭和天皇は二・二六事件のときに、股肱の臣を殺した反乱軍は鎮圧せよと指示されますが、これを発案したのは木戸で、昭和天皇がこれを受け入れたのだと私は思います。木戸は、内大臣秘書官長を昭和十一年六月ごろに辞めるときに、日記にいささかの感傷を込めて書き残しています。二月の事件の後始末をきちんとし、非常に満足で仕事を辞めることができる、と。あのとき、まず暫定政府をつくり、そのあとに反乱軍の問題を処理するという軍高官をはじめ多数派の主張を排し、木戸一人が、鎮圧が先だと主張したのです。

谷沢　木戸の判断が陛下を動かしたのだとするならば、結果として二・二六事件は、皇道派を潰し、統制派をして天下を取らしめることになったわけですから、いわば昭和史をつくったのは木戸であるということになりますね。

鳥居　木戸の味方となったのが杉山元と梅津美治郎です。杉山は参謀次長で鎮圧の旗頭です。梅津は仙台の第二師団長で、容赦なく鎮圧せよとすぐに電報を打った。こういう勇気ある決断を下したのは梅津だけです。ほかの師団長は信頼する部下を東京に行かせて情勢を見ようとした。杉山元は「グズ元」だ、梅津は石橋を叩いても渡らない男だ、とみんなにいわれますが、二・二六事件のときには右顧左眄《うこさべん》せず、即座に態度を決めました。

谷沢　いやあ、二・二六事件のときはみんな去就に迷ったわけですがねえ。

鳥居　当然、杉山と梅津が叛乱軍鎮圧後に陸軍の大幹部になります。これが不幸を生んだのは、昭和十二年の支那事変の拡大の責任者が、結局、杉山と梅津となったことです。多田駿参謀次長や石原莞爾第一作戦部長などがどうにかして抑えようとするのを、当時陸軍大臣だった杉山と陸軍次官だった梅津が拡大に賛成した。なぜ彼らは賛成したのか。杉山と梅津は二・二六事件のときに手荒く、首謀者を全部銃殺にして片付けますが、陸軍内に大きな怒り、不満がありました。支那事変は二・二六事件の翌年です。これが拡大すれば、兵営の隊付の将校たちは、戦争のことで頭がいっぱいになる。連隊長にまでなれれば幸運と思っていた将校が、師団が増設されて、憧れの師団長になることも夢でなくなる。一方、支那事変を下手に抑えると、「陸軍省の杉山と梅津は何だ」ということになる。これが杉山と梅津の、心のなかに隠された、戦争を拡大してしまった動機ではなかったかと思います。

もし昭和十六年の十月、あるいは十一月に中国撤兵と決まれば、戦争拡大の責任者である杉山、梅津は責任をとって辞めろという声が出たと思います。そして、「杉山と梅津は二・二六事件を無慈悲に弾圧した責任者だ。彼らに現役を追われた皇道派の将軍たちこそ中国との戦いにずっと反対していた正しい見通しをもった軍人だった」と説かれ、陸軍内で二・二六事件の処理は間違っていたと攻撃され、議会で叩かれ、新聞で非難されることになったでしょう。もちろん、二・二六事件の処理の陰の計画者だった木戸幸一も批判され、内大臣を辞めざるをえなくなったはずです。

谷沢　それはそうですね。

鳥居　このような予測が容易にできたから、木戸幸一は中国撤兵よりも、アメリカと戦争する道を選んだのです。

じつは、日本の戦争を阻止できる機会がもう一度ありました。昭和十六年十一月三十日の午前、高松宮が昭和天皇に拝謁を願い出て、じつは海軍の本心はアメリカとの戦争を回避したいのだと言上しました。不思議なことですが、その十数日前、高松宮は横須賀勤務であったのが、海軍軍令部の作戦部員となっていました。昭和天皇は高松宮の話に、びっくりなさいます。翌日の十二月一日には御前会議を開き、正式にアメリカと戦うと決めることになっていたのです。

昭和天皇は木戸を呼んで相談します。ここで再び木戸は間違いを犯します。「少しでも御不安があれば、十分念を入れて御納得のいくようになさらなければいけないと存じます」と言上し、軍令部総長と海軍大臣をすぐにお召しになるようにと勧めてしまった。木戸が当然理解せねばならなかったのは、軍令部総長と海軍大臣がもはや自分の口から対米戦は回避したいといえない状態に追い詰められているからこそ、皇弟の高松宮に直言してもらう非常手段に訴えたのだという事実です。ところが木戸はそれに気付かぬふりをして、彼らからもう一度説明を聞かれたらどうかと昭和天皇に言上してしまいました。日本が戦争を避けることのできた最後の機会は、これまた木戸によって潰されてしまったのです。

付け加えておきましょう。ご承知のように高松宮は膨大な日記を残されていますが、この部分はありません。

谷沢　残されたものがどれだけ真実を語っているかということは永遠にわかりません。一例を挙げると『原敬日記』。これまた歴史学者が何とかの一つ覚えで盛んに引用するのですが、これを読んで、岡崎邦輔はこの時期に有力者ではなかったという論文を書いた若い学者がおりました。岡崎の名前が日記に出てこないからというのですが、実際は政友会を、そして原敬内閣を真の意味で支えた人物ですね。原敬も、「ほんとうの秘密は、どんなことがあっても、ひと言でも漏らしてはならない。それがすべて世間に広まるのだから」と語ったと木舎《きや》幾三郎が記しています。ほんとうの真実は書かないというのは、あらゆる日記、書簡に共通する。

鳥居　おっしゃるとおりです。高松宮は昭和十六年十一月十六日から三十日までの日記を残していませんし、まったく語られませんでした。兄君、昭和天皇にかかわりのあるまことに重大な問題がこの二週間にあったからだと思います。ところが木戸幸一の日記にこの十一月三十日のことが書かれています。木戸が巣鴨に収監されたとき、日記を預かったのは義理の甥の都留重人です。彼は木戸に不利な箇所は墨で塗り潰しますが、十一月三十日のくだりは面倒なことはないと判断したのかもしれません。また、じつは昭和十七年一月に昭和天皇が東久邇宮に、高松宮の突然の主張に慌てに慌てたという話をされ、そのあとすぐに東久邇宮は西園寺公望の秘書であった原田熊雄にこの話をします。原田はこの話を小林躋造に語りました。小林は海軍穏健派の代表です。小林がこの話を昭和十八年三月に備忘録にまとめています。

谷沢　最近は、海軍省はともかく軍令部は主戦派で、むしろ主たる責任は海軍にあったのだという人も多いですね。

鳥居　はい、これには説明が必要でしょう。昭和十六年の独ソ開戦の一カ月後に日本軍は南部仏印へ進駐しますが、あれは海軍が言い出したものです。なぜ海軍が言い出したか。

独ソ戦の直前、在独大使の大島浩から開戦の情報が入った。これで日本の陸海軍は大変な騒ぎになります。

とりわけ海軍が震え上がった。陸軍がソ連と戦争し、それが第二の支那事変になるのではないかと恐れました。しかもソ連と戦争を始めたあと、アメリカが日本に無理難題をいってくる恐れがあります。絶対に陸軍のソ連との戦争をやめさせなければならない。そこで陸軍の目を南に向けさせようとして、南部仏印への進駐を主張したのです。

アメリカに経済封印されたらどうすると陸軍が尋ねます。戦うまでだと軍令部総長は大見得を切ります。もちろん海軍軍人は経済封鎖を予測していたはずです。だが、そうなれば陸軍のソ連侵攻は絶対にできなくなる。そしてソ連と戦争していないなら、アメリカとの外交交渉で経済封鎖を解除させることはできる。このような議論をしていた記録は残っていませんし、海軍軍人の回想録にも載っていません。だが、間違いなくそうした議論をしたと思います。

南部仏印進駐ははたしてアメリカの全面的な経済制裁となります。軍令部総長の永野修身は昭和天皇に拝謁し、アメリカと戦争せざるをえないと上奏します。これが本気であったはずはありません。昭和天皇、内大臣、首相、外務大臣に大変なことになるぞと警告し、アメリカとしっかり交渉をしてほしい、大きな譲歩を覚悟して、アメリカとの長期的な和平を確立してほしいというのが永野の強硬論の後ろにある本心でした。単純に軍令部を主戦派だとするのは、いささか読みが浅いといわざるをえません。

谷沢　軍人のいうことは建前ですからね（笑）。となれば、木戸がそういう真実の事情を陛下に奏上していなかったことになる。つまり木戸は、何を陛下に申しあげ、何を申しあげないかを自分の都合で操作した。そういう男であるということは、陛下は感知できなかったのでしょうか。

鳥居　前述しましたように、昭和天皇はずっと木戸を信用されていました。天皇は会う人間が限られます。木戸以外は、侍従長、侍従、統帥部の陸海軍の総長、それと首相と各閣僚と話をする程度です。誰もが自分の守備範囲のことしか言上しないので、昭和天皇は木戸を頼りにされたのです。

谷沢　しかし、開戦を回避するチャンスは、ほかにはなかったでしょうか。

鳥居　昭和十六年には日本は不運が付いてまわります。その前年、昭和十五年九月に日本が三国同盟を結んだときには、その同盟の支持者は、近衛文麿をはじめ、誰もがソ連を加えての四国同盟に発展するといった期待をもっていました。ところがヒトラー自身は四国同盟なんてまどろっこしい、ソ連は数カ月で片付けてしまうことができると考えていたのです。これを、日本の政治家も陸軍幹部も知りません。アメリカの政治家、外交官もそれを知りません。おかしいと思う人がいても、三国同盟の傘下に入れようとして、ドイツはソ連に脅しをかけているのだと見ていました。

そこでアメリカ国務省のハル長官のように、日本を味方に引きずり込むことが必要だと考える人が登場し、そのための計画がアメリカ商務省でつくられます。中国撤兵と引き換えに満洲国を承認しよう、長期借款を約束し、二十年の長期和平協定を日本と結ぼうという計画です。ところが、ドイツのソ連侵攻が、このような路線をぶち壊してしまいます。

谷沢　ところで、近衛が総理になったとき、新聞が挙げて五摂家筆頭の近衛家と、お家柄を盛んに褒めそやしましたね。あれが大正時代であれば、もう少し国民感情も平静だったのではないかと思います。

鳥居　やはり昭和の空気というものがありましたかね。世界中、国民に人気のある政治家に期待が寄せられました。

谷沢　昭和のあの時期では、もう近衛しか期待すべき人がいないという感じでした。木戸にとって近衛は、利用し甲斐のある男だったのでしょうか。

鳥居　近衛に対するライバル意識があったと思います。近衛は、昭和十二年に首相になったとき、二・二六事件の恩赦をやろうと言い出します。叛乱軍の士官たちに同情的な将官と交友があり、なるたけ穏便に片付けたいと思っていたからです。近衛の勧めで入閣していた木戸が反対し、西園寺その他みんな反対しました。この考えの違いが、昭和十六年に日本の運命を定める近衛と木戸との対立を決定付けるとは、近衛も木戸もとても想像できなかったと思います。

ところで木戸には、木戸閥をつくるという野心がありました。第三期長州閥です。筆頭は岸信介。それから昭和二十年の内務大臣だった安倍源基。長州系の軍人もいます。木戸には「摂政関白、何するものぞ」という気概がありました。

谷沢　木戸が近衛にライバル意識をもったことは納得できるのですが、近衛のほうはどうでしょう。木戸家と近衛家とでは格が違います。近衛は、もう少し傲慢な男だったんじゃないかと思いますが。

鳥居　昭和十二年からの第一次近衛内閣時代はともかく、昭和十六年からの近衛は立派だったと思います。対米開戦の一年後には、近衛の予測が正しく、戦って負けはしないと高をくくっていた木戸が間違っていたことがはっきりします。近衛は、木戸は間違っていたという態度はとらず、ずっと木戸と接触を続け、戦争終結のために努力します。統帥部に戦争をやめよということができるのは大元帥の天皇しかなく、昭和天皇のただ一人の助言者、相談相手は木戸だったからです。戦争を終わりにするために、日本と皇室の維持のために、近衛は木戸に真剣に協力したと私は思っています。

谷沢　近衛は、自分を窮地に追いやったのは木戸であると、何かのかたちで表現することは憚ったのでしょうか。

鳥居　どういう陰謀があったか見当が付いていながら、死ぬまで彼は友人や部下たちにそれを漏らすこともしませんでした。近衛の沈黙は皇室を守ろうとしてのことです。藤原鎌足の嫡流であるとの自負をもった彼は、それが自分の責務であると信じ、日本の明日のためにもよいことだと思っていたからだと私は考えます。彼が自死するまでの五年間はまことに立派です。歴史家や評論家は彼を見誤っています。そう、誰もが木戸・ノーマン史観に毒されているのでしょう。

谷沢　歴史というものは、一元論で解決できるものではありません。鳥居さんはじつに多元的な要素を描いておられる。そこに、いちばん真実に近いものを感じます。

（VOICE、二〇〇七・九）

谷沢永一氏

一九二九年、大阪府大阪市出身。関西大学国文学科卒業。同大学院博士課程修了。文学博士。書誌学者。『完本　紙つぶて』で、サントリー学芸賞、『文豪たちの大喧嘩　鷗外・逍遥・樗牛』で読売文学賞など。二〇一一年、八十一歳にて没。

5　ゾルゲ事件、横浜事件など

尾崎秀実の本当の大罪——事変拡大の煽動者

尾崎秀実は戦争が終わる十カ月前に刑死した。それから今日まで六十数年のあいだ、かれほど活字にされてきた人物はいないだろう。獄中のかれが妻と娘に宛てた書簡集『愛情はふる星のごとく』が昭和二十一年に出版されたのにはじまり、かれの著作が刊行され、逮捕されてからの自白調書、公判記録も活字にされ、かれの知人たちによる回想録もでたし、かれについての論評、研究も数多く発表されてきた。昭和四十一年には「オットーと呼ばれる日本人」という芝居が上演されたし、「スパイ・ゾルゲ」といった映画も平成十五年に上映された。

そこでということになるが、尾崎秀実なる人物はなにをしたのか。

日本をして戦争を拡大させる、かれがやったことはそれに尽きた。ところが、かれが取り上げられれば、かれがリヒャルト・ゾルゲに協力しておこなった諜報活動の成果といった話になる。

少なからずの人がゾルゲはドイツのソ連侵攻の日を秘密無線でモスクワに知らせたのだと思っている。だが、十年も前に産経本紙の斎藤勉モスクワ特派員がロシアの専門家の考究を紙面に載せ、ゾルゲが侵攻の日である六月二十二日を告げたというのは「フルシチョフ政権の捏造」だったことを明らかにしている。一九五六年二月のソ連共産党の第二十回大会でフルシチョフはスターリンを激しく非難した。そこでゾルゲのまさに正確な報告を無視したスターリンは六月二十二日には茫然自失の有様だったと罵倒したのは、フルシチョフのスターリン批判の一環だった。

では、ノモンハンの戦いのあいだのゾルゲと尾崎の諜報活動はどうであったか。ノモンハンの勝利の第一の殊勲者は私だとゾルゲは逮捕されたあと警視庁の特高係長に自慢し、自分がやった手柄の数々を列挙してみせた。だが、ノモンハンで日本側が停戦せざるをえなくなったのは、そこに増派された第二十三師団が一日のうちに壊滅したという事実に尽きた。まったくの不意打ちを食らったのは、ハルビン・ソ連領事館の長期にわたる、念入りな仕掛けに関東軍が騙されたのが理由だった。

ノモンハンの勝利がゾルゲの功績だというのが事実であったのなら、海外諜報網を一手に握るようになった秘密警察長官のベリアは、大酒飲みの女たらしの二重スパイと軽蔑していたゾルゲにたいする認識をそのとき大きく変えていたはずであった。

日本が南進策をとるのだと知り、ゾルゲがそれをベリアに報告したことから、「ソ連はシベリアを空っぽにして、ヨーロッパ戦線を強化することができた」のだ、これが尾崎の最大の功績だとは、多くの人が語ることだ。

だが、尾崎の情報はクレムリンに届いた数多くの情報のひとつだった。そして本当の話をするなら、スターリンは松岡洋右外務大臣更迭の理由、御前会議で決まった新国策の内容を知る必要はなかった。日本本土で大動員され、満洲、北朝鮮に送られてきた大軍が八月上旬までに満洲の国境を越えなかったことは、日本が対ソ戦争を断念したことをはっきり示す証拠だった。八月中旬、下旬になって、日本軍が満洲国境を越えての戦いをはじめるということはありえなかった。ドイツ軍のソ連侵攻は、前に記したとおり六月二十二日だった。だが、それでも遅きにすぎた。六月はじめに戦いをはじめてこそ、モスクワを攻略できたのだ。冬将軍はヨーロッパの戦場でも、極東ロシアでも、ソ連軍の味方だった。

七月から八月はじめまで満洲に送り込まれていた日本の大軍は、今度は上海、台湾に送られはじめた。各地のソ連領事館はこの重大な事実をモスクワに報告するようになった。十月中旬、もはや日本軍が極東ロシアに攻め入ってくることなど絶対になかった。スターリンは極東方面軍司令官に極東ロシアに布陣した大軍の西送を命じたのだった。

フルシチョフはスターリンの権威を失墜させようとして、秘密情報機関に命じて、ゾルゲを過分に褒めたたえさせた。だが、フルシチョフはつぎの事実を明らかにせよと命じなかった。ゾルゲの命を救わず、かれを見殺しにしたのはスターリンだったという事実である。スターリンがゾルゲを助けていたのであれば、尾崎も当然救われたのである。

少し詳しく記そう。外交評論家の清沢洌がそのことを日記に記述している。清沢は戦争終結を待たず、昭和二十年五月下旬に肺炎に罹り、急死した。かれは昭和十九年九月七日の日記につぎのように記した。「帰りに坂本直道氏のところに寄り、正宗白鳥氏も来る。軍部の一部に尾崎秀実をソ連に、佐野学を中共に使いせしめんとする議ありという。尾崎が、まだ死刑に処せられなかったことは意外千万。ただし事実は不明だ」

説明を加えよう。清沢はその日記を軽井沢の別荘で書いた。坂本直道は満鉄からパリに派遣されていたのだが、欧州の戦いがはじまって帰国した。やがて東京は焼き払われるとかれは言って、軽井沢に住むようになっていた。ところで、坂本は尾崎のその情報をだれから聞いたのであろう。かれと同じように軽井沢に住んでいた鳩山一郎から聞いたのであろうか。それとも軽井沢に来ていた近衛文麿が喋ったのか。あるいはこれも軽井沢に留まっていた前外相の東郷茂徳が語ったのか。

それから二カ月あとの十一月十三日の日記に清沢はつぎのように記した。「尾崎秀実が十一月七日に死刑を執行されたそうだ。かれをソ連外交に利用しようというような噂もあったが、ウソであった」

嘘ではなかった。軽井沢ではなく、およそ奇怪な場所でその秘密を聞いた人がいた。

ゾルゲは日本で活動したが、ヨーロッパでゾルゲよりもはるかに大規模な諜報活動をしたレオポルド・トレッパーというポーランド系ユダヤ人がいた。ベルギーのブリュッセルでかれは日本に向かおうとするゾルゲに会いもした。

トレッパーはソ連に大きな貢献をしたにもかかわらず、戦後、ソ連で捕らえられ、スターリンが死ぬまで、悪名高いルビャンカをはじめ、モスクワ近辺の監獄をたらい回しにされた。その監獄のひとつでトレッパーはクラウゼンに会った。ゾルゲ諜報団の無線技師だった。戦後、日本の刑務所から釈放されて、ソ連に入りはしたものの、かれもまた監獄に放り込まれたのである。トレッパーはゾルゲが日本で刑死したことをかれから聞いた。

つぎにある日本人がかれの房に入った。陸軍将官の富永恭次である。かれについて説明しよう。昭和十九年九月にかれは第四航空司令官となってフィリピンに赴任した。レイテ、ルソンの戦いとなって、かれの僅かな航空隊は壊滅してしまった。かれひとりが台湾へ脱出したのだが、臆病風に吹かれてのことではなかった。マラリアで一時期、錯乱状態だったことと司令官脱出のあとに自分たちも逃げようと思っていた部下たちに騙されてのことだった。昭和二十年二月にかれは待命となった。その恥辱を晴らそうとして、召集されることを願い、昭和二十年七月、師団長となって満洲に渡った。敗戦となり、かれはソ連に送られた。かれが帰国できたのは昭和三十年になってである。

さて、トレッパーはその昔にフランス駐在武官だった富永とフランス語で話し合った。ゾルゲという人物についてなにか知っているかとトレッパーが尋ね、富永がよく知っていると答えた。トレッパーはどうして日本政府は捕らえたゾルゲを活用しなかったのかと問うた。トレッパーはノモンハンの戦いの日本兵の捕虜がソ連領内に残っているといった噂を聞き知っていて、ゾルゲとの交換をなぜ日本政府はおこなわなかったのかと尋ねたのである。

富永は第四航空司令官となる以前、昭和十九年八月三十日まで陸軍次官だったから、七月二十日に成立した小磯新政権の対ソ融和、接近政策の策定に加わり、日ソ関係の改善のためにゾルゲを釈放しようという計画があったことを承知していた。それこそ清沢洌が聞いた「尾崎秀実をソ連に使いせしめんとする」といった案も、討議されたのである。元首相、外交界の重鎮である広田弘毅が総指揮をとることになっていた。

もちろん、富永はトレッパーにそうした事実を語らなかった。交換計画があったということにして話をつづけ、再三再四、ソ連大使館にリヒャルト・ゾルゲを釈放してもよいと申し入れたのだが、そのような名前の人物は知らないという挨拶しか帰ってこなかったのだと語った。

スターリンが常人の感情を持っていたのであれば、ゾルゲ、そして尾崎を引きとるようにと命じたであろう。あるいは二人はルビャンカ監獄に入れられたかもしれない。それでも一九五三年のスターリンの死、つづくベリアの失脚のあと、かれらは自由の身になったはずである。

さて、尾崎秀実がやったことは、日本をして戦争を拡大させることだったと最初に記した。それについて語ろう。

かれは朝日新聞の上海特派員、外報部記者のあと、昭和九年から朝日新聞社の東亜問題調査会に籍を置き、数多くの論文、報告を発表した。論壇でも活躍し、「中央公論」「改造」をはじめ、多くの月刊誌、週刊誌に中国問題を掲載し、支那事変がはじまってからは、その活動はさらに活発となった。

尾崎はどのように戦争の拡大を叫び立てたか。月刊誌「改造」の昭和十三年五月号に掲載された「長期抗戦の行方」を見よう。

「日支事変が始って以来既に八カ月が流れてしまった」とまずは冒頭で述べ、つぎのようにつづけている。

「戦に感傷は禁物である。目前日本国民が与えられている唯一の道は戦に勝つということだけである。その他に絶対に行く道はないということは間違いの無いことである。

『前進！　前進！』その声は絶えず叫び続けなければなるまい」

そして尾崎はこの論文の後半で、まことに恐ろしいことを記した。自分が言ったのではない、「憂国の老先輩」が語ったのだと小狡い誤魔化しをして、もっとも強硬な陸軍軍人、もっとも過激な右翼の人士でも決して言わない、だれも語ったことのないつぎのような主張をした。

「日本が支那と始めたこの民族戦の結末を附けるためには、軍事的能力をあく迄発揮して敵の指導部の中枢を殲滅する以外にない」

そして尾崎は元や清をもちだして、戦いは長期戦だ、徹底した戦いだ、講和、和平など考えてはいけないのだと主張し、つぎのように説いた。

「支那を征服した二つの民族戦の場合、元、清の場合について調べて見ると、元が南宋と敵対関係に入ったのは一二三四年であって、広東の新会県に追いつめられた陸秀夫等が元将張弘範等に攻められて帝昺《へい》を奉じて海に投じ、南宋が亡んだのが一二七九年でその間四十五年かかっている。又清の場合を見るに、ヌルハチがホトアに即位し国号を金としたのが一六一六年で、清将呉三桂が桂王を雲南に殺し明の全く滅んだのは一六八二年である。その間やはり四十六年かかっている」

尾崎はこのように説いて、日本の戦いを「民族戦争」にしてしまい、「民族戦争」は四十年の戦いになるのだ、敵の王を殺すまでの戦いだと主張した。

尾崎がなによりも警戒したのは、そのときにおこなわれていた和平の動きだった。かれは新聞記者の肩書を利用し、政府の中枢部、陸軍、外務省に広い情報網を持っていたから、だれがだれを相手に和平交渉をやっているのかをすべて知っていた。かれは「中央公論」六月号に「長期戦下の諸問題」と題する論文を載せ、和平論を激しく非難した。

そして尾崎は軍と政府に漢口攻略を決意させようとした。蔣介石の国民政府は南京が陥ちる前から漢口に移っていた。そこで漢口作戦をやらせてしまえば、日本人有志と蔣介石の国民政府の高官とのあいだの和平交渉などいとも簡単に吹き飛んでしまう。華中に戦いを拡大させることになれば、華北に駐屯する日本軍を華中に送らなければならなくなる。中国共産党の華北の支配地は広がりつづけ、その支配を一層強固にすることができる。

尾崎秀実は中国共産党のために戦争の拡大を叫んでいたのである。さて、かれは漢口作戦をやらせるためになにをしたのか。

昭和十年から十六年まで存在した昭和研究会という研究団体があった。年若い優秀な大学教師、研究者、新聞記者が集まった。かれらは日本を繁栄、安泰な国にしようという使命感に燃えていた。幹事役には、政治は佐々弘雄、経済は笠信太郎、文化は三木清、外交は矢部貞治といった論客が並んだ。会にはいくつもの部会がつくられ、役人も参加した。支那問題研究会の責任者は風見章であったが、かれが第一次近衛内閣の書記官長となったあとを継いだのが尾崎だった。そして昭和研究会の実質的な事務局長は酒井三郎であり、大山岩雄が協力した。

その酒井三郎が戦後、つぎのような思い出を記している。「私は、尾崎秀実がある日、目の色を変えて昭和研究会の事務局に飛び込んできた時のことを思い出した」

これは昭和十三年四月か、五月はじめのことであったのだろう。酒井はつぎのように回想した。

「尾崎秀実は、居合わせた大山岩雄と私に、『漢口を即時たたくべし。漢口は政治、経済はもとより、軍事、交通その他、大陸に残された唯一の大動脈の中心である。もし、この要路を押さえれば、直ちに中国の息の根を止めることができる』と言って、原稿用紙数枚の意見書を出し、『これを昭和研究会の名で、内閣や軍に出そうではないか』と熱心に主張した。前に述べたとおり、支那事変に対する研究会の根本方針は、事変の不拡大であった。そして、その主唱の中心をなすものは、支那問題研究会であり、尾崎はまたそのメンバーの一人であった。大山と私とは、尾崎の意見の突然の急変に奇異な思いをした。私たちは佐々に尾崎の主張を述べたところ、佐々は『これはとんでもないことだ。おかしいね』と首をかしげた」

説明しておこう。佐々弘雄は朝日新聞の論説委員だった。戦争の不拡大、そして講和を望んでいた。

酒井はその回想をつづけた。「こうして、尾崎は漢口作戦促進を昭和研究会から建言することには失敗したけれども、おそらく他のいろいろのルートを通じて、彼は強力に働きかけたに違いない」

酒井が想像するとおりであった。ゾルゲと尾崎は多くの陸軍軍人と親しくしていた。当然だった。尾崎とゾルゲにとって、もっとも重要な任務は日本の陸軍指導部がなにを考え、なにをするかを知ることであったから、陸軍の政策決定の中心にいる軍人たちとの接触は不可欠だった。尾崎も、ゾルゲも新聞記者の肩書を持っていたから、かれらを籠絡するのは訳はなかった。尾崎とゾルゲの自白調書や公判記録に陸軍軍人の名前が出ていないのは、陸軍からの圧力で削られたからであろう。ゾルゲは西郷従吾や山県有光といった陸軍軍人と親しくしていた。かれらは明治元勲の孫であり、ドイツに駐在したことがあり、ドイツ語ができた。尾崎も陸軍省、参謀本部の軍人たちを知っていた。かれはかれらに武漢攻略の必要性を力説したことはまちがいない。そしてかれは稲田正純に目をつけたはずだ。漢口作戦をやれと説いていたのは、押しの強さではだれにも負けない、上司など屁とも思わない作戦課長の稲田だった。尾崎はかれと茶屋で酒を酌み交わしたはずだ。

こうして昭和十三年六月十五日の御前会議で漢口作戦のみか、広東作戦も合わせて、その年の初秋におこなうと決めることになった。そのときに尾崎秀実は朝日新聞社を辞め、内閣嘱託になろうとしていた。内閣書記官長の風見章の取り計らいだった。その昭和十三年には尾崎と風見はしっかり隠すようにしていたが、尾崎はもちろん、風見もまたマルクス主義を信奉していた。そこで二人のあいだには秘密の繋がりがあった。尾崎は首相官邸の地階の一室を利用できたから、六月十五日の御前会議の取り決めを早々に盗み読みする機会があったかもしれず、風見からその要点を聞いたのかもしれなかった。あるいはそれより前に、漢口作戦がおこなわれることになったと陸軍中央の軍人のだれからか聞いたのかもしれない。かれは自分の大構想が大きく前進したと小躍りする思いだったにちがいない。そのあとかれがただちにしたことがあったはずだ。尾崎の情報はソ連だけに報告されていたのではなかった。

前に記述したことがある。それを繰り返そう。東京の御前会議の決定から十二日あとの六月二十七日、延安の毛沢東は共産軍首脳の朱徳と彭徳懐、さらに麾下の華北各地域の八路軍の各師長に宛てて電報を打ち、日本軍のつぎの行動を知らせた。日本軍の主力が華北でおこなう作戦はしばらく遅延することになる。当面の日本軍の攻撃目標は漢口、武昌と広東である。

さて、尾崎秀実を「愛国者」だと讃えた人たちがいたのは、スターリンは太陽であり、ソ連は地上の楽園だと信じることができた昔であろう。尾崎を指して「日本人のなかでもっとも偉いと思った」と言った人は、いまになればいささか気恥ずかしい思いとなるにちがいない。なにはともあれ、尾崎が才気あふれる人物であったということになれば、現在でもだれもが認めるにちがいない。

捕らえられたあと、かれは夫人に宛てての手紙のなかで、戦争が激化すれば、インフレが昂進するだろう、家は売って、なにかに投資しなさいと勧め、野村の投資信託に預けるのがいいだろうと書いた。かれが逮捕されたのは昭和十六年十月十五日だった。大蔵省が日本ではじめて野村証券に投資信託業務を認可したのは、それより二週間あとの十月二十九日であり、野村が実際に募集を開始したのは十一月十九日だった。

日本ははたしてアメリカと戦争をはじめるだろうかと多くの人から情報を聞き、外電の山に目を通す毎日毎夜でありながら、尾崎は野村が投資信託をやろうとしていることにも注意を払っていたのである。

尾崎夫人は家を売らなかったにちがいないが、野村の投資信託は昭和二十年の年初まで好調だった。繰り返すが、尾崎秀実は才気あふれる人物だった。

そしてかれは獄中にあっても、中国の戦いの拡大のために努力をつづけた。昭和十九年二月にかれは上申書を提出した。二枚や三枚ではない、まことに長文の文章だ。そしてこれが印刷されて、政府と軍の機関に配られた。だれがやらせたことなのか、尾崎にとっては望外の幸いといったものだった。前によそで引用したことがあるが、上申書のその一節をつぎに記そう。

「軍事的に見るときは、現に蔣介石は西南に主力を注いでおりますが、私は今日以後は敵にも味方にも西北支那こそ決定的な意味を持って来るものと思われます。支那が他日総反攻をもし行い得るとすればその中心は大西北ルート、すなわち新疆―甘粛―陝西の道であろうと思われます。すなわち西安は最も重要なる拠点をなすものであろうと思われます。日本の進攻目標は是非とも西安でなければならないと思います。もし日本が他日大した無理なく自然に西安を奪い、隴海線および京漢線南段を通じて勢力下に置き得る日が来るならば、現戦役下の支那問題は少なくとも戦略的には大半解決したと見て過言ではないと思います」

この上申書もまた、これを読む人を騙そうとしたものだ。尾崎は数多くの人を騙してきた。たとえば朝日新聞、昭和研究会で尾崎と一緒だった笠信太郎も騙されたひとりだ。笠は尾崎が逮捕される丁度一年前にベルリンに派遣された。戦局が悪化して、かれはスイスのベルンに移った。ある日、公使の加瀬俊一が笠を主賓にして晩餐会を開いた。同席した田口二郎が笹本駿三にその夜の出来事を語り、のちに笹本はつぎのように記している。

「晩餐会で……話はたまたまゾルゲ事件に及んだ。同席していた公使館スタッフの一人が、『ゾルゲ事件の調査はかなり進んでいて、そう遠くなきうちに第一審の判決が出ることになっている。尾崎秀実のスパイ行為が立証されることは、どうやらまちがいないようです』と話したのにつづいて『なぜスパイをやったのか』が話題となり、『やっぱり金だろう』『いや金だけではない』というような議論がしばらくつづいた。そのあと笠さんが『君たちは、金が目あてだったとか、いやそれだけではないらしいとか、女も関係しているようだとか、確かな根拠もないことを、気楽な雑談でもするようにとり上げているが、それはぼくの前ではやめてもらいたい。尾崎はぼくのもっとも尊敬する友人だ。尾崎がスパイをするような人物でないことはぼくが誰れよりもよく知っている。それにいま誰れかがいったとおり、司法当局の取調べは終っていない。この時点では、君たちがいま話し合ったような話題はまことに軽率であるし、尾崎の人格を傷つける下品な行為だ。それは尾崎だけでなく、尾崎という人間をよく知り、その上で尾崎を敬愛し、信頼している多くのひとを侮辱することになる。ぼくは尾崎の戦友として、これだけのことを申し上げておきたい』ときっぱりした調子で話したあと、加瀬さんに向って、『折角お招きいただいた席で、堅苦しいことを申し上げて失礼いたしました。今晩はこれで中座させていただきます。有難うございました』とあいさつしてその席から立去った」

和平論を嘲笑し、和平交渉を潰そうとし、戦争の拡大をつねに唱えつづけ、日本を破局に追い込もうと努力していた男を、笠は本当に「敬愛し、信頼して」いたのか。なんのことはない、笠は尾崎の数多くある論文を読みとばしていたのであろう。

そう言えば、前に引用したことだが、酒井三郎は尾崎の漢口を攻略すべしと説くのを聞いて驚いたと記した。戦争拡大を叫び、和平論に反対する尾崎の文章のいくつかを読んでいたのであれば、やっぱり、これが尾崎の本心なのだと思わなければいけないはずであった。もっとも、酒井の回想は四十年の昔を振り返ってのことだから、記憶が定かでないところがあるのはいたしかたがないのかもしれない。そして笠の尾崎擁護も本当は至極単純な理由だったのであろう。

笠は最近まで朝日新聞の同僚だった男をかばうのが、異国での朝日の一員としての自分の責務だと思っただけのことだったのであろう。

尾崎秀実は才気あふれる人物だと前に記した。この才気あふれる人物はかれの知るかぎりの人を上手に騙す見事な才能を持っていた。笠信太郎がのちになって尾崎についてなんと言ったのかは私は知らない。明らかなことは、笠もまた「戦友」尾崎に騙されたひとりだったのである。

尾崎の昭和十九年二月の上中書に戻る。かれがそのなかで言った「大西北ルート、すなわち新疆—甘粛—陝西の道」とは、独ソ戦争がはじまる前、ソ連が重慶政府に軍事援助物資を輸送していた自動車道路のことである。尾崎は書いてはいないが、ソ連がドイツに勝利を収めたあと、中断されていた大西北ルートが復活するぞという警告であり、そのルートの終着地である西安を一日も早く押さえてしまえという提案だった。

陸軍省、参謀本部の幹部たちがこれを読んで、さすがに支那通の尾崎だ、獄中にいても、見るところは見ていると思ったのであろうか。それとも、ソ連に身を売ったこの腹黒い男はまだわれわれを騙そうとしている、こんなくだらないものをだれが印刷させたのだと憤慨する軍人がいたのかもしれない。

ソ連がドイツに勝利を収めたあと、大西北ルートの復活などスターリンが考えるはずはなかった。満洲に攻め入り、そのアジア大陸最大の工業地帯を押さえようとするに決まっていた。

もちろん、尾崎はそのように予想していたはずだ。

では、なぜ、尾崎は「日本の進攻目標は是非とも西安でなければならないと思います」と主張したのか。これまた、ごくごく簡単な理由だった。西安は「大西北ルート」の終着点ではなかった。日本が敗北したあと、当然、蔣介石と毛沢東とは戦いをはじめると尾崎は予測していたのだ。西安こそ、毛沢東の延安を攻撃する出撃起点となる。

蔣介石は西安に自分の陸軍の最精鋭、最大の軍団を駐屯させ、自分が一番信頼する部下の将軍に任せ、アメリカが日本を敗北させる日を待っていたのである。尾崎は日本軍にその「西北王」と呼ばれる将軍の軍団を攻撃させ、延安の共産党の根拠地を安全なものにしようと考えたのである。

尾崎が昭和十九年二月に西安攻略を説いてから二カ月あと、支那派遣軍は河南省で新しい作戦をはじめた。一号作戦、大陸打通作戦と呼ばれる作戦距離千五百キロに及ぶ大作戦の開始だった。そこで毛沢東が言うところの「蔣介石が捨てた土地」が生まれ、中国共産党の工作員と軍隊がその広大な地域に浸透する。

尾崎の上申書とはなんの関係もなしにはじまった一号作戦の敢行であったが、かれがどれほど喜んだかは、夫人に宛てた手紙でわかる。そして一号作戦が最高潮を迎えていたとき、かれは釈放されるかもしれないと告げられたはずだった。だが、かれの喜びは絶望に変わった。それでも蔣介石の政権に計り知れぬ打撃となり、延安共産勢力にたいするアメリカの高い評価を生みだすという皮肉な結果となった一号作戦は、かれを最後まで支える力となったのかもしれない。

かれは存在すると信じていた国際共産主義の大義のために殉じた。だがかれが現在の中国とロシアを見たとき、はたしてなんと言うだろう。改めて言うまでもないことを最後に記す。戦争の拡大を叫び、和平に反対した尾崎秀実よりも、戦いの拡大に反対し、和平の手がかりを求めようと努力した――ただひとり名前を挙げよというなら――松本重治のほうがはるかに高潔であるのはもちろんのこと、真実の愛国者だったのである。

（別冊正論、二〇一一・六月）

映画「スパイ・ゾルゲ」を観ての哀しみ

土方歳三《ひじかたとしぞう》を好きな人びとがいる。リヒャルト・ゾルゲを好きな人びとがいる。ゾルゲを好きな人びとのなかには、ゾルゲロジストと呼んでいいような人たちがいる。もちろん、この日本でのことである。

篠田正浩氏はそんなゾルゲロジストのひとりである。かれはゾルゲに大きな関心を持ち、十年以上も前から構想したゾルゲの映画をついにつくりあげた。

私はこの映画を観た。

どうだったと人に聞かれて、私は口ごもった。篠田氏のこの映画にかけた夢と情熱を何回も新聞や雑誌で読んできていた。原作、脚本を自分で書き、「最後の作品だ」「これで映画監督生活にピリオドを打つ」と語るのも聞いた。埼玉県の本庄市に戦前の銀座通りの巨大なセットがつくられ、出入りが自由なことから、セットの周りに町の人が集まり、毎日がお祭りだったという話も耳にした。そうした記憶がつぎつぎと浮かびでて、私は思ったことを素直に口にだせなかった。

私が考えたことはあとに回そう。

篠田正浩氏はこの映画でなにを描こうとしたのか。

篠田氏は繰り返し説いた。「ゾルゲとかれの協力者、尾崎秀実の背後にカメラを置くことで、昭和史を正確に描きたい」

篠田氏がいうところの昭和史とは、昭和のはじめから昭和二十年までのことである。

篠田氏はその十数年を絹と油の時代だと説いた。映画のなかでそれはしっかりと描かれている。篠田氏はその説明を月刊誌『外交フォーラム』の今年の五月号のなかで語っているから、つぎに紹介しよう。

篠田氏は述べる。昭和五年、一九三〇年に朝日新聞の上海支局員の尾崎秀実はアメリカの左翼活動家、アグネス・スメドレーの紹介でリヒャルト・ゾルゲと会った。この出会いは映画のなかでも、丁寧に描かれている。

翌昭和六年、一九三一年に満洲事変が起きる。「実はこの満洲事変に世界でいちばん強く反応したのが、アメリカでした。当時、日本の輸出総額の四〇パーセントを占める最大品目が絹生糸で、その八〇パーセントの輸入元がアメリカだった。そして満洲事変のペナルティとして、アメリカはこの生糸の輸入を禁じたわけです。当時コロンビア大学総長にしてノーベル平和賞受賞者であったニコラス・バトラー博士が、対日経済政策委員会を組織し、日本生糸のボイコット宣言を出しました。これで日本三〇〇万農家から養蚕収入を奪ったわけです」

篠田氏はつづける。

「こうして日本の農業経済は大打撃を受け、都市には失業者が溢れ、消費が一気に冷え込んだ。そして高橋是清蔵相は過剰金融融資によって産業の建て直しを図り、不況を脱しようとするが、昭和十一年、一九三六年の二・二六事件によって青年将校に殺されてしまう」

「この『絹の物語』、つまり青年将校が農民を助けようとして起こした二・二六の顚末を予測してきちっと描かれていたのが、ゾルゲが一九三五年に書いた論文『日本の軍隊』でした。この部分が、僕の映画『スパイ・ゾルゲ』の前半ですね」

映画は思い入れを込めて描く。ゾルゲはドイツの新聞の特派員と東北の旅にでる。客車の窓の外から子供たちの手がでて、食べ物をねだる。べつの駅では向かいのプラットホームに十人ほどの若い娘たちがいる。男がひとり付き添っている。都会に売られていく娘たちである。つづいては二・二六事件となる。これも詳しくとらえられている。

篠田氏はさらにつづける。

「後半の『油の物語』ですが、これはヒトラーのパリ占領から始まります。パリ陥落によって仏領インドシナが軍事的空白状態となる。そこへ日本が入っていかないと中国に武器が渡り、大陸に駐留する一五〇万とも言われた日本の精鋭部隊が野垂れ死にをしてしまう。その動きをいち早く察知したのが、フィリピンにいたアメリカ軍です。そして彼らは日本への原油を止めた。これで日本海軍の軍艦はただの『鉄の盆栽』となってしまった。こういった昭和史を、ゾルゲと尾崎は実に冷静に分析し、モスクワに報告していたわけです」

「さらにゾルゲは一本の電報を送ります」と篠田氏は語り、日本にソ連攻撃の意図がないと伝え、そこでモスクワはシベリアに置いた軍隊をモスクワ防衛のために使う。「そしてスターリンの勝利宣言が赤の広場で高らかに謳《うた》われるのが十二月五日。真珠湾攻撃の三日前のことでした」

映画はこれも中身が詰まりすぎるほどに詰め込んで描いている。

ゾルゲは数カ月のあいだをおいて、ドイツはソ連を攻撃するという機密情報、日本はアメリカを攻撃する、ソ連を攻撃しないという機密情報をスターリンの手元に届けた。

篠田氏は映画「ゾルゲ」をつくりたいと考えた理由を説明し、「世界大戦を目前にした日本政府と国民がゾルゲと同じ情報を手にしていたならばという思いです」と何回も記している。

ところが、ゾルゲのその報告はスターリンに無視された。二つの理由からだ。スパイ・ゾルゲはスターリンとかれの部下たちに信頼されていなかった。そしてゾルゲの送ってくる情報の中身がスターリンのお気に召さなかった。

実際の話、いい情報とは受け取り手の記憶に残りやすいもの、要するに、受け取り手の考えに近いものほど真実味を増し、上質な情報となる。

昭和十六年、一九四一年五月、六月、スターリンはドイツが攻撃を準備していると信じなかった。そこでドイツの攻撃を告げてくるゾルゲの情報はいい情報ではなかった。

ドイツの攻撃を告げる情報は数限りなくあった。だが、スターリンはこうした情報をすべて英国の陰謀だと思い込み、ソ連を戦争に引き込もうとするのが狙いだと考えた。国境の向こう側にドイツ軍が集結していることは承知していたが、外交交渉に備えての圧力なのだと思っていた。

そこで、対ソ侵攻の日は六月二十二日だと告げたゾルゲの報告も無視された。映画のなかにもでてくるが、スターリンはゾルゲの報告を「酔っぱらって売春宿で書いたのだろう」と罵倒した。

ゾルゲロジストの篠田氏は承知していたのであろうが、実際には、ゾルゲは六月二十二日と正確な日付を伝えてはいなかった。一九六〇年代になって、フルシチョフ政権がつくりあげた話である。緒戦の大敗はスターリンのせいだと非難することで、かれをさらに貶《おとし》めようとする工作のひとつだった。売春宿云々もフルシチョフの部下のつくりごとだったにちがいない。その時期、スターリンの部下はゾルゲの電信に目を通すこともしなかったのである。

もうひとつ、日本はアメリカを十月に攻撃する、ソ連を攻撃しないと告げた情報はどうなのであろう。これは九月六日の「帝国国策遂行要領」の中身のようだ。

ゾルゲのこの貴重な情報によって、スターリンは反撃のためにシベリアから精鋭部隊をモスクワの前線に送りこむことができたというのだ。だれもが取り上げる話である。

なるほどスターリンが満洲国境に配備した軍隊をモスクワに移すように命じたのは十月の上

旬だったのかもしれない。だが、日本軍のシベリア攻撃が七月中旬までになかったそのとき、その年に日本軍のシベリア攻撃はない、少なくとも来年の初夏まではないということは、ソ連首脳のだれもが理解できたことなのである。ゾルゲの報告がなによりも役立ったというのは事実から遠かったのではないか。

さて、篠田氏がこの映画を「絹と油の物語」にしたことに戻る。

篠田氏が「絹と油の物語」といった構成にしたのは、錯綜した歴史をできるだけ多くの人に理解してもらおうとしてのことであったと思える。

ほんとうのことをいえば、アメリカが日本からの生糸の輸入を制限したがために、日本の農村が困窮し、二・二六事件となったのではなかった。一九二九年、昭和四年秋にアメリカにはじまった大恐慌が原因だった。当然ながら満洲事変より前のことである。

アメリカの人びとの所得は際立って大きかったから、ヨーロッパでは金持ちだけが絹のドレスやガウンを着ていたのが、アメリカでは普通のサラリーマンが絹のワイシャツを着て、オフィスガールが絹の靴下を穿いていた。

アメリカは絹織物に高率の輸入関税をかけていたから、各国はアメリカに原材料の生糸を輸出した。イタリアとの競争に勝ち、日本の糸がアメリカを支配するようになった。

労力と時間を計算すれば、米作よりも、蚕を飼うほうが利益はずっと大きかった。農家は畑に桑を植え、蚕を飼った。定期航路の客船が生糸をシルクルームに入れてアメリカに運んだ。

生糸は日本経済の主柱となった。

ところが、アメリカで大恐慌が起きた。数字に語らせよう。昭和四年に繭一貫は七円五十八銭だった。生糸の輸出額は七億円だった。昭和五年に繭一貫は四円二銭に暴落した。農家の養蚕は赤字となった。輸出額は四億円に下落した。昭和六年、満洲事変の起きた年には三円十銭となった。輸出額は三億円までに下がった。昭和七年、二円五十六銭となった。

たしかにアメリカで日本生糸のボイコット運動はあった。木綿の靴下を穿いた若い女性がいた。周りから進歩的と見られたいと願うような女子学生だった。だが、生糸の値の暴落は、「帝国主義日本」にたいする抗議によるものではなく、大恐慌が原因だった。そしてその恐慌は全世界にひろがり、経済戦争が深刻化し、ブロック経済へと向かい、戦争となったのである。

つぎは「油の物語」だ。これも篠田氏が映画を観る人にわかりやすく説明しようとして少々事実をつくり変えている。

南部仏領インドシナ、サイゴンとその周辺に陸海軍を進駐させたのは、重慶政府への軍需品の輸送を阻止するためではなかった。その目的のためには、前年に北部仏領インドシナに駐兵していた。

突然に南部仏領インドシナへの進駐を説きはじめたのは海軍だった。尾崎秀実がそのときに同じような主張をしたのだが、かれが秘かに考えていた理由とまったく同じだった。海軍首脳は陸軍がソ連と戦うのではないかと恐れ、陸軍の目を南に向けさせようとして、スマトラ、ボルネオに油田を持つ英国とオランダに圧力を加えねばならないと言い、南部仏領インドシナへの進駐を懸命に説いたのである。

その結果、アメリカが全面禁輸を仕掛けてきてもしかたがない、日ソ戦争を阻止するのがなによりも先だ。アメリカに禁輸を解除させるのは、外交交渉によってだ。これが海軍幹部の胸のうちだった。南部仏領インドシナの進駐はこうして起きた。

石油の輸入をとめられてしまったがために、戦争になったのだといった話は、自分を慰めるだけの解釈でしかない。仏領インドシナから、そして中国から撤兵の決意のできなかったことが、アメリカとの戦争となったのである。

「絹の物語」「油の物語」は、前に語ったとおり、篠田氏が昭和のその時代についてなにひとつ知ることとなしにこの映画を観る人たちのために、かれらが興味を持つようにと考えて、手を加えた説明なのである。

ゾルゲについてもう少し語りたい。

ゾルゲはたしかに二十世紀の歴史に残るスパイだった。かれは日本とドイツの参謀本部、双方の政治指導者を手玉にとった。だが、前に述べたように、スターリンとその部下たちはかれとかれの情報を信用しなかった。

それどころか、かれが日本の警察に捕らえられたあとには、かれのソ連に残した妻がソ連の秘密警察に捕らえられた。映画はこれも撮っている。

そして映画には出てこないが、かれは日本政府がソ連政府となんらかの取り引きをおこない、その結果、自分は釈放され、ソ連に送還されることになると期待した。日本の外務省は何回かソ連に働きかけた。だが、相手にされなかった。ゾルゲは妻もろとも、スターリンに見捨てられたのである。

ところで、篠田氏が繰り返し説いたとおり、ゾルゲは日本と東アジアについて正しい分析をおこない、的確な見通しをたててきた。そのかれの最後の見通しについて述べねばならないだろう。かれはいくつかのことを隠しはしたものの、自分のやった多くのことを取り調べ官に包み隠さずに語った。これらはすべてしっかりと記録されたから、いつか公開されることになれば、ソ連で完全に自分の存在が葬りさられても、自分の名誉が回復される端緒になるとかれは思ったのである。

ゾルゲはドイツと日本の敗北のあとに冷戦がはじまることを予測していたかどうかはべつとして、マッカーサーの部下のプロパガンダ工作に使われ、ゾルゲ諜報団の活動が明らかにされることになって、かれはたちまち生き返った。さらに反スターリン・キャンペーンをおこなったフルシチョフに利用されて、かれはソ連の愛国的英雄となった。

そしてゾルゲはこればかりは予見できなかったことであろうが、日本にゾルゲロジストが生まれることになった。

土方歳三を好きな人たちと違って、ゾルゲロジストはいずれも現在、六十歳以上であろう。

かれらは赤い表紙の岩波新書の尾崎秀実の『現代支那論』を読んだことがあり、かれが獄中から妻と娘に宛てた書簡集を読んだ人たちである。そしてかれらの多くは若いときにはマルクス主義者だった。かれらはやがて明らかにされたスターリンの暴虐な体制とそれを真似た日本共産党に強い嫌悪感を持つようになり、スターリンに反対し、抹殺されたブハーリンの弟子であったゾルゲにいつか親近感を抱くようになったのである。

さて、このようなゾルゲロジストは映画「スパイ・ゾルゲ」をどのように観たのであろう。一九二八年、昭和三年に尾崎が妻とともに上海へ赴任したことにはじまり、映画の最終場面、一九八九年、平成一年のベルリンの壁の崩壊、エンディング曲、ジョン・レノンの「イマジン」まで、映画のひとつひとつの場面はかれらの記憶する過去を思いおこさせる。

ゾルゲロジストが三時間の映画を見終わって、かれらがまず思ったのは、年若い観客にこの映画は理解できなかったのではないか、退屈だったと思いながら席を立ったのではないか、篠田氏の渾身の努力は報われなかったのではないかという哀しみではなかったか。

そして、その底にあるかれらのほんとうの哀しみは、篠田氏がゾルゲと尾崎は日本国民を戦争に巻き込むまいと努力をしたのだといったお涙頂戴の自己満足的なフィクションに仕立てようとせず、野望と戦争、献身と裏切り、理想と挫折が絡んだ非常に複雑な時代を克明に追おうとして、ついに追い切れなかったかれの悪戦苦闘を画面に観ることになったということなのであろう。

私がこの映画を観ての哀しみも同じである。

（草思、二〇〇三・八月号）

警察史上最大の汚点「横浜事件」の真相

このページをひろげる人であれば、恐らく神奈川県警の不祥事にはじまる警察のもろもろの病弊《びょうへい》、その批判を読まれたことであろう。さらには警察の構造腐敗から演繹《えんえき》してのさまざまな議論にも目を通してきたことであろう。（この一文は「警察の腐敗」という特集号の一つとして書かれた）

正直、いささか食傷気味であろうかと思う。

このさきを読んでもらうために、最初に私はなにを語るつもりなのかを言ってしまおう。

半世紀以上昔のことになるが、神奈川県警が五十人に近い人を捕らえ、やってもいないこと、考えてもいないことを白状しろと迫り、一年、二年にわたって拘禁し、公訴した事件がある。どうして、この事件が引き起こされたのかを語りたい。

なんだ、横浜事件のお復習《さら》いかと鼻白む人が多いかもしれない。

横浜事件で捕らえられた人のなかには、原稿用紙に縁のある人が多かったことから、自分が巻き込まれたその奇怪な事件についての回想を公にしたし、研究者の文章もこれまた数多くあり、年配者であれば、それらのうちのいくつかを読んだ記憶があろう。

そして、戦後の長いあいだ、警察は不当な権力行使をしていると非難をするときには、こうしたことに目をつぶっていれば、横浜事件のような言論の自由への弾圧が起きるぞと警告する文章、公安警察は横浜事件を引き起こした特高の後身だと批判する論文が新聞雑誌を賑わせたことは、だれの記憶にもあろう。

ところが、現在おこなわれてきている警察批判は、警察の過剰な権力行使を非難するものではない。横浜事件の再発を許すなといったものではない。日本のすべての分野における根幹要素、日本的信条といってよいものが大きくひび割れしていることの一端を示しているのだ。

半世紀以上も前の横浜事件は現在の神奈川県警の不祥事件とは繫がらない。それでも現在の警察問題を論じる特集のなかで、私がこの事件について語りたいのは、これだけ多くの人によって論じられた事件でありながら、どうしてこのような空中楼閣を築くことになったのか、いまにいたるまで究明されていないからである。

読者は、横浜事件はだれが引き起こしたのか、舞台の背後でだれが操ったのか、それはなぜだったのかといったことは、どれも読んだ覚えがある、とっくに明らかにされていると語るのではないか。

だが、これまでに書かれ、語られてきた説明はどれも正しくない。

横浜事件のさなかに潰された中央公論社の社長の嶋中雄作氏や改造社の社長の山本実彦氏が

述べたこと、かれらの部下たちが語ったこと、たとえば昭和十八年から中央公論社が廃業に追い込まれるまで、「中央公論」の編集長だった黒田秀俊氏が記したこと、そしてまた、横浜事件の被告人全員の弁護をした海野普吉氏が説いたこと、留置所に、拘置所に拘禁されていた人びとが述べたこと、これらの説明はいずれも真実からは遠い。

最初に捕らえた二人を釈放しなければならなかったのに、それをせずに、逆に、ずるずると五十人近くを捕らえ、無理やりに自白を強要したのは、だれが指導をしてのことだったのかを知るためには、覚えている人も多いだろうが、この事件の経過をまず語ることからはじめなければならない。

だれもの記憶にあるとおり、主人公は細川嘉六だ。

五十代後半、捕らえられた四十数人のなかで、最年長者だった。東京帝大法科を出て、住友本社に入社したが、まもなく辞めた。大原社会問題研究所の研究員となって、十数年のあいだ岡山にいたが、昭和十一年に東京に移り住み、評論、研究の仕事をつづけてきた。マルクス主義者だった。

ことのはじまりはかれの筆禍事件だった。

昭和十七年のことだ。月刊誌「改造」の八月号と九月号に「世界史の動向と日本」という題の長文の論文を載せた。

かれはソ連が文明の新しい時代を切り開いているのだと述べ、ソ連の非ロシア地域の各自治州においては、各民族は尊重され、平等と豊かさが保証されているのだと書き、階級のない社会主義社会なのだから、それは当然なことなのだと説いた。

そして、細川は熱情を傾けてつぎのように説いた。「もし欧米勢力をアジアより駆逐したる大和民族が日清日露戦争以後の如く依然として欧米帝国主義の追随者としてアジア諸民族に対するときはアジア諸民族のうちに孤立する危険を自ら招くものである。明らかに日本によって欧米勢力を駆逐してもらったアジア諸民族の日本に渇望するものは欧米帝国主義の亜流者たる日本にはない」

陸軍報道部の軍人が細川嘉六のこの文章を読み、これは共産主義の宣伝ではないかと怒った。かれは陸軍報道部長にこのことを報告した。

この二人の対談が「日本読書新聞」に載せられた。どうしてあんなものが、総合雑誌に載るのだ、検閲はないのも同じだというやりとりだった。警視庁は慌てて、細川を逮捕し、世田谷署に留置した。昭和十七年九月十四日のことだった。

陸軍報道部員はマッチを擦るまでのことはした。だが、かれのしたことはそこまでだった。大火にしたのは神奈川県警だった。

昭和十七年八月二十日のことだ。第一次交換船が横浜港に着いた。アメリカ、中南米から帰国した千四百二十一人の日本人が上陸した。日本船から脱走し、アメリカに留まっていた船員を神奈川県の特高警察が尋問した。そのうちのひとりだったのであろう。軽口を叩いた者がいた。「そんなことなら、戦争がはじまる前に大物が帰国していますよ」

その男とその妻は日本領事館が警戒していたニューヨークの日本人労働クラブに出入りしていたことが明らかとなった。茨城県の大地主の息子で、慶応の学生時代には社会主義運動に加わっていたことも判明した。昭和十六年一月に帰国し、世界経済調査会に入り、資料部主任となっていた。特高課員はやったぞと思った。

第一次交換船の浅間丸が横浜港についてから三週間あと、警視庁が細川嘉六を逮捕する三日前のことになるが、神奈川県警察部の特高課は川田寿《ひさし》とかれの妻を捕らえた。寿は三十六歳、妻は三十二歳だった。

神奈川の特高警察は、もしかしたら第二のゾルゲ事件の手掛かりを摑んだのかもしれないと思い込んだ。

この前年、昭和十六年の十月、アメリカにいたことのある者の供述からアメリカ帰りの洋画家、宮城与徳を捕らえたことにはじまり、かれの自白からリヒャルト・ゾルゲと尾崎秀実のソ連のスパイ団を一網打尽にした警視庁の大殊勲を、神奈川県の特高警察は真先に思いだしたのである。

宮城はアメリカに十二年いた。川田はアメリカに十一年いた。宮城はアメリカ共産党の日本支部員だった。川田もそうではないのか。

だが、ことはゾルゲ事件のように簡単には運ばなかった。ゾルゲ事件は宮城を捕らえてからは、ばたばたと片づいた。宮城は逮捕されて二日あと、すべてを自白し、それから三日あとには尾崎を捕らえ、かれは直ちにすべてを自白し、その三日あとにはゾルゲを捕らえることになった。

ところが、川田夫妻をどれだけしめあげても、なにも出てこなかった。第二のゾルゲ諜報団は存在しないと神奈川の特高は断念して、川田夫婦を釈放しなければならなくなっていた。上部にいるだれかが、諦めるなと言ったのではなかったか。

川田を捕らえて四カ月あと、昭和十八年一月、川田の兄や友人、さらに世界経済調査会の川田の同僚を捕らえた。さらに四カ月あとの五月、世界経済調査会と満鉄東京支社調査室で川田と行き来のあった者を捕らえた。

そのうちのひとりの家の家宅捜索で一枚の写真がでてきた。旅館の浴衣を着た七人の男が写っていた。早速、警察は写真に写っている人たちの身元調査をはじめた。前の四人がしゃがみ、立っている後ろの三人の中央に小柄な男がいた。これが細川嘉六だと分かり、ほかの者たちがマルクス主義の洗礼を受けていたことも分かった。

昭和十八年の同じ五月、神奈川県警は写真に写っていた中央公論社や改造社の社員を逮捕した。釈放されるところだった細川も神奈川県警が引き取った。

この連中は共産党再建の協議を昭和十七年七月に富山県泊町の旅館でしたのだと神奈川県警は推理した。第二の五色温泉事件を摘発したのだと意気込んだ。大正十五年十二月、山形県の五色温泉で共産党が秘密大会を開き、第二次共産党をつくった。昭和三年三月十五日、この情報を入手した特高警察が共産党中央委員を一斉検挙したのが、いわゆる五色温泉事件である。ところが、共産党再建を話し合ったのだとはだれも自白しなかった。殴られ、蹴られるといった酷い拷問を受けることになった。

暴力を振るうのは神奈川の特高だけのお家芸ではなかった。神奈川県警察部は「拷問神奈川」と言われて恐れられてきた。松田町で昭和五年から九年までに起きた放火事件では、百八十三人が起訴され、有罪は二人だけだった。昭和十一年の総選挙では、被疑者が警察署内で飛び下り自殺をして、署長らが職権濫用罪で起訴されたこともあり、警察部長が「拷問神奈川」の汚名を返上すると県議会で陳謝したこともあった。

ところで、第二の五色温泉事件なるものも神奈川県特高のまったくの空想の産物だった。細川は東洋経済新報社から『植民史』をだし、その印税が入ったことで、親しくしていた者をかれの故郷の泊に招いただけのことだった。

十人、二十人と捕らえ、「拷問神奈川」ぶりを発揮しはしたものの、第二のゾルゲ事件とはならなかった。第二の五色温泉事件ともならなかった。ところが、神奈川県警はさらに逮捕をつづけた。泊町に行った者、細川の講義を受けた者たちをしめあげ、かれらに自分は共産主義者だといった手記を書かせることになった。

部下を何人も捕らえられた中央公論の社長、被疑者たちの弁護士、その他の情報に通じている人たちは、神奈川の特高が荒唐無稽な言いがかりをつけ、どうしてあとからあとから逮捕、拘禁をつづけているのだろう、背後に内務省首脳の意思があるのではないかと思った。

かれらは内務省幹部が近衛文麿に圧力をかけているのだと想像した。弁護士の海野普吉はのちにこれを説明して、近衛文麿と平沼騏一郎とのあいだの暗闘があったのだと説いた。なんといっても横浜事件の全被告の弁護をした海野が語ることだったから、多くの人はそれを信じた。捕らえられていた人のなかには、取り調べの警察官が平沼の名を洩らしたなどと言った人もいる。

だが、平沼騏一郎と近衛文麿のあいだの争いなどは実際にはなかった。平沼は横浜事件になんの関係もなかった。

東条内閣であれば、近衛に圧力をかける必要はたしかにあった。昭和十八年に入って、近衛が宇垣一成や皇道派の退役将軍、あるいは退役提督小林躋造《せいぞう》と協議をし、東条のあとの政権の準備をしてきていることに、内務省と陸軍省の幹部は神経を尖らせていたからである。

風見章が細川嘉六の留守宅に千円届けたということを神奈川特高が摑み、小躍りしたのだという噂を関係者が聞き、さらに昭和十八年九月に、昭和塾で講師の細川のもとに集まっていた者を神奈川特高が捕らえたことから、内務次官の唐沢俊樹は近衛をやっつけようとして、こんな無茶な逮捕をつづけさせているのだと中央公論社社長の嶋中やほかの者たちは考えた。

風見章は第一次近衛内閣の書記官長だった。近衛内閣が退陣して、内閣の嘱託を辞めた尾崎秀実に資金援助をしたことがあった。昭和塾は昭和十六年十一月に解散してしまったが、近衛と親しい後藤隆之助が主宰していた。風見を脅し、後藤を叩いて、近衛に圧力をかけようと内務省の幹部は意図しているのだ。

こんな具合に考えた。だが、この推測も正しくはない。なるほど、内務次官の唐沢や警保局長はちょっとのあいだそんなことを思ったことがあったのかもしれない。だが、そのとき解散していた昭和塾の幹部たち、また風見にたいして、神奈川特高はなにも仕掛けようとはしなかった。

近衛が神経質になるはずはなかった。もうひとつ付け加えるなら、近衛の伝記を書く人びとがいずれも書き忘れていることだが、ほかの多くの政治家たちよりも五年以上早く、近衛は昭和十五年十一月に大きく転向していたことだ。近衛論を書くつもりはないから、ここでは語らないが、かれは左派、枢軸派と手を切っていた。だから、昭和塾、風見にたいする圧力がかりにあったとしても、かれへの圧力とはならなかったのである。

神奈川県の特高警察官は課長からはっぱをかけられ、国策に雑音を入れようとする超大物をめざすのだと激励されたことはあったのかもしれない。だが、それはあくまで下級警官のあいだでの話だった。

そこで肝心なことになる。神奈川の特高がやっていたことは、内務省の幹部の指図に従ってのことではなかった。逆に内務次官や警保局長はひきずられていたのである。

ひきずったのはだれか。神奈川県知事の近藤壌太郎だったと私は思っている。

近藤は昭和十七年一月から昭和十九年の八月まで神奈川県知事だった。

かれは毀誉《きよ》褒貶《ほうへん》に囲まれた人物だった。ある人びとはかれを尊敬していた。まことに珍しいことだと思うが、かれは神奈川県知事を辞めて、二度と公職に就かなかったにもかかわらず、かれとかれの知事時代の業績を懐かしむ人は、戦後、三十年のち、四十年のちにまでいた。

かれをひどく嫌った人も多かった。そしてかれ自身はといえば、三千人の味方がいて、三千人の敵がいるのを楽しんでいるようなところがあった。

かれは東京帝大を出て、希望の職場、これこそ権力の中枢である内務省に勤務することになり、有資格の事務官として、日本各県で課長、部長をやることになった。昭和十三年四月にかれは大阪府経済部長になった。

その年の六月、政府は純綿の国内向け供給を停止し、綿と綿製品の売却禁止という非常措置をとった。東京、とりわけ大阪の織物問屋は手持品を政府に安く買い上げられるのを嫌って、隠匿し、ひそかにデパート、小売店に横流しした。近藤はこのような店を片端から摘発した。こうしてかれは「鬼の近藤壌太郎」「内務省きっての苛烈な官僚」と恐れられた。

そこで昭和十五年四月にかれが滋賀県知事となったときには、震え上がった人たちがいた。大阪の綿問屋は滋賀県の出身者が多く、二年前の大阪府経済部長時代のかれの雷名は滋賀県にも鳴り響いていたからである。

かれは昭和十七年一月に神奈川県知事に栄転した。神奈川県知事となってからは、「雷知事」「火の玉知事」「小型東条」と呼ばれるようになった。かれは一日中、部下たちに雷を落とし、かれらから始末書をとった。

かれがどういった考えを持ち、どういうことをしたかについては、余白がないので、ここでは書かない。かれはなにをやったか、なににたいして怒ったかは、私の『昭和二十年』の第八巻に載せることにしているから、関心のある方は見ていただきたい。

近藤壌太郎は特高課がやっていたことをすべて承知していた。知っていただけではない。第二のゾルゲ事件、それに失敗して、第二の五色温泉事件、それも思うようにいかず、最後には共産主義の啓蒙、宣伝をしていたといった罪状を作りあげた特高課の背後で指示をしていたのは、かれであったことに間違いないように思える。

そして昭和十九年七月十日、政府は中央公論と改造の二つの出版社に自発的廃業を命じるということが起きた。このことについて説明しておこう。

内務大臣、次官、警保局長、保安課長、情報局総裁、次長、第二部長、そして総理大臣、だれひとり、このような決意をはっきり決めていたわけではなかった。中央公論社と改造社の問題は社長の交代でいいはずだった。官選社長の任命でいいのではないかと首相が口をはさんでもよかったのである。

だが、首相の東条とかれの助言者は、サイパンの失陥とマリアナ沖海戦の敗退のなかで、政府にたいする批判と疑問の声が一挙に大きくなり、窮地に追い詰められつつあることをひしひしと感じるようになっていた。ふらふらと揺れ動いていないのだというところを、首相は政敵たちに見せようとした。この政敵たちの筆頭は、それこそ前に挙げた近衛文麿である。だが、ほんとうの話は、政敵にたいしてというよりも、東条は自分の部下たち、内務省や情報局の中堅幹部、言論報国会を牛耳るグループ、そして陸軍省と参謀本部の部課長たちに、自分の手が震えてはいないというところを見せようとしたのである。

思いもかけず中央公論社と改造社を潰してしまった。すべては一地方長官に引き回されて、こんなことをすることになったのである。

中央公論社と改造社を廃業させて八日あと、東条内閣は瓦解した。東京都長官から新たに内務大臣となった大達《おおだち》茂雄は直ちに知事の任免をおこなった。八月一日、九人の地方長官を更迭した。そのなかに神奈川県知事の近藤壌太郎が入っていた。

新聞はなにも解説、批評をしなかったが、中央、地方の役人たちは「親軍官僚を一掃したな」と思った。前東条政権に積極的に協力した知事たちを切ったのだと理解した。

だが、重ねて言うなら、「親軍官僚」と呼ばれ、あるいは「小型東条」と呼ばれはしたものの、横浜事件では、近藤壌太郎は内務省幹部の指示で動いたのではなく、かれが中央政府を引き回したのである。

内閣は代わった。火の玉知事もいなくなった。唐沢俊樹のあとの内務次官の山崎巌、町村金五のあとの警保局長の古井喜実は、神奈川県の特高課に向かって、もういい加減に店じまいにしろと言ってもよかった。

ところが、言わなかった。なぜだったのか。小磯内閣が登場してから、ソ連との関係を改善しよう、特使を派遣しようということになった。内務省はいつもながらの対応をした。日本がソ連に接近しようとすれば、親ソ派、共産主義者は蠢動《しゅんどう》をはじめるにちがいない。さらに徹底した警戒が必要だ。そこで次官あたりが全国の特高課に注意を怠るなと命令することになったのであろう。神奈川県警察部の逮捕はなおもつづいた。

これが横浜事件のあらましである。

戦後、不法な拷問に苦しめられた人たちは暴力をふるった神奈川県警察部の特高課長以下の下級警官二十八人を告発した。三人を除いて、ほかの者は証拠不十分で不起訴となった。付け加えるなら、その三人は最終判決確定の四日あとの講和条約によって、特赦となった。

それはともかく、どうして横浜事件が引き起こされたのかは、今日までだれにも分かっていないことをもう一度言っておきたい。

（草思、二〇〇〇・六月号）

「宮中祭祀廃止論」への疑問

皇太子妃殿下は「適応障害」という病気に罹《かか》られているのだという。そしてその原因に宮中祭祀《さいし》への違和感があるのだという。市井の一庶民である私は、それ以外のことはなにも知らないし、病理学に無縁な私が口を挟む事柄でもない。

ところで、皇太子妃のその問題から「宮中祭祀の廃止」を唱えてきた人物がいる。明治学院大学教授の原武史氏である。

原氏はそのための言論活動をおこなうにあたって、貞明皇太后に言及し、二、三の出来事を誤読、誤解することによって、皇太后の虚像をつくりあげた。昭和天皇は第二次大戦中、「戦況の悪化に反比例するかのように、神がかりの傾向を強めつつあった」皇太后、「『かちいくさ』を祈る皇太后」の「呪縛《じゅばく》」のもとにあったのだと説いている。

そして原氏はそのような貞明皇太后が昭和のはじめから戦争中にかけて今日の宮中祭祀の基礎をつくりあげたのだと主張することによって、その廃止は当然なのだと読者を説得しようと努めている。

私がこの欄で原氏の主張を取り上げるのは、貞明皇太后の実像を読者に知ってもらおうと思うからである。

いうまでもなく貞明皇太后は昭和天皇の母君である。昭和二十年の前半、天皇と皇太后とのあいだに葛藤があった。ところが、それらの出来事にかかわった人びとはなにひとつ口外しなかった。

口を閉じてはいたが、内大臣だった木戸幸一の日記と貞明皇太后の第三子、高松宮の日記を丁寧に読めば、昭和二十年の前半に宮廷で起きた天皇と皇太后の葛藤の全体像がぼんやりではありながらもすべて浮かび上がる。

原氏も、木戸と高松宮の日記を読んではいる。これらを読んだうえで、原氏は貞明皇太后が神功皇后に「傾倒していた」のだと説き、「天皇は、そのような皇太后に手を焼きつつも、影響を免れなかったのではないか」と記すのである。

昭和二十年の歴史にいささかの関心を持つ人であれば、その年の二月に近衛文麿から東条英機まで七人の「重臣上奏」があったことを記憶されていよう。

だが、それが天皇の発意によるものか、内大臣の助言によるものか、そもそもだれが天皇にそれを説いたのかを明らかにした研究はこれまでにない。

これこそが皇太后の提案だった。そのあと三月二日の天皇と皇族の懇談会も同じだったのである。

皇太后は天皇になにを求めたのか。原氏の想像とはまったく逆だ。この戦争を終わりにすることはできないものか、政府首脳と統帥部総長の主張だけでなく、牧野伸顕伯爵、近衛文麿公爵、そして皇族の皆さんの考えを聴いてはいかがと皇太后は天皇に問うたのである。

皇太后の思いどおりに事態は進展しなかった。天皇と皇太后とのあいだの感情の齟齬《そご》はつづくことになった。

それから四カ月あとの六月十四日に天皇は皇太后を訪ねた。原氏はその著書『昭和天皇』のなかでその訪問についてつぎのように記している。「ずっと『かちいくさ』を信じて『神』に祈り続けていたのに、木戸に冷水を浴びせられた皇太后から、天皇はまたしても厳しく詰問されたに違いない。このとき、皇太后が『神罰』という言葉を使ったかどうか定かでないが、天皇はショックのあまり立ち上がることができなかった。

そこから立ち上がったとき、天皇はようやく、皇太后という呪縛から脱却し」、戦争終結を決意したのだ。

原氏はこのように説くのだが、残念ながら「冷水」から「呪縛」まで、すべて事実からかけ離れている。

天皇が皇太后を訪ねたのは、疎開を勧めるためであり、皇太后は天皇の説得に応じなかった。東京に残って、神に祈りつづけるのだと説いたのではない。口にはしなかったであろうが、皇太后が説きたかったのは、疎開などではなく、戦争終結を考えるべきだということだった。

長野県の松代なんかに行ってしまったら、お上は陸軍の虜《とりこ》となってしまう、戦争の終結はいよいよできなくなると言外に仄《ほの》めかしたのである。

天皇は皇太后の考えがわかっていたのだと私は思っている。そして天皇はその五日前に戦争終結を決意していたことを母君に明かすことができないのを無念に思っていたのだと私は理解している。

神がかりであり、抗戦派である貞明皇太后といった叙述、その呪縛下にあった昭和天皇といった主張は、事実から遠い。残念ながらともう一度言うが、すべては原氏の思い過ごしである。

（産経新聞、二〇〇八・一〇・一三）

著作一覧（『山本五十六の乾坤一擲』以外はすべて草思社刊、文庫は草思社文庫）

『毛沢東五つの戦争――中国現代史論』（一九七〇年、二〇一二年文庫化）
『周恩来と毛沢東――周恩来試論』（一九七五年）
『横浜山手――日本にあった外国』（一九七七年）
『昭和二十年』（第一部）
1 重臣たちの動き［1月1日〜2月10日］（一九八五年）
2 崩壊の兆し［2月13日〜3月19日］（一九八六年）
3 小磯内閣の倒壊［3月20日〜4月4日］（一九八七年）
4 鈴木内閣の成立［4月5日〜4月7日］（一九九〇年）
5 女学生の勤労動員と学童疎開［4月15日］（一九九四年）
6 首都防空戦と新兵器の開発［4月19日〜5月1日］（一九九六年）
7 東京の焼尽［5月10日〜5月24日］（二〇〇一年）
8 横浜の壊滅［5月26日〜5月30日］（二〇〇一年）
9 国力の現状と民心の動向［5月31日〜6月8日］（二〇〇一年）
10 天皇は決意する［6月9日］（二〇〇二年）
11 本土決戦への特攻戦備［6月9日〜6月13日］（二〇〇三年）
12 木戸幸一の選択［6月14日］（二〇〇八年）
13 さつまいもの恩恵［7月1日〜7月2日］（二〇一二年）

『日米開戦の謎』（一九九一年）
『横浜富貴楼お倉——明治の政治を動かした女』（一九九七年）
『「反日」で生きのびる中国——江沢民の戦争』（二〇〇四年、二〇一三年文庫化）
『原爆を投下するまで日本を降伏させるな——トルーマンとバーンズの陰謀』（二〇〇五年、二〇一一年文庫化）
『近衛文麿「黙」して死す——すりかえられた戦争責任』（二〇〇七年）
『山本五十六の乾坤一擲』（二〇一〇年、文藝春秋）
『それでも戦争できない中国——中国共産党が恐れているもの』（二〇一三年）

鳥居民・略年譜（未詳の点が多いので、便宜的なものとお考え下さい――編集部）

昭和三年（1928）一月十九日、東京市牛込区若松町にて、池田春次・敏の一男一女の長男として生まれる。本名池田民。生家は代々、牛込に住む御家人だったという。

父親の早稲田大学の同期に原三渓の子息がいて、その縁で父は原合名社につとめるようになり、それに伴って横浜本牧に転居する。現三溪園内に居住していたという。

神奈川県立横浜第一中学（現希望ヶ丘高校）を卒業。戦時中は勤労動員、疎開などを経験。

戦後は水産講習所（後東京水産大学、現東京海洋大学）に進み、農業経済を学ぶ。

昭和三十八年（1958）から三年間、台湾政治大学に留学。李登輝（後大統領）等、台湾の知識人と知己を得る。

台湾留学から帰国後、台湾独立運動に関わり機関誌『台湾青年』の編集に参加する。当時の姿は独立運動の指導者の一人、黄昭堂氏の自伝『台湾建国独立運動の指導者・黄昭堂』（自由社）に以下のように書かれている。

我々は1960年4月に『台湾青年』を創刊したが、その年の9月1日に開かれた臨時政府の記念会には、王育徳と私も参加した。民族衣装を着て大統領の記章を付けた廖文毅は、ショーマンシップを遺憾なく発揮して、演説を行った。それから数人が話した後、司会者はいきなり、「東京大学留学生の黄昭堂さんにお話を賜りたいと思います」と言った。出席者は100人ほどだったと思うが、私はこのような臨時政府の公開の会合で話をしたら、台湾に帰れなくなると思った。私が黙っていたら、一人の日本人が立ち上がって話し始めた。いったいどんな人物だろうと思って、会合が終わった後、王育徳と私は彼を喫茶店に誘った。彼の名は鳥居民と言った。彼は東京水産大学を卒業して、1958年から1960年にかけて、台湾の政治大学に留学した。帰国するときに鳥居は、台湾で出版されている『自由中国』、『人間世』、『新聞天地』や、かつて発行されていた『観察』など、膨大な資料を持ち帰った。

彼は、積極的に我々の活動に参加したが、まず『台湾青年』第4号（1960年10月刊）に鄭飛龍のペンネームで文章を書いた。その後、彼はいろんなペンネームを使って、『台湾青年』に多くの文章を書いたが、内部では「鄭飛龍」と呼ばれるようになった。彼の台湾に関する知識は驚くべきもので、我々は彼を「台湾問題の生き字引」と評した。私は、後に横浜の彼の自宅を訪問したが、彼の書斎を見て驚いた。台湾問題に関する日本語、中国語、英語の新聞や雑誌の切り抜きが、問題別に分類されていて、いつでも利用できるようになっていたのである。（『台湾建国独立運動の指導者・黄昭堂』自由社、一一六～一一七頁）

1961年6月、台湾の農林復興委員会の委員であった李登輝は、東京大学農学部に招かれて講演を行った。同農学部の大学院生だった廖春栄と台湾に留学していた時代から李登輝と知り合いだった鳥居民は、夜0時頃、李登輝を台湾青年社の事務所でもあった王育徳宅に連れてきた。深夜にしたのは、李登輝が台湾独立運動家と会ったことを国民党に知られないようにするためである。彼に会ったのは、王育徳、廖春栄、鳥居民、私（黄昭堂）の4人で、主として農業改革の問題や農民が政府に搾取されている問題を論じたが、台湾独立については、何も語らなかった。（同書一一六頁）

昭和三十八年（1963）、石川冬美子と結婚。

この頃、友人の加瀬昌男が鳥居の台湾レポートを村上一郎の雑誌に持ち込み、村上が鳥居民というペンネームを付けて原稿を掲載する（雑誌名未詳）。

1960年代末頃より、加瀬昌男の起こした出版社、草思社にて出版企画の顧問的立場として、翻訳本の選択など、さまざまな助言をするようになる

昭和四十五年（1970）、草思社より『毛沢東五つの戦争――中国現代史論』を刊行。

昭和六十年（1985）、草思社より『昭和二十年』第一巻「重臣たちの動き」刊行。

平成十七年（2005）、「産経新聞」正論メンバーに加わり、以後同紙「正論」欄にて中国時評等に健筆を揮う。

平成十八年（2006）、第十二回横浜文学賞受賞。

平成二十四年（2012）、『昭和二十年』第十三巻「さつま芋の恩恵」刊行。シリーズは未完に終わった。

平成二十五年（2013）一月四日、心不全により急逝。享年八十四歳。

著者略歴――――
鳥居　民 とりい・たみ
昭和3年東京に生まれ横浜に育つ。横浜一中(現希望ヶ丘高校)卒。その後水産講習所をへて、台湾留学、独立運動に関わる。昭和40年代より著述をはじめる。中国現代史、日本近現代史、横浜郷土史などで多くの著作を残す。著書に『毛沢東五つの戦争』『周恩来と毛沢東』『横浜山手』『日米開戦の謎』『昭和二十年・既刊13巻』『原爆を投下するまで日本を降伏させるな』『横浜富貴楼お倉』『「反日」で生きのびる中国』『近衛文麿「黙」して死す』『それでも戦争できない中国』(いずれも草思社)『山本五十六の乾坤一擲』(文藝春秋)がある。平成25年、没。享年84歳。

鳥居民評論集
昭和史を読み解く

2013年11月7日　第1刷発行

著　　者　鳥居　民
装 丁 者　清水良洋(malpu design)
発 行 者　藤田　博
発 行 所　株式会社草思社
〒160-0022　東京都新宿区新宿5-3-15
電話　営業 03(4580)7676　編集 03(4580)7680
振替　00170-9-23552

組　　版　株式会社キャップス
本文印刷　株式会社三陽社
付物印刷　日経印刷株式会社
製　　本　坂田製本株式会社

ISBN978-4-7942-1995-4 Printed in Japan　検印省略

http://www.soshisha.com/